BIBLIOTHÈQUE
DE L'ÉCOLE
DES HAUTES ÉTUDES

PUBLIÉE SOUS LES AUSPICES

DU MINISTÈRE DE L'INSTRUCTION PUBLIQUE

SCIENCES HISTORIQUES ET PHILOLOGIQUES

DEUX CENT VINGT-DEUXIÈME FASCICULE

TRAITÉ ENTRE DELPHES ET PELLANA

ÉTUDE DE DROIT GREC

PAR

BERNARD HAUSSOULLIER

DIRECTEUR D'ÉTUDES A L'ÉCOLE DES HAUTES ÉTUDES
MEMBRE DE L'INSTITUT

PARIS
LIBRAIRIE ANCIENNE HONORÉ CHAMPION
ÉDOUARD CHAMPION
5, QUAI MALAQUAIS

1917

BIBLIOTHÈQUE

DE

L'ÉCOLE DES HAUTES ÉTUDES

PUBLIÉE SOUS LES AUSPICES

DU MINISTÈRE DE L'INSTRUCTION PUBLIQUE

SECTION DES SCIENCES HISTORIQUES ET PHILOLOGIQUES

LISTE DES FASCICULES PARUS
De l'origine (1869) à Décembre 1916

TRAITÉ ENTRE DELPHES ET PELLANA

ÉTUDE DE DROIT GREC

TRAITÉ

ENTRE

DELPHES ET PELLANA

ÉTUDE DE DROIT GREC

PAR

BERNARD HAUSSOULLIER

DIRECTEUR D'ÉTUDES A L'ÉCOLE DES HAUTES ÉTUDES
MEMBRE DE L'INSTITUT

PARIS

LIBRAIRIE ANCIENNE HONORÉ CHAMPION

ÉDOUARD CHAMPION

5, QUAI MALAQUAIS (VIe)

1917

Téléphone Gobelins 28-20.

Cet ouvrage forme le fascicule n° 222 de la Bibliothèque de l'École des Hautes Études.

BIBLIOTHÈQUE
DE L'ÉCOLE
DES HAUTES ÉTUDES

PUBLIÉE SOUS LES AUSPICES

DU MINISTÈRE DE L'INSTRUCTION PUBLIQUE

SCIENCES HISTORIQUES ET PHILOLOGIQUES

DEUX CENT VINGT-DEUXIÈME FASCICULE

TRAITÉ ENTRE DELPHES ET PELLANA

ÉTUDE DE DROIT GREC

PAR

BERNARD HAUSSOULLIER

DIRECTEUR D'ÉTUDES A L'ÉCOLE DES HAUTES ÉTUDES
MEMBRE DE L'INSTITUT

PARIS

LIBRAIRIE ANCIENNE HONORÉ CHAMPION

ÉDOUARD CHAMPION

5, QUAI MALAQUAIS

1917

A LA MÉMOIRE

DU GRAND MAÎTRE DES ÉTUDES DE DROIT GREC EN FRANCE

RODOLPHE DARESTE

PRÉFACE

Le nouveau volume que je donne à la *Bibliothèque de
l'École des Hautes Études* est depuis longtemps sur le
chantier, puisque c'est en 1910 que m'a été confié le texte
de Delphes auquel il est consacré. On verra plus loin comment j'ai bénéficié en 1911, puis en 1913, de nouvelles
collations partielles, de nouveaux estampages et photographies. La publication des inscriptions du Delphinion de
Milet en 1914 m'a été d'un grand secours en éclairant
plusieurs articles et chapitres difficiles du traité de Delphes.
Elle m'a encouragé à poursuivre mon étude que j'ai
achevée pendant la guerre.

Avant tout, ce livre est la contribution d'un ancien Athénien aux Fouilles de Delphes. Il est convenu et imprimé
que les Fouilles de Delphes ont commencé en 1892 et pris
fin en 1903, mais cette grande exploration, qui a fait tant
d'honneur à la France, au savant qui l'a dirigée, M. Théo-
phile Homolle, et à ses collaborateurs, avait eu son Introduction en quelque sorte, et cette Introduction compte au
moins deux pages où se lit aussi le nom d'un ancien Athénien, M. Paul Foucart : la première a été écrite en 1860
et 1861, au temps où M. Foucart était membre de l'École
d'Athènes, la seconde en 1880, alors qu'il en était le
Directeur. Ayant été chargé de conduire la campagne de
1880, j'étais désireux de témoigner, par ma collaboration,
l'intérêt que les anciens n'ont cessé de porter à l'œuvre
de leurs camarades plus jeunes. Je remercie plus loin celui

qui m'en a fourni l'occasion et m'a permis ainsi d'affirmer l'esprit de solidarité de l'École.

On ne sera pas surpris que cette étude de droit grec soit dédiée à la mémoire de l'homme éminent qui a, plus et mieux que personne, contribué à remettre le droit grec en honneur. Tous ceux qui ont manié les livres de Rodolphe Dareste ou qui se sont entretenus avec lui ont apprécié l'incomparable netteté de son esprit qui s'était formé moins à l'École qu'au Palais, la pénétration de son regard qui embrassait un domaine si étendu, la sûreté de son jugement toujours solidement fondé. Pour moi, qu'il a honoré de son amitié, j'ai maintes fois regretté de ne pouvoir le consulter sur nombre de points obscurs, et je souhaite que ce livre, où j'ai respectueusement inscrit son nom, ne soit pas indigne d'un tel maître.

La guerre, est-il besoin de le dire? a retardé l'impression de ce volume. En d'autres temps aussi j'aurais eu recours à d'autres procédés pour reproduire les fragments d'inscription qui servent de base à mon étude, mais je ne voulais pas tarder davantage. Je sais de quelles difficultés a triomphé le maître imprimeur de Mâcon pour mener sa tâche à bien et je me fais un devoir d'ajouter mes remerciements aux éloges que lui a décernés récemment l'Académie des Inscriptions et Belles-Lettres.

Paris, 17 avril 1917.

INTRODUCTION

Les fragments d'inscription qui font l'objet du présent mémoire proviennent de Delphes, où ils ont été découverts au cours des fouilles entreprises par l'École française d'Athènes, sous la direction de M. Th. Homolle, de 1892 à 1903. Ils ont été gracieusement mis à ma disposition par un des épigraphistes qui ont le plus et le mieux travaillé à Delphes. Après avoir tiré des textes nouveaux la matière d'un livre remarquable sur l'administration financière du temple de Delphes [1], M. Émile Bourguet a vaillamment entrepris et poursuit avec un de ses collègues la publication de tous les résultats épigraphiques des fouilles [2]. Sa part est déjà considérable et lui fait grand honneur, mais sa tâche est lourde et il m'a demandé de l'aider, se souvenant que je n'étais étranger ni à Delphes, ni aux inscriptions juridiques. Je l'en remercie et ne manquerai pas de dire tout ce que lui doit le présent travail.

En même temps que ses copies qui ont été la base de mon étude, M. Émile Bourguet m'a fourni des renseignements très précis sur l'époque et le lieu de la découverte. J'en extrais ce qui suit :

Sept morceaux d'une plaque de marbre à gros grains, des îles [3], gravée sur les deux faces et dont l'épaisseur varie de 35 à 47 millimètres.

---

1. *L'administration financière du sanctuaire pythique au IVe siècle avant J.-C.*, Paris, 1905.

2. Ce collègue est M. Gaston Colin. MM. Bourguet et Colin font partie de la Commission de publication des fouilles de Delphes, qui se réunit au Ministère de l'Instruction publique, depuis le mois de janvier 1909, sous la présidence de M. Max. Collignon.

3. Peut-être du Péloponnèse même, d'après MM. H. Pomtow et Heinrich Bulle.

N° I. — Formé de trois fragments (Inventaire n° 944, trouvé le 6 novembre 1893 dans le Trésor d'Athènes. Inv. n° 1590, formé de deux fragments qui se raccordent exactement, trouvé en mai 1894 dans le Trésor de Siphnos).

N° II. — Formé de deux fragments (Inv. n° 1655, trouvé le 21 juin 1894 au Sud-Ouest du Trésor d'Athènes. Inv. n° 1376, 6 mai 1894, à l'Est du Trésor de Siphnos).

N° III. — (Inv. n° 3922, 27 juin 1896, à quelques mètres à l'Est de l'escalier de la fontaine, sur la terrasse au-dessus du mur polygonal).

N° IV. — (Inv. n° 4113, 23 juillet 1898, au Gymnase, hors de l'enceinte, au coin Nord-Est du mur).

On voit que ces fragments ont été découverts en des endroits très différents [1]. Les exemples ne manquent pas, à Delphes, de pareilles mutilations et dispersions où s'est exercée la sagacité de nos épigraphistes [2]. Le mauvais état de conservation du marbre, friable et par endroits très usé, et la gravure même leur réservaient cette fois d'autres difficultés.

La hauteur moyenne des lettres est de 5 millimètres. L'omicron est souvent plus petit et n'atteint que 3 millimètres. L'interligne varie de 3 à 4 millimètres.

Il faut noter avec soin la forme des lettres qui, seule, peut fournir un indice chronologique. Le sigma est assez ouvert, de même que l'oméga dont les deux pointes de l'arc descendent souvent plus bas que les barres horizontales [3]. Le phi a parfois la haste un peu inclinée, avec la partie horizontale non seulement aplatie, mais presque séparée en deux boucles. Pour le pi, il arrive souvent que la barre transversale ne parte pas tout à fait du haut de la haste de gauche ; la haste de droite descend assez bas. Les deux barres de l'êta sont d'ordinaire très serrées.

En général l'écriture est très serrée. Des tirets séparent les

---

1. J'engage le lecteur à se reporter au très récent ouvrage de M. Bourguet, *Les ruines de Delphes*, Paris, 1914.

2. Voy. par exemple, les fragments archaïques rapprochés et publiés par M. Colin : *Fouilles de Delphes*. Tome III, *Épigraphie*, Fasc. II, p. 224, note 2.

3. On note la même forme d'oméga dans deux décrets delphiques, du commencement du III° siècle, rendus en l'honneur de citoyens de Pellana (*Bulletin de correspondance hellénique*, XXIII, 1899, p. 374, l. 2 et 12 et p. 375, l. 5). Sur ces décrets, voy. p. 166 et suiv.

différents paragraphes et nous verrons plus loin qu'en tête des chapitres est gravé d'ordinaire un titre, au nominatif.

De l'examen minutieux des lettres et de la gravure, M. Émile Bourguet conclut qu' « elles indiquent avec une très grande probabilité la première moitié du IIIe siècle avant notre ère ». Nul n'est mieux qualifié que lui pour fonder un avis sur de pareils indices.

Pour clore cette Introduction, il me reste à dire le plan du présent mémoire.

L'établissement du texte étant la première et la plus difficile de mes tâches, c'est à la lecture des fragments et à la restitution des lacunes qu'est consacrée toute la *Première partie ;*

Dans la *Deuxième* j'étudierai le texte nouveau qui, si je ne me trompe, se classera au rang des inscriptions juridiques grecques les plus remarquables et les plus riches que nous possédions ;

Dans la *Troisième* je réunirai les renseignements que nous avons aujourd'hui sur les institutions de Pellana d'une part, et de l'autre sur les rapports de Delphes et de Pellana. J'y reprendrai, en terminant, la question de la date du σύμβολον.

Une courte *Conclusion* renfermera quelques indications, forcément sommaires et incertaines, sur les sources du droit de Delphes.

Enfin des *Index* faciliteront le maniement d'un livre où se trouvent cités et traduits, souvent corrigés tant de textes juridiques.

PREMIÈRE PARTIE

ÉTABLISSEMENT DU TEXTE

Comme je l'ai dit plus haut, ce sont les copies de M. Émile Bourguet qui ont servi de base à mon travail et je les ai reproduites le plus exactement possible en tête de ce volume [1]. Les estampages et la photographie qu'il y a joints m'ont aidé à les contrôler, rarement à les contester ; ils servent surtout à faire ressortir le mérite du copiste. M. Émile Bourguet m'a rendu un autre service : pendant qu'il était en mission à Delphes, il a pris la peine de reviser, avec un redoublement d'attention, les passages les plus difficiles, de contrôler à son tour mes lectures nouvelles, d'examiner enfin sur le marbre même la possibilité de quelques-unes des restitutions proposées. J'invoquerai plus d'une fois dans la suite les lettres précieuses qu'il m'a adressées de Delphes dans l'été de 1911.

Deux ans plus tard, en 1913, un autre membre de l'École d'Athènes, M. G. Blum, voulait bien enrichir mon dossier d'estampages nouveaux et de photographies, pris à ma demande, et qui m'ont été utiles. Qu'il reçoive ici les remerciements d'un ancien.

L'ordre dans lequel je présente ces fragments m'a été imposé en quelque sorte par leur état de conservation. J'ai attribué le premier rang aux n°s 944 et 1590 de l'Inventaire, parce que le n° 944 me donnait le commencément des lignes de la face A et le n° 1590 la fin des mêmes lignes, et inversement parce que le

---

1. Les copies des n°s III et IV sont dues à M. Colin.

n° 1590 me donnait le commencement des lignes de la face B et le n° 944 la fin des mêmes lignes. La marge de droite ou de gauche n'est conservée dans aucun autre des fragments. L'hésitation n'était donc pas permise. Les n°ˢ 944 et 1590 m'offraient seuls, sur les deux faces, une double chance de déterminer la longueur des lignes et de fixer approximativement le nombre des lettres contenues dans chacune d'elles : il me fallait la mettre à profit et commencer par eux.

Pour le classement des n°ˢ II, III, IV, je n'ai eu d'autre règle que l'importance décroissante des fragments.

FRAGMENT N° **I**

Inv. 944 et 1590. Hauteur de 944 : 0,117 ; largeur : 0,148 ; épaisseur : 0,036-0,038. — Hauteur de 1590 : 0,15 ; largeur : 0,21 ; épaisseur : 0,035-0,042. Estampages de Bourguet et de Blum ; photographies de Blum.

A

Le sens général du fragment est très nettement indiqué d'abord par deux titres de chapitre : Ὄρκος (l. 7) et Ψαφοφορία (l. 12) ; il s'agit du serment que doivent prêter les juges et les parties, du vote des juges. Admettons comme démontré, pour simplifier nos explications, que les parties (ἀντίδικοι) sont des citoyens de Delphes agissant contre des citoyens de Pellana (d'Achaïe) ou inversement. C'est entre les deux cités de Delphes et de Pellana (d'Achaïe) qu'est conclu le traité (σύμβολον) mentionné à la l. 7. Le présent chapitre traite de la procédure devant les tribunaux de l'une et l'autre ville.

L. 2-4. — *Devant qui est portée la demande. Du nombre des juges et de l'importance du tribunal qui varient selon le montant de la demande.*

La restitution proposée est incomplète et incertaine. Il était dit aux l. 1 et 2 où devait se présenter le demandeur, soit à Pellana ([ἐ]ν Πελλάναι ἐν [τ...), soit à Delphes. A la l. 3 le participe ὑπακούσας s'appliquera difficilement au magistrat qui reçoit la demande [1], et je ne puis rien tirer du commencement de la

---

1. Ὑπακούειν est le terme consacré pour celui qui entend frapper à une porte et qui l'ouvre (Platon, *Criton*, 43 A ; *Phédon*, 59 E); pour celui qui répond à l'appel de son nom (Aristote, Ἀθηναίων πολιτεία, 63, 4 : ὁ δὲ κληθείς

ligne. La première lettre, m'écrit M. Bourguet, est plutôt un A qu'un Δ. Ainsi se trouverait exclu le mot [ἀν]δρῶν, auquel aurait pu se rapporter l'adjectif δικαίων τ[ε καὶ... [1] Le magistrat qui reçoit la demande la renvoie à des tribunaux d'importance diffé-rente. Pour la suite nous pouvons nous aider du traité conclu dans la première partie du vᵉ siècle entre OEantheia et Chaleion : B l. 10 et suiv. Αἴ κ' ἀνδιχάζοντι τοὶ ξενοδίχαι, ἐπομότας ἡελέστο ὁ ξένος ὀπάγον τὰν δίχαν ἐχθὸς προξένο χαὶ ϝιδίο ξένο ἀριστίνδαν, ἐπὶ μὲν ταῖς μναιαίαις χαὶ πλέον πεντεχαίδεχ' ἄνδρας, ἐπὶ ταῖς μειόνοις ἐννέ' ἄνδρας[2]. Les jurés supplémentaires qui sont choisis par le demandeur pour assister les ξενοδίχαι partagés d'opinion sont au nombre de quinze pour les procès d'une mine et plus, de neuf pour les procès de moins d'une mine[3]. A Delphes et à Pellana, au ⅲᵉ siècle, nous trouvons onze juges pour les procès de cinq mines et moins, quinze pour les procès de cinq à dix mines et plus. Dans un autre traité du ⅲᵉ siècle, conclu entre le γένος des Αἰάντειοι et la ville de Naryka d'une part et les Locriens de l'autre, le nombre des juges est fixé à onze pour les affaires de plus de trente drachmes[4].

Je laisse en blanc aux l. 3 et 4 la fin du pluriel ἀνδρ- ἀνδρ[ῶν ou ἄνδρ[ασι.

χαὶ ὑπαχούσας) ; pour la partie qui répondant à l'invitation du héraut fait ou ne fait pas la consignation exigée (Συμβολά de Stymphalos, *Inscriptiones graecae*, V, 2 (1913), n° 357, l. 59) ; pour le défendeur ou accusé qui se présente au tribunal (Hypéride, III, 2).

1. [Π]αρὼν χαὶ ὑπαχούσας n'est pas admissible non plus, puisque nous avons à la ligne suivante la forme dialectale [παρ]εόντων.

2. Ch. Michel, *Recueil*, n° 3 ; F. Solmsen, *Inscr. graecae ad inlustrandas dialectos selectae²*, 1905, n° 35 ; C. D. Buck, *Introduction to the Study of the greek Dialects*, 1910, n° 56. Je n'ai eu entre les mains que le premier tirage de ce dernier livre.

3. Sur le rôle de ces ἐπωμόται, voy. Ad. Wilhelm, *Jahreshefte des österr. archaeolog. Institutes*, XIV, 1911, p. 235 et suiv. Le chiffre de neuf juges se rencontre encore dans un traité de même ordre, conclu au vᵉ siècle entre deux villes inconnues, dont l'une, à en juger par la forme des lettres et le dialecte, est Chalcis en Eubée ou une colonie de Chalcis (Dittenberger-Purgold, *Inschriften von Olympia*, n° 25, l. 7). Cf. H. F. Hitzig, *Zeitschrift der Savigny-Stiftung*, Rom. Abt., XXVIII, 1907, p. 232, note 2.

4. Ad. Wilhelm, *Jahreshefte*, XIV, 1911, p. 168, l. 21-22. Sur cette inscription, voy. l'étude approfondie de Nikitsky dans le *Journal du ministère de l'Instruction publique russe* de 1913 (janvier et février, p. 1-48 et 49-100) ; on en trouvera un résumé dans le *Bulletin épigraphique* de P. Roussel (*Revue des études grecques*, 1914, p. 452-453).

L. 4-5. — *Il est interdit aux témoins et parents des parties et aux défendeurs de se présenter devant le magistrat qui reçoit la demande.*

La restitution ne présente pas de difficultés. L'hésitation n'est permise qu'en deux endroits, à la l. 4 où [συμπαρ]εόντων pourrait être admis au lieu du simple [παρ]εόντων que j'ai préféré, et à la l. 5 où j'ai choisi [μηδὲ πατήρ] plutôt que [μηδὲ συγγενής]. J'ai écarté συγγενής, parent par le sang, d'abord parce que le mot est plus long, puis parce que ce terme général est plutôt de la langue courante que de la langue juridique. Les lois grecques préfèrent une énumération à ces termes collectifs, ainsi que nous le voyons dès l'époque de Dracon [1]. Il s'agit ici d'opposer les père et frère du demandeur à ses beau-père et beau-frère. L'énumération est abrégée, mais parfaitement claire, si l'on admet que le mot ἀδελφός est employé pour désigner le frère et le beau-frère (ἀδελφός et γυναικὸς ἀδελφός). L'ordre dans lequel sont énumérés ces trois termes πατήρ, γυναικὸς πατήρ, ἀδελφός rend la chose évidente. D'un degré il est passé à un autre : le beau-père suit immédiatement le père, et le même mot s'applique au frère et au beau-frère ; après les ascendants, les frères.

L. 5 : μηδὲ ὅσοι τοῦ αὐτοῦ ἐνκλή[ματος μετέχοντι]. Le mot ἔγκλημα, dans la langue du droit attique, a le double sens de : acte des griefs et grief [2]. Nous ne pouvons entendre ici que grief, puisque, comme nous l'allons voir, la procédure est orale.

Pour l'emploi du verbe μετέχειν, cf. Démosthène, *contre Boiotos* XL, 58 : μάρτυρες μέν εἰσιν οὗτοι, οἷς μηδὲν μέτεστι τοῦ πράγματος, περὶ οὗ ἡ δίκη ἐστίν, ἀντίδικοι δ'οἱ κοινωνοῦντες τῶν πραγμάτων, περὶ ὧν ἂν δικάζηταί τις αὐτοῖς.

L. 5-7. — *Au jour fixé par le magistrat qui a reçu la demande, le demandeur montre au magistrat qui introduira*

---

1. Ch. Michel, *Recueil*, n° 78 ; Dittenberger, *Sylloge* [2], n° 52, l. 13-14.

2. Acte des griefs : par exemple, Démosthène, *contre Aphobos* XXIX, 31 : ἔστιν οὖν τοῦ μὲν ἐγκλήματος ἀρχή ; *contre Pantainétos* XXXVII, 22, 23. Cf. *Dikaiomata* (Pap. Hal. I), 1913, p. 16, col. II, l. 31 et l. 33 (ἐμφανιζέτω δὲ ἐν [τῶι] ἐνκλήματι, οὗ ἂν ἐπιλάβηται μέρους). — Grief : Démosthène, *contre Nausimachos* XXXVIII, 2. Cf. Hiller von Gaertringen, *Inschriften von Priene*, n° 28, l. 12 : προφαίνοντες τὸ ἔγκλημα. L'inscription est un traité conclu au commencement du IIe siècle entre Milet et Priène. Cf. H. F. Hitzig, *Altgriechische Staatsverträge über Rechtshilfe*, 1907, p. 22, n° 34.

l'affaire devant le tribunal l'article du traité sur lequel il se fonde.

Pour l'emploi du verbe προλεγέτω, cf. le σύμβολον conclu au Ier siècle avant notre ère entre Sardes et Éphèse, l. 76 et suiv. : ὁ δὲ φάμενος ἀδικεῖσθαι δῆμος προλεγέτω δι[ὰ πρεσ]βείας τῶι ἐγκαλουμένωι δήμωι τὸ ἔγκλημα [1].

L. 6 : πρὶν κλαρώεν ὑπὲρ το[ῦ δικαστηρίου]. Cf. le traité de συμπολιτεία conclu au IIe siècle avant notre ère entre Stiris et Médéon, A l. 32 et suiv. : [κ]λαρωσῖ (ὁ ἱεροταμίας) τὰ δικαστήρια, ἅ κα δέη κλαρώειν, μετὰ τῶν ἀ[ρ]χόντων [2].

L. 7-10. — *Du serment.*

L'article nouveau n'est pas seulement annoncé par un tiret dont l'emploi est constant dans toute l'inscription ; il est précédé d'un titre Ὅρκος. Les deux autres titres conservés dans ce qu nous est parvenu du texte sont également au nominatif : ψαφοφορία (I A, l. 12), φιλατίας (I B, l. 8). Dans la loi locrienne relative à la colonie de Naupacte, les différents articles sont numérotés (A, B, Γ, etc.)[3] ; dans le traité conclu entre Milet et Priène, on retrouve des titres précédés de la préposition περί, περὶ δικῶν, par exemple [4]. Ailleurs, dans une même inscription, par exemple dans le règlement des mystères d'Andanie, les titres sont tantôt au génitif avec ou sans la préposition περί, tantôt au nominatif [5].

L. 7 fin : δικαστήρ[ας, que nous devons à la photographie Blum, est certain. D'ailleurs à la l. 12, la copie de Bourguet porte δικαστη que nous compléterons de même en δικαστή[ρας. La forme δικαστήρ s'est déjà rencontrée à Delphes, dans la loi, plus ancienne,

---

1. Dittenberger, *Orientis graeci inscr. selectae*, n° 437.

2. Ch. Michel, n° 24 ; Dittenberger: *Sylloge* [2], n° 426 ; F. Solmsen, *op. cit.*, n° 37 ; C. D. Buck, *op. cit.*, n° 54.

3. Ch. Michel, n° 285 ; F. Solmsen, n° 34 ; C. D. Buck, n° 55.

4. Hiller von Gaertringen, *Inschriften von Priene*, n° 28 I, 6 ; cf. II, A, 30.

5. Ch. Michel, n° 694 ; Dittenberger, *Sylloge* [2], n° 653 ; L. Ziehen, *Leges Graecorum sacrae e titulis collectae*, II, 1906, n° 58 ; *Inscr. gr.*, V, 1 (1913), n° 1390. J'ai maintenu, pour plus de commodité, le nom d'Andanie, n'ayant pas ici à prendre parti dans la discussion qu'a de nouveau soulevée Ziehen, p. 175 et suiv. Cf. les titres des Dikaiomata, dans le *Papyrus Halensis* I, p. 45. Nous aurons plus loin l'occasion d'en citer deux, l'un au nominatif, l'autre au génitif.

datée de l'archontat de Kadys[1]. On la retrouve dans la loi locrienne relative à la colonie de Naupacte, au commencement du vᵉ siècle[2]. Elle n'est plus employée dans la suite de notre traité, où se lit constamment δικασταί. Il semble qu'en rédigeant, au iiiᵉ siècle, ce chapitre du traité, les magistrats de Delphes aient eu sous les yeux des lois et règlements anciens auxquels ils ont emprunté, sans la changer, cette forme archaïque.

L. 8 : νομ[ίμωι χρειμένους ὅρκωι]. La restitution n'est pas certaine, mais nous savons combien, dans les traités qu'elles concluaient, les cités grecques tenaient à leur serment légal[3]. Il est mentionné à Delphes dans le règlement de la phratrie des Labyades et dans un acte d'affranchissement consenti par un Étolien dont la cité était unie à Delphes par une συμβολά : Μέναρχος Μενάνδρου Πλυγονεύς. On lit à la l. 17 : ὁμοσάτω δὲ Μέναρχος ἐναντίον τῶν ἱερέων τὸν νόμιμον ὅρκον παρὰ τὸν Ἀπόλλω[4].

Serment et sacrifice étaient inséparables et le traité met la fourniture des victimes (ou des parties nécessaires des victimes) à la charge de la ville où le procès a lieu. J'ai restitué [ἱερὰ δὲ] παρεχέτω, parce que le mot ἱερά se retrouve à la ligne suivante, mais on peut hésiter entre ἱερά et ὅρκια[5]. Ce dernier mot est

1. *Fouilles de Delphes*, Tome III, Fasc. I (Émile Bourguet), 1911, nᵒ 294, p. 156 et suiv. Δι[κ]αστῆ[ρας] se trouve à la Col. II, l. 15. Peut-être faut-il aussi restituer dans la même inscription le mot [φυλ]ακτήρ, à la Col. V, l. 17, où je propose de lire : [μὴ ἐπιτρεπέτω ὁ χρεοφυλ]ακτὴρ ἐνε[χ]υριάξαι [πλ]έον... La loi de Kadys date de la fin du vᵉ siècle ou des premières années du ivᵉ (*Ibid.*, p. 156).
2. C. D. Buck, nᵒ 55, l. 33. Cf. κριτῆρας dans une inscription archaïque de Mycènes, *Inscr. gr.*, IV (1902), nᵒ 493.
3. Voy. G. Glotz, *Études sociales et juridiques sur l'antiquité grecque*, 1906, p. 103 et *Dictionnaire des antiquités grecques et romaines*, s. v. Jusjurandum, p. 749, note 51. Cf. *Dikaiomata*, p. 118.
4. Règlement des Labyades : Ch. Michel, nᵒ 995 ; Dittenberger, *Sylloge*², nᵒ 438 ; F. Solmsen, nᵒ 36 ; C. D. Buck, nᵒ 51, D, l. 24-25. — Acte d'affranchissement : *Sammlung der griech. Dialekt-Inschriften*, II, nᵒ 2072. Les deux esclaves affranchis prêtent le même serment que le *manumissor* (l. 21 : τὸν αὐτὸν δὲ ὅρκον ὁμοσάντω Ξένων καὶ Πειθόλαος Μενάρχωι). Il va de soi que les engagements pris par les affranchis diffèrent de ceux du maître : par « le même serment » il faut entendre un serment prêté dans les mêmes formes, entre les mains des mêmes prêtres, sur les chairs des mêmes victimes (ἐπὶ τῶν αὐτῶν ἱερῶν, l. 27 du règlement des mystères d'Andanie), sous l'invocation des mêmes divinités.
5. Pour le sens précis de ἱερά, voy. P. Stengel, *Opferbräuche der Griechen*, 1910, p. 95 et suiv. Cf. Prott-Zichen, *Leges Graecorum sacrae*, II, 1, 1906, p. 321.

employé dans le *Papyrus Halensis* I, au chapitre du νόμιμος ὅρκος (col. X, p. 23) :

Ὅρ[κος] ν[ό]μιμος. Ὅταν τις ὁρκίζ[ηι, ὀμνύ]τω ὁ ὁρκιζό[μ]ενος ἐν τ[ῆ]ι ἀγορᾶι [ἐ]πὶ τοῖς ὁρκωτηρίοις κ[αθ' ἱερ]ῶν σπέν[δων,] τ[ὰ δὲ] ὅρκια παρεχέτω ὁ ἐπικαλῶν. Ὀμνύτω δὲ Δία Ἥραν Πο[σει]δῶ. Ἄλλον δ'ὅρκον μηδένα ἐξέστω ὀμνύναι μη[δ]ὲ ὁρκ[ίζ]ειν μηδὲ γενεὰν παρίστασθαι [1].

Prestation et formule du serment exigé des juges. — Les juges prêtent serment en faisant une libation de sang sur les chairs des victimes. Les mots τὸ αἷμα, parfaitement conservés, entraînent la restitution du participe σπένδοντες. Cf. le *Pap. Hal.* I cité plus haut [2] et le règlement des mystères d'Andanie, l. 1 et suiv. : ὁ γραμματεὺς τῶν συνέδρων τοὺς γενηθέντας ἱεροὺς ὁρκιξάτω παραχρῆμα, ἂμ μή τις ἀρρωσ[τεῖ], | ἱερῶν καιομένων, αἷμα καὶ οἶνον σπένδοντας, τὸν ὅρκον τὸν ὑπογεγραμμένον. La place manque, dans le texte de Delphes, pour restituer [καὶ οἶνον] après τὸ αἷμα : la libation faite par les juges ne renferme que du sang [3].

La formule du serment ne contient que deux engagements, dont le second seul est entièrement conservé. Le premier manque, mais peut être restitué en toute certitude : le juge s'engage d'abord à juger selon la justice. On trouvera citées par M. Colin, dans le commentaire du serment des Amphictyons, et par M. Glotz, dans son article *Jusjurandum*, de nombreuses formules exprimant cette idée [4]. J'ai choisi la plus simple et aussi la plus courte. Les deux formules delphiques jusqu'à présent connues, celle de la loi de 380 : δικα[ξέω τ]ὰς δίκας ὥς κα δικαιοτάτα[ι] γνώμαι et celle du monument bilingue du IIe siècle : [δικάσω καθ'] ὃ ἂν ἐγὼ

---

1. Sur le sens précis de cette dernière interdiction, voy. dans l'article de J. Brause (*Hermes*, XLIX, 1914, Γορτυνίων ὅρκος νόμιμος), la note 1 de la p. 106. Il est interdit à celui qui va prêter serment de faire venir ses enfants à côté de lui, pour jurer sur leur tête.

2. Et le commentaire des éditeurs, p. 120.

3. Sur ces usages, voy. P. Stengel, *op. cit.*, p. 19, 21, 30, 84. Cf. le sacrifice et la libation décrits dans Platon, *Kritias*, 120 A et suiv. ; le sacrifice précède le serment que vont prononcer des juges.

4. G. Colin, *Bull. de corr. hellén.*, XXVII, 1903, p. 132 et suiv. G. Glotz, dans le *Dict. des antiq. gr. et rom.*, s. v. III (1899), p. 755. L'article de M. Glotz a été republié, sans notes, dans ses *Études sociales et juridiques*, 1906, p. 99 et suiv.

μάλιστα δ[ξω ἀληθὲ]ς εἶναι sont beaucoup trop longues [1]. De toute façon l'indicatif δικάζεν, où l'on attendrait le futur δικάξεν, doit répondre à l'indicatif ἀποδιδόμεν qui se lit à la fin de la l. 8.

La suite ne présente pas de difficulté. Les juges s'engagent à accorder la parole à chacune des deux parties pour l'estimation (ἐπὶ τᾶι τιμάσει). Aristote, dans la description de la procédure athénienne, a consacré un paragraphe à la τίμησις [2]. Quand il y avait lieu, après le vote des héliastes sur le fond de l'affaire, les parties reprenaient la parole pour proposer une estimation du montant de la condamnation : ἡ δὲ τίμησίς ἐστιν, ajoute Aristote, πρὸς ἡμίχουν ὕδατος ἐκατέρωι [3]. C'est sur ce passage qu'est fondée ma restitution de la l. 10 du texte de Delphes : ὑπὸ τ[ὸν αὐτὸν χρόνον]. Pour l'emploi de ὑπό avec un accusatif de durée, voir Dittenberger, *Orientis graeci inscriptiones selectae*, ad 253,4, Un Athénien eût dit : πρὸς τὸ αὐτὸ ὕδωρ.

L. 10-11. — *De l'ordre des plaidoiries.*

Après l'audition des témoins, le demandeur (ὁ ἐπάγων τὰν δίκαν) prend le premier la parole.

Nous avons rencontré les mêmes termes, pour désigner le demandeur, dans le traité locrien du ve siècle, cité plus haut [4]. Cf. ὁ ἄγων τὰν δίκαν opposé à ὁ ἀγόμενος τὰν δίκαν dans la συμβολά de Stymphalos (*Inscr. gr.* V, 2, n° 357, l. 7 et 9), et, dans le serment d'Itanos (Ch. Michel, n° 1317, l. 24-25) : οὐδὲ δίκαν ἐ[[παξέ]ω ξ[ε]νικά[ν].

L. 11-12. — *Des reproches et réserves contre les témoignages et faux témoignages.* .

Aussitôt après les plaidoiries et avant le jugement de l'affaire,

---

1. Loi de 380 : Ch. Michel, n° 702, l. 3 ; *Griech. Dialekt.-Inschr.*, II, n° 2502. — Monument bilingue, iie siècle ap. J.-C., *Bull. de corr. hellén.*, 1903, p. 107, B. l. 10-11.

2. Ἀθην. πολ., 69, 2. Voir plus loin Deuxième partie, p. 65.

3. Ibid.

4. Dans une inscription locrienne plus ancienne, il faut noter les termes dont on se sert pour désigner le demandeur : ὁ ἐνκαλείμενος τὰν δίκαν. L. 41 et 43 de la loi relative à la colonie de Naupacte : Ch. Michel, n° 285 ; E. S. Roberts, *An Introduction to greek Epigraphy*, I, 1887, n° 231 et p. 346 ; Dittenberger, *Inscr. gr.*, IX, 1 (1897), n° 334 ; C. D. Buck, *Greek Dialects*, 1910, n° 55. Dans son commentaire, p. 88, Dittenberger n'a pas manqué de signaler l'emploi du moyen ἐνκαλεῖσθαι, plus rare encore que ne le dit Roberts (p. 354).

c'est-à-dire avant le vote, à l'audience même par conséquent, les parties ont le droit de faire des réserves contre les témoignages et faux témoignages. Il en allait de même à Athènes et nous sommes très exactement renseignés sur ce chapitre de la procédure attique par les plaidoyers des orateurs, par l'Ἀθηναίων πολιτεία d'Aristote et par les *Lois* de Platon [1]. A tous ces textes il faut ajouter maintenant le Papyrus I de Halle qui nous fournit sur l'action en faux témoignage des renseignements non moins précis, mais beaucoup plus détaillés. Faire des réserves contre les témoignages se disait, à Athènes : ἐπισκήπτεσθαι ταῖς μαρτυρίαις [2], à Alexandrie : ἐπιλαβέσθαι μαρτυρίας ou τῶν μαρτύρων. Le substantif correspondant n'est pas employé dans le Papyrus de Halle ; à Athènes, c'est ἐπίσκηψις qui se trouve dans Platon et dans la *Politique* d'Aristote [3]. A Delphes, nous avons également affaire à un substantif féminin, auquel se rapporte certainement à la l. 11 le comparatif προτέρα, mais, si je ne me trompe, il nous faut admettre un mot nouveau dont nous avons conservé les sept premières lettres à la fin de la l. 13. A cet endroit, après le paragraphe consacré au vote des juges, c'est-à-dire au jugement, commence un nouvel article, séparé du précédent par un tiret, et réglant la procédure à suivre au cas où ne se produit pas tel acte : αἴ κα μὴ παρισκε. Donc il avait été question du même acte dans un article précédent. La suite des idées nous apprend qu'il ne peut s'agir ici que des réserves contre les témoignages et faux témoignages. Deux cas sont en effet possibles et prévus dans le traité :

1° Des réserves sont faites contre les témoignages (l. 11-12);

2° Il n'est pas fait de réserves contre les témoignages (l. 13-14).

Donc le mot féminin dont nous avons le commencement παρισκε- est employé à Delphes pour désigner ces réserves.

Avant de chercher à compléter le mot nouveau, achevons de retrouver la suite des idées en mentionnant dès maintenant l'ar-

---

1. Sur tous ces textes, voir Deuxième partie, p. 67.

2. Il faut sans doute restituer le même verbe dans le σύμβολον conclu entre Athènes et Trézène à la fin du vᵉ siècle : *Inscr. gr.* II et III, ed. minor (1913), n° 46, p. 31, fr. *a* B., l. 7.

3. Platon, *Lois*, 937 B; Aristote, *Polit.*, 1274 B, 7. Su ce passage de la *Politique*, voy. notre *Conclusion*.

ticle qui commence à la fin de la l. 14 : nous y trouverons la preuve que nous sommes dans la bonne voie. Il y est question du plaideur qui rapporte sa demande au tribunal, qui a recours, ainsi que nous dirions aujourd'hui, à la requête civile : le plaideur ne peut évidemment le faire qu'après avoir gagné le procès en faux témoignage. Donc aux deux cas prévus plus haut s'en ajoute un troisième :

3º Requête civile après condamnation d'un témoin ou faux témoin.

Pour le mot nouveau, je ne vois d'autre complément possible que παρίσκε[σις, d'autre explication que celle qui nous est fournie par la glose de Photius : ἴσχειν· λέγειν· παλαιὸν τὸ λεξείδιον [1]. Le mot παρίσκεσις serait un terme juridique et désignerait à Delphes l'action de parler contre les témoins et faux témoins. Je ne me dissimule pas que nous ignorons la valeur de la glose de Photius, en ignorant la source. Il se peut, quoi qu'en pense Naber, qu'elle soit simplement une explication du verbe ἴσχειν dans Homère [2], mais à coup sûr παρίσκεσις est un mot très ancien et nous rencontrerons plus loin d'autres termes de la langue juridique qui ont conservé la même saveur d'archaïsme.

L. 11-12 : ἀ δίκα τελείσθω. Cf. dans le règlement du temple d'Amphiaraos (Ch. Michel, *Recueil*, nº 698 = Dittenberger, *Sylloge* [2], nº 589, l. 20) : ἡ δίκη τελείσθω, et, dans le contrat d'Arkésiné (*Inscr. gr.*, XII, 7, nº 67, l. 48, 64, 72) : δίκη τέλος ἔχουσα.

L. 12 : εἰ δέ κα ἀλῶι ψευδῆ μεμαρτυρηκώς. La condamnation pourt faux témoignage entraîne une conséquence dont le sens nous es donné par les derniers mots du paragraphe : τῶι βουλομένωι. Il ne peut être question que de l'intervention du premier venu opposé au demandeur. La condamnation ouvre donc une action publique. Pour le verbe dont nous avons le ν final, je restitue [ἐπεξίμε]ν, qui correspond à l'attique ἐπεξελθεῖν. Cf. Lysias, XXIII, 14 : ἐπιν σκηψάμενος δὲ τῶι μάρτυρι οὐκ ἐπεξῆλθε. — Isée, V, 9 : ἐτελεύτησε πρὶ ἐπεξελθεῖν οἷς ἐπεσκήψατο τῶν μαρτύρων [3]. Enfin l'infinitif dépend

---

1. *Lexicon*, éd. Naber, 1864, p. 298.

2. Non videtur glossa homerica, dit Naber. Mais voy. Buttmann, *Lexilogus*, 2ᵉ éd. 1825, II, p. 83, s. v. ἴσχειν.

3. Sur l'emploi du verbe ἐπεξέρχεσθαι, voir K. Schodorf, *Beiträge zur genaueren Kenntnis der attischen Gerichtssprache aus den zehn Rednern*, 1905, p. 9; E. Leisi, *Der Zeuge im attischen Recht*, 1908, p. 139. Cf. [Démosthène], *contre Évergos et Mnèsiboulos* XLVII, 5 : καὶ Θεόφημος αὐτοῖς ὡς ἀληθῆ μεμαρτυρηκόσιν οὐκ ἐπεσκήψατο οὐδ' ἐπεξέρχεται τῶν ψευδομαρτυρίων.

d'un impératif dont la restitution s'impose : ἐξέστω. J'ajoute l'adverbe καί qui n'a pas seulement l'avantage de compléter le nombre présumé des lettres, mais qui ne me semble pas inutile au sens.

L. 12-13. — *Du vote des juges* (ψαφοφορία).

La fin du paragraphe, suffisamment conservée, nous aide encore à reconstituer le début. Les mots [ὑ]στέρου λέγοντος ὕστερον nous remettent aussitôt en mémoire le passage du ch. 68 de l''Αθηναίων πολιτεία, où Aristote décrit les préparatifs du vote des héliastes : ἐπειδὰν δὲ διαψηφίζεσθαι μέλλωσιν οἱ δικασταί, ὁ κῆρυξ... ἀνακηρύττει· « ἡ τετρυπημένη (scil. ψῆφος) τοῦ πρότερον λέγοντος, ἡ δὲ πλήρης τοῦ ὕστερον λέγοντος [1] ». A Delphes, comme à Athènes, c'est le demandeur qui prend le premier la parole, le défendeur le second ; au lieu de l'adverbe πρότερον, on emploie à Delphes l'adjectif et l'on dit ὁ πρότερος λέγων (cf. I A, l. 10-11 : λεγέτω πρότερος ὁ ἐπάγων τὰν δίκαν), ὁ ὕστερος λέγων. L'opposition entre les deux parties ne laisse pas de doute sur la restitution du début : τοὺς δὲ δικαστή[ρας ψαφοφορὲν ὑπὲρ τοῦ μὲν προτέρου λέγοντος πρότερον, τοῦ δὲ ὑ]στέρου λέγοντος ὕστερον. L'hésitation est permise entre les verbes ψαφοφορὲν et φέρεν τὰν ψᾶφον : je me suis décidé pour la restitution la plus courte.

L. 13-14. — *De l'exécution du jugement au cas où il ne se produit pas de réserves contre les témoins.*

Une fois le jugement rendu, le législateur se préoccupe d'en assurer l'exécution. Dans le long chapitre du Papyrus de Halle, consacré au procès en faux témoignage, le recouvrement du montant de la condamnation (ἡ πρᾶξις) est réglé avec soin pour chacun des cas prévus. La même préoccupation ne pouvait manquer de se faire jour dans un σύμβολον, c'est-à-dire dans un traité conclu entre deux cités qui souvent n'étaient pas voisines, telles Delphes et Pellana. L'intérêt de celui qui avait gagné son procès, non moins que le maintien du bon ordre et de l'harmonie entre les deux cités, exigeaient que l'affaire fût terminée au plus vite, par le paiement de la condamnation. M'autorisant d'un passage du n° II B, l. 16 : [...τὰν ἔ]σπραξιν, ἁ δὲ ἐπιστᾶσα ἀρχὰ ἐπιτε-

____

1. 68, 4.

λείτω κατὰ τὸ σύββολον, je propose de restituer ici : Αἰ δέ κα μὴ παρίσκε[σις ἦι, τὰν ἔσπραξιν ἐπιτελείτω ἀ ἐπιστᾶσα ἀρχὰ κατὰ τὸ συμβολον]. Il va de soi que les termes mêmes de la restitution ne peuvent être tenus pour certains, mais le sens général ne me paraît pas douteux.

L. 14-15. — *De la constitution de cautions au cas où l'affaire est rapportée au tribunal après condamnation de témoins ou faux témoins.*

Dès le début du paragraphe nous rencontrons un mot nouveau, qui se retrouve dans une autre partie de l'inscription : ἐπάμφορος. Il est très régulièrement formé du verbe ἐπαμφέρω (ἐπαναφέρω) qu'on lit au n° IV A, l. 4 et que Solon a employé dans un vers [1]. Cf. ἀμφαίνομαι pour ἀναφαίνομαι et le terme delphique ἀμμόνιον (ἀναμόνιον), dont on a rapproché déjà la forme homérique καμμονίη (καταμονή) [2]. L'adjectif ἐπάμφορος se rapporte, dans les deux passages du traité, au substantif δίκα : n° II A, l. 5 : ὅσαι ἐπάμφοροι ἔσονται et n° I A, l. 14 : αἰ δέ κά τις ἐπάμφορο(ν) [π]οιῆται τὰν δίκαν. Je n'hésite pas en effet à corriger ἐπάμφορος en ἐπάμφορο(ν), admettant une faute du lapicide. Non seulement ἐπαμφόρος, au sens actif, s'entendrait mal d'un plaideur qui rapporterait sa demande au tribunal, mais il faut un attribut au substantif τὰν δίκαν et ce ne peut être que l'adjectif ἐπάμφορον. Cf. Démosthène, *c. Béotos* XL, 34 : τὴν δίκην ταύτην ἀνάδικον ἐποίησεν.

Il nous faut aussi bien rapprocher les deux mots ἐπάμφορος et ἀνάδικος et donner au premier le sens qui est attribué au second par Harpocration, par exemple, s. v. Ἀναδικάσασθαι : τὸ ἄνωθεν δικάσασθαι· οὕτως Ἰσαῖος. Ἐντεῦθεν καὶ τὸ ἀνάδικοι κρίσεις, αἱ ἄνωθεν δικαζόμεναι, ὅταν ἁλῶσιν οἱ μάρτυρες ψευδομαρτυρίων. Le passage d'Isée auquel renvoie Harpocration ne nous a pas été conservé.

Nous sommes assez mal renseignés sur la procédure de l'ἀναδικία à Athènes et la restitution de notre paragraphe demeure

---

1. Solon, cité par Plutarque (ch. 30 fin), l'emploie avec le sens de rapporter à, attribuer à : Εἰ δὲ πεπόνθατε λυγρὰ δι' ὑμετέρην κακότητα, μή τι θεοῖς τούτων μῆνιν ἐπαμφέρετε.

2. Ἀμφαίνομαι, dans la loi de Gortyne, avec le sens d'adopter : Ch. Michel, n° 1333, X, l. 34 ; F. Solmsen, n° 30 ; C. D. Buck, n° 110. — Ἀμμόνιον, dans les statuts de la phratrie des Labyades, Ch. Michel, n° 995 A, l. 48 ; F. Solmsen, n° 36 ; C. D. Buck, n° 51. Ἀμμόνιον désigne l'amende encourue pour tout retard dans l'exécution d'une prescription.

incertaine. Nous y voyons pourtant que Meier et Schœmann
avaient raison de conjecturer qu'à Athènes le plaideur qui récla-
mait l'ἀναδικία était tenu de fournir une caution [1] : il en allait de
même à Delphes où deux cautions sont exigées : [ἐγγύους καταστ-
τάντ]α δύο ἀξιοχρέους. Reste à retrouver la proposition principale.
Le participe entraîne, semble-t-il, la restitution δικάζεσθαι αὐτόν.
Il ne saurait y avoir d'hésitation que sur la proposition circons-
tancielle qui commence par la préposition ἐν. La première idée
qui vienne à l'esprit est celle d'un délai : ἐν [τριάκοντα ἀμέραις].
On peut aussi penser à la formation du tribunal : ἐν [τοῖς αὐτοῖς
δικασταῖς]. On admet généralement qu'à Athènes l'action en faux
témoignage était portée devant les juges qui avaient rendu le
premier jugement [2]. Si l'on adoptait la seconde de nos restitutions, il en résulterait qu'à Delphes et à Pellana les mêmes juges
siégeaient une troisième fois pour prononcer sur la requête en
rétractation de leur premier jugement. La chose n'est pas impossible, mais nous préférons la fixation d'un délai qui importait
davantage aux deux parties.

L. 15-16. — *Obligations des témoins* (ἐπάκοοι ?).

Le paragraphe commence par οἱ. Le mot étant précédé d'un
tiret et suivi de l'adverbe δέ, il ne peut y avoir de doute sur la
lecture. Cette forme de l'article est faite pour surprendre puisque
partout ailleurs on rencontre τοί. Le mot qui suit n'est pas certain. L'excellente copie de Bourguet et la photographie de Blum
sont pleinement d'accord pour donner οἱ δὲ Γ.ᴧΚᴖ.., d'où il est
impossible de tirer ἔγγυοι. Je lirais plutôt ἐ[π]άκο[οι et j'entendrais
les témoins [3]. Vient un verbe pour lequel on peut hésiter entre
ἐχέσθων et ἐπέσθων. La photographie de Blum ne me tire pas

1. *Der attische Process*, éd. Lipsius, 1887, p. 982-983. Cf. P. Gide et E.
Caillemer, dans le *Dict. des antiq. gr. et rom.*, s. v. *Anadikia*.
2. E. Leisi, *op. cit.*, p. 124.
3. Cf. Hésychius, s. v. Ἐπάκοοι· οἱ μάρτυρες καὶ οἱ ἐπισκοποῦντες τὰς δικαστικὰς
ψήφους. Ἐπήκοοι, κριταὶ καὶ οἱ μάρτυρες καὶ οἱ δικάζοντες. Le mot ἐπάκοος s'est rencontré plus d'une fois dans des inscriptions avec le sens de témoin, en dernier lieu dans un fragment de loi de Kymé, découvert et publié par A. Plassart et Ch. Picard (*Bull. de corr. hellén.*, XXXVII, 1913, p. 156-157, l. 8).
Voir la note 8 de la page 161 et renvoyer maintenant pour l'inscription de
Corcyre à D. Comparetti, *Tabelle testamentarie delle colonie achee di Magna
Grecia ed iscrizioni di Tegea, Dodona, Corcyra*, Firenze, 1915, p. 49 et
suiv. Aux textes cités par les éditeurs il faut ajouter une inscription, de

d'embarras, et il faut noter que la copie de Bourguet serait plus favorable au second. Après le verbe, la seule lettre certaine est un τ, suivi d'une barre verticale droite dont la moitié supérieure, notée par Bourguet, est très visible sur la photographie. Le tau n'est donc pas la première lettre de l'article (τ[ῶι ou τ[ᾶι ou τ[οῖς ou τ[αῖς), mais plutôt d'un mot qui commencerait par τι|μ. Le plus sage est d'avouer notre impuissance.

Cet essai de restitution terminé, nous pouvons reconnaître la longueur moyenne des lignes, en relevant le nombre de lettres que renferme chacune d'elles. Je laisse de côté les l. 1-4, 15-16 que je n'ai pas pu compléter.

L. 5 : 88 lettres ;

» 6 : 88 ;

» 7 : 91 plus 1 tiret, soit 92 lettres ;

» 8 : 88 plus 1 tiret, soit 89 lettres ;

» 9 : 87 (ou 90, si nous restituons δικαιότατα, au lieu de δικαίως) :

» 10 : 88 plus 1 tiret, soit 89 lettres ;

» 11 : 89 plus 1 tiret, soit 90 lettres (ou 89 seulement si nous écrivons χρήζωντι au lieu de χρήιζωντι. Les deux graphies se rencontrent dans notre texte) ;

» 12 : 87 plus 2 tirets, soit 89 lettres ;

» 13 : 88 plus 1 tiret, soit 89 lettres ;

» 14 : 88 plus 1 tiret, soit 89 lettres.

En somme, le nombre des lettres varie par ligne de 87 à 92 : tel est le résultat que nous permettent de considérer comme acquis ces patients et fastidieux calculs. Hâtons-nous de dire que nous n'en tirerons point parti pour toute la suite, tant les lacunes deviendront larges et, par endroits, les restitutions incertaines.

provenance incertaine, provisoirement classée à Délos : *Inscr. gr.*, XI, 4 (1914), n° 1065, a l. 14, *b* l. 2 et 29. Des juges d'Érétrie, intervenant comme conciliateurs entre Paros et Naxos, ont rédigé un accord, dont le texte sera porté aux deux cités par les ἐπήκοοι de l'une et de l'autre. Les ἐπήκοοι sont ici les délégués de Paros et de Naxos ; ils ont, après entente préalable, fixé le nombre des juges à fournir par Érétrie et donné leur approbation à l'accord (σύλλυσις), évidemment après en avoir *entendu* la lecture. — Dans le sommaire des *Inscr. gr.* 1065, corriger *IG.*, XII, 5, p. 308, n° 128 en p. 38 ; dans le texte de *b* l. 3, mettre le point en haut avant περὶ ὧν et l'effacer à la l. 4.

B

Si mutilé que soit le texte, on y distingue deux chapitres dont le premier, sensiblement plus maltraité, est aussi plus court ; il traite de la saisie, de l'enlèvement et de la vente (l. 1-8). Nous avons conservé le titre du second, qui est consacré au vol (l. 8-17).

I. — *Enlèvement, vente et saisie* (l. 1-8).

A vrai dire, il ne reste, dans ce premier chapitre, aucun des termes que nous rencontrons à Delphes même, en d'autres textes, pour désigner la saisie et l'enlèvement : ἄγειν, ῥυσιάζειν, συλᾶν, λάφυρον ποιεῖν, ἀποβιάζεσθαι ou ἐγβιάζεσθαι [1]. Le verbe ἐξελεῖν qu'on lit à la l. 2 ([α]ἰ δέ κα ἐξέλε[ι) n'a pas la valeur juridique de ceux que je viens de citer. Ce qui a pu m'orienter vers une restitution exacte des l. 5 et 6, c'est donc l'impression qui se dégage de quelques mots et de quelques faits : l. 4 πλοίων, navires de commerce ; l. 7-8 τετραπόδων καὶ ἀνδραπόδων, bétail et esclaves ; l. 6 πρίαται, achat contraire au traité puisqu'il expose l'acheteur à des dommages-intérêts (l. 7 τὰν βλάβαν ὀφειλέτω) ; cf. plus haut, l. 5 le verbe ὠνεῖσθαι et la mention d'une amende (ἐπιτίμιον). Si l'on considère que le golfe de Corinthe sépare le territoire de Pellana du continent où s'élevait Delphes, et que la mer a été, en Grèce, le principal théâtre des enlèvements et saisies, si l'on se rappelle que dans le traité entre OEantheia et Chaleion les représailles sont permises sur mer [2], n'a-t-on pas suffisamment d'indications pour aborder la restitution du paragraphe qui commence à la fin de la l 5 : ὁ Δελφὸς τὸμ Πελλανέα [μή] ἀ[γέ|τω] μηδὲ ὁ Π[ε]λλανεὺς τὸ[ν] Δελφόν. La copie, très loyale, de M. Bourguet ne s'oppose à aucune des corrections ou additions tentées.

---

1. Ch. Michel, n° 291, l. 20 = Dittenberger, *Sylloge*[2], 295 : εἰ δέ τίς κα ἄγη ἢ ῥυσιάξη ἢ ἀποβιάξαιτο. Décret des Étoliens, de la première partie du IIe siècle, relatif à la fondation des Nikèphoria. — H. Pomtow, *Gött. gel. Anzeigen*, 1913, p. 173, n° 4, décret des Amphictyons, du milieu du IIIe siècle, l. 1 et suiv. : |ἐὰν δ]έ τις ἀγάγηι τινὰ παρὰ ταῦτα ἢ λάφυρον π[οιήσ]ηι κατὰ τούτων τινός. *Ibid.*, l. 8 et suiv. : τῶι ἀχθέντι ἢ συληθέντι [ἢ ἐγβ]ιασθέντι.

2. L'inscription a déjà été citée plus haut : C. D. Buck, n° 56, l. 3 et suiv. : τὰ ξενικὰ ἐ(θ) θαλά(σ)σας hάγεν ἄσυλον πλὰν ἐ(λ) λιμένος τῶ κατὰ πόλιν.

La négation μή est rendue nécessaire par la seconde partie de la
phrase (μηδὲ ὁ Πελλανεύς) et du verbe, très court, nous avons
conservé, à la barre médiane près, la première lettre. Je reconnais que l'exacte symétrie des deux parties du paragraphe, non
moins que le rapprochement avec des traités milésiens récemment publiés, suggéreraient plutôt la restitution [μὴ ὠνείσθω]. On
lit en effet dans la deuxième partie, à la l. 6 : [εἰ δὲ...]πρίαται et
dans le traité conclu entre Milet et Cnossos [1] :

μὴ

ὠνείσθω ὁ Κνώσιος τὸν Μιλήσιον μηδὲ ὁ Μιλήσιος
20. τὸν Κνώσιον εἰδὼς ἐλεύθερον ὄντα · ὃς ἂν δὲ ἀγο-
ράσηι εἰδώς, στερέσθω τῆς τιμῆς καὶ τὸ σῶμα ἐ-
λεύθερον ἔστω· ἐὰν δὲ μὴ εἰδὼς ἀγοράσῃ, ἀποδοὺς τὸ σῶμα τὴν τιμὴν κομισάσθω ὅσου ἠγόρακεν.

Mais il n'y a certainement pas de place pour le verbe ὠνείσθω
à la fin de notre l. 5 et au commencement de la l. 6. Les traités
milésiens ne vont pas moins nous fournir de précieux traits de
lumière.

L'enlèvement du citoyen de Pellana par un Delphien ou réciproquement n'est autorisé que dans un cas : l. 6 εἰ μὴ κελ... La
restitution, fort embarrassante, m'a été donnée par un des traités
milésiens que je viens de mentionner. On lit, dans le traité
conclu entre Milet et Phaistos [2] :

Σῶμ[α

55. ἐλεύθερον μὴ ὠνείσθω ὁ Μιλήσιος Φαίστιον μηδ'ὁ Φαίστιος Μιλ[ή-
σιον, ἂμ μὴ κελομένου πρίαται · ἂν δὲ κε(λ)ομένου πρίαται, τᾶς ἰσων[ί-
ας ἀπολυσάτω· ἂν δὲ μὴ κελομένου πρίαται, ἀπαγέσθω ὅ τε Φαίστιος ἐγ Μιλήτου καὶ ὁ Μιλήσιος ἐκ Φαιστοῦ.

Il ne saurait y avoir de doute sur le sens de κελομένου et nous
traduirons : « Ni le Milésien n'achètera un homme libre de Phaistos, ni le Phaistien un homme libre de Milet, à moins qu'il ne
l'achète à la demande de celui-ci; si l'acheteur agit à la demande
de l'acheté, l'acheteur lui rendra sa liberté après remboursement
du prix d'achat; si l'acheteur n'agit pas à la demande de
l'acheté, tout Phaistien aura le droit de mettre la main sur
ce dernier et de l'enlever de Milet, tout Milésien aura mêmes

---

1. *Milet*, III, 1914, nᵒ 140 A, p. 308. L'inscription date vraisemblablement
du milieu du IIIᵉ siècle.

2. *Ibid.*, nᵒ 140 C, p. 308-309, avec le commentaire d'Albert Rehm.

droits à Phaistos. » Le premier éditeur du texte a bien montré comment le Milésien, par exemple, avait intérêt à se faire acheter par un Phaistien. Conduit par des pirates, qui se sont emparés de lui, sur le marché de Phaistos, le Milésien risque d'être emmené en servitude par un acheteur étranger ; s'il demande au contraire à un citoyen de Phaistos de l'acheter, il est assuré de recouvrer sa liberté, grâce au traité qui lie les deux cités de Phaistos et de Milet. L'acheteur Phaistien, de son côté, sait qu'il recouvrera exactement le prix d'achat (ἰσωνία) : il rend donc service au citoyen d'une ville amie sans courir aucun risque.

Nous restituerons donc, à la l. 6 du texte de Delphes : εἰ μὴ κελ[εύοντος. « Ni le Delphien n'enlèvera le Pellanéen, ni le Pellanéen n'enlèvera le Delphien, à moins qu'il ne le fasse à la demande de celui-ci. » Je lis κελ[εύοντος de préférence à κελ[ομένου, cette dernière forme ne se rencontrant pas à Delphes.

L. 6 fin. La seconde partie du paragraphe dont le début est perdu (... ντα πρίαται) commençait soit par la conjonction εἰ, soit par le relatif ὅς. Mais comment restituer le participe à l'accusatif dont nous n'avons que les trois dernières lettres ? J'écarte : [εἰ δὲ μὴ κελεύο]ντα πρίαται — s'il l'achète sans que celui-ci le demande —, parce que la syntaxe exigerait plutôt le génitif (μὴ κελεύοντος) qu'on trouve deux fois dans le traité milésien [1]. Nous pouvons chercher alors, soit dans un autre traité milésien, soit dans les décrets amphictyoniques déjà cités en note [2]. Le traité conclu entre Milet et Cnossos nous donne : [εἰ δὲ εἰδὼς ἐλεύθερον ὄ]ντα πρίαται — s'il l'achète, sachant qu'il est de condition libre. — A la l. 8 du décret amphictyonique relatif à la sûreté de ceux qui se rendent à l'assemblée des Amphictyons, nous lisons trois

---

1. C'est également le génitif que l'on trouve dans la loi de Gortyne : C. D. Buck, nᵒ 110, VI, l. 46 et suiv. : Αἴ κ' ἐδ δυσ[μενίανς] περα[θεῖ κ]ἐκς ἀλλοπολίας ὑπ' ἀνάνκας ἐχόμενος κελο[μ]ένο τις λύσεται, ἐπὶ τοῖ ἀλλυσαμένοι ἔμεν, πρίν κ'ἀποδõι τὸ ἐπιβάλλον. Αἰ δέ κα μὲ ὁμολογίοντι ἀμπὶ τὰν πλεθὺν ἒ μὲ [κ]ελομέ[ν]ο αὐτõ [λ]ύσαθθαι, τὸν δικαστὰν ὀμνύντα κρίνεν πορτὶ τὰ μολιόμενα. Sur le sens de cet article de la loi de Gortyne et sur le caractère de l'obligation exprimée par les mots ὑπ' ἀνάνκας ἐχόμενος, voy. *Inscript. jurid. grecques*, I, p. 468, note 1. Nous avons admis que le Gortynien était tenu de racheter le membre de sa famille, de son hétérie, mais encore fallait-il que ce dernier lui en fît la demande. Il va de soi que le traité conclu entre Milet et Phaistos n'impose aucune obligation aux citoyens des deux villes : ils sont libres d'accéder ou non à la demande que leur adresse le Milésien ou le Phaistien mis en vente.

2. Voy. plus haut, p. 20, note 1.

participes : τῶι ἀχθέντι ἢ συληθέντι [ἢ ἐγ]βιασθέντι, dont le premier convient à notre l. 6, que nous pourrions compléter ainsi : [εἰ δὲ τὸν ἀχθέ]ντα πρίαται, στερείσ[θω] τᾶς τιμ[ᾶ]ς [καὶ… Je préfère la première des deux restitutions proposées, qui me semble plus précise et que confirme encore la même pénalité exprimée en mêmes termes dans le traité milésien et dans le σύμβολον delphique : στερέσθω τῆς τιμῆς (voir plus haut, p. 21, l. 21). Pour l'emploi du verbe στερεῖσθαι, cf. encore la loi de Delphes rendue sous l'archontat de Kadys : I, l. 15 : τοῦ τε χρέος στ[α]ρέστω καὶ ποταπο-[τεισά]|τω πεντήκοντα δραχμάς et I, l. 18 [1]. L'acheteur ne perd pas seulement la somme qu'il a déboursée pour l'achat, mais il doit aussi des dommages-intérêts, dont l'estimation est laissée aux juges.

L. 7. Après l'enlèvement et la vente de l'homme libre, le traité parlait des troupeaux et des esclaves. La présence de la particule δέ après τετραπόδων donne à penser que le mot τετραπόδων commence la phrase et que nous devons le faire précéder d'une ponctuation forte, d'un point en haut. Il n'y a donc pas de place pour le participe συληθέντων.

Je suis plus embarrassé pour combler la lacune entre γνῶντι et τετραπόδων, où il manque environ 22 ou 23 lettres. Peut-être, puisqu'il ne peut être question d'une phrase indépendante, faut-il simplement restituer : κατὰ τοὺς νόμους τᾶς πόλιος [2]. Les dommages-intérêts seront calculés d'après les lois de l'une ou de l'autre cité, Delphes ou Pellana. Le traité n'impose pas de règles spéciales d'estimation : *des* juges estimeront la valeur des troupeaux et des esclaves. C'est à dessein, semble-t-il, que l'on a employé δικασταί au lieu de τοὶ δικασταί : des juges, c'est-à-dire une délégation du tribunal, procéderont sur place à l'estimation.

L. 1-5. — Au verbe ἄγειν est opposé dans les deux décrets amphictyoniques déjà cités le verbe λάφυρον ποιεῖν :

Inv. nº 1103, l. 1 : [ἐὰν δ]έ τις ἀγάγηι τινὰ παρὰ ταῦτα ἢ λάφυρον π[οιή|σ]ηι κατὰ τούτων τινός [3].

Inv. nº 3780, l. 15 : [ἵνα μηδαμοῦ λάφ]υρον γένηται καὶ μηθεὶς ἄγηται [πα|ρὰ τοὺς νόμους τοὺς Ἀμφικτυονικο]ύς [4]. La copie de Pom-

---

1. *Fouilles de Delphes*, III, 1, p. 156 et 157.
2. Cf. *Gr. Dialekt-Inschr.*, III, nº 5075, l. 41 et suiv. : κατὰ τός τᾶς π[ό]-λι[ος νόμος] τός ἑκατέρη κει[μέ]νο[ς] (Traité entre Lato et Olonte).
3. *Gött. gel. Anzeigen*, 1913, p. 173.
4. *Ibid.*, p. 175.

tow porte λύ]τρον, mais on sait combien dans ces inscriptions delphiques du iiie siècle l'upsilon, très peu évasé, ou le psi, se confond avec le tau [1].

Sur les mots λάφυρον et λαφυροπώλιον, je renvoie le lecteur à l'important mémoire d'Ad. Wilhelm, dans les *Jahreshefte des oesterr. archaeol. Instituts*, XIV, 1911, p. 200 et suiv. Ils ne se rencontrent pas dans les l. 1-5 de notre texte, mais ils conviendraient l'un et l'autre, semble-t-il, au cas prévu dans cet article du traité : il s'agit bien d'une course, d'un pillage commis sur mer et aussi de la vente du butin [2].

Des l. 1-4, il n'y a que des mots isolés à tirer. Nous ne savons ni quel est le rôle de la caution (ὁ ἔγγυος) mentionnée à la l. 3, ni quel participe passif il faut restituer à la l. 4 devant πλοίων. A la fin de la l. 4, le pluriel féminin [ἄλ]λας ὅσας se rapporte peut-être au substantif δίκας.

Le court paragraphe conservé aux l. 4-5 promet davantage. Pour la proposition conditionnelle, la copie de Bourguet conduit à restituer : Αἰ δέ κ[α πρί]|ατα[ι ἀγ]μένων — s'il achète quelqu'un des objets enlevés [3] —. Le verbe ἄγεσθαι peut s'employer pour les choses [χρήματα] [4]. La tournure est singulièrement elliptique et l'on attendrait plutôt : αἰ δέ κά τι πρίαται τῶν ἀγμένων, mais la place manque, au moins pour τῶν. Le verbe πρίαται me semble imposé par le dernier mot du paragraphe [ὠ]νεῖσθαι. De la proposition principale, nous avons conservé le début : ἀποτινέ[τ]ω ἐπιτίμιον ἑκα[τὸν δραχμάς]. Cf. Π Α, l. 21 : [καὶ σῶσ]τρα καὶ ἐπιτίμιον ἀποτι[ν]έτω πεντάκατίας δραχμά[ς]. Pour la fin,

---

1. Voy. plus haut, n° I A, l. 12, où M. Bourguet avait d'abord lu ΤΕΥΔΗ pour ψευδῆ.

2. Sur les pirates et corsaires au iiie siècle, voy. W. W. Tarn, *Antigonos Gonatas*, 1913, p. 87-88, et surtout les textes réunis par Ad. Wilhelm, Ἀρχαιολογικὴ Ἐφημερίς, 1914, p. 87. Les Étoliens n'avaient pas meilleure réputation que les Crétois.

3. Le subjonctif πρίαται est aussi régulièrement formé que ἐνίσταται II B, l. 14. Notons cependant la forme ἀντιπριάηται dans un acte d'affranchissement de Delphes, du iie siècle : Dittenberger, *Sylloge*[2], n° 861, l. 10.

4. Il s'emploie généralement pour les personnes. Voy. Bekker, *Anecdota graeca*, p. 206 : ἄγειν καὶ φέρειν, ἀντὶ τοῦ ληστεύειν καὶ ἁρπάζειν· ἤγετο μὲν τὰ ἔμψυχα, ἐφέρετο δὲ τὰ ἄψυχα. Voyez dans notre texte même, I B, l. 5. Mais ἄγειν peut s'appliquer également aux choses : voy. Ch. Michel, n° 56, l. 36-37 : ἐξέστω τῶι παραγενομένωι Τηίων ἐπιλαβέσθαι καὶ τῶν σωμάτων καὶ χρήματα εἴ τίς κα ἄγηι. (Décret de la cité crétoise des Ἰστρώνιοι en faveur de Téos, du iie siècle avant notre ère.) Cf. Hésychius : ἄγεται· φέρεται.

le plus simple est encore de compléter : [καὶ μὴ ἐξέστω αὐτῶι ὠ]νεῖσθαι. Non seulement on fixe l'amende encourue par celui qui a cherché à se rendre acquéreur de quelqu'un des objets enlevés, mais on rappelle qu'il lui est interdit de rien acheter.

II. — *Vol. Constitution de caution* (1. 8-17).

Le titre du chapitre, placé entre deux tirets, est entièrement conservé : Φιλατίας. Le mot est inconnu et se retrouve, incomplet, à la même place, c'est-à-dire dans un titre de chapitre, au nᵒ II Λ, l. 13 : là, le sens en est très nettement déterminé par les parties conservées de la l. 14, où on lit et restitue en toute certitude : [ὅ τ]ί κα τιμαθῆι ἄξιον εἶμεν τὸ κλέμμα. Les deux chapitres sont consacrés au vol.

Le mot nouveau est à rapprocher de plusieurs textes dont le plus ancien est le fragment de l'᾽Ατλαντίς d'Hellanikos, retrouvé sur un papyrus d'Oxyrhynchus : τ[ῶν] δὲ γίγνεται Ἑρμ[ῆς] φιλήτης [1]. L'éditeur, A. S. Hunt, a consacré une longue note au mot φιλήτης qu'il a tort de vouloir changer en φηλήτης. Les deux formes nous sont connues, notamment par les gloses d'Hésychius que je me bornerai à citer : φηλήτηισι · λῃσταῖς. — φιληοίαις · κλεψοσύναις. — φιλήτης· κλέπτης, λῃστης.

Pour φιλατίας, nous y voyons la forme delphique du mot φιλήτης plutôt que le génitif d'un substantif féminin φιλατία que l'on pourrait être tenté d'assimiler à φιληοία. Nous avons en effet reconnu plus haut que les titres conservés dans notre inscription étaient au nominatif. Φιλατίας désigne donc un voleur.

Les termes que nous rencontrons dès les premières lignes du paragraphe : ἐπ' αὐτοφώρωι, ἀπαγέτω, δήσας nous sont bien connus par le droit attique et ne laissent aucun doute sur le sens ni sur la restitution. Le voleur pris en flagrant délit est chargé de liens par celui qui l'a surpris et mené à Delphes devant le Conseil, à l'intérieur du sanctuaire ([εἴ]σω τοῦ ἱεροῦ) où se tient en permanence la délégation du Conseil. La préposition εἴσω, dont les deux premières lettres manquent, se lit en entier sur un des fragments du nᵒ IV, A, l. 3 : εἴσω Πυλᾶν.

La fin de la l. 9 est plus embarrassante, encore qu'il y soit

1. *The Oxyrhynchus Papyri*, VIII, 1911, nᵒ 1084, p. 72.

certainement question de la constitution d'une caution. J'ai restitué ἐγγυασάσ[θω] et, puisque le sujet est encore ὁ λαβών, j'entends que celui qui a surpris le voleur se fait constituer une caution, exige une caution du voleur. Ἐγγυῶμαι, au moyen, a d'ordinaire un autre sens, notamment à Athènes et dès le ve siècle, dans Platon, celui de : Je me porte caution, je garantis [1]. Mais la signification que je propose s'est déjà rencontrée, par exemple dans des papyrus de l'époque ptolémaïque, et elle n'a pas échappé à J. Partsch, qui traduit exactement : « ich lasse mir aushändigen [2]. »

Les derniers mots sont très mal conservés et la copie que je donne est celle que M. Bourguet m'a envoyée de Delphes au mois d'août 1911. Je n'en puis rien tirer de certain. Il n'est pas douteux que les deux premiers mots de la l. 10 (ἐν Δελφοῖς) font encore partie de la phrase, pas douteux non plus que cette fin de phrase a trait à une modalité de la constitution de caution J'avais d'abord pensé à τῶν οἰκεόντων ἐν Δελφοῖς, — qu'il se fasse donner une caution bonne et valable, prise parmi ceux qui résident à Delphes. — La seconde copie de M. Bourguet conduirait plutôt à ποτ[ὶ τ]ῶι βο.. [ι τῶι] ἐν Δελφοῖς; mais je ne retrouve pas le mot qui manque. Peut-être désigne-t-il un fonctionnaire delphien. J'écarte en effet ποτ[ὶ τ]ῶι βω[μῶι τῶι] ἐν Δελφοῖς parce que ces trois derniers mots seraient tout à fait inutiles et feraient répétition.

La procédure suivie à Pellana tient en une ligne, également incomplète où se trouvaient trois verbes. Le deuxième manque ; du premier et du troisième, nous n'avons que le commencement. Le premier comprend d'abord la préposition ἀπο- et, semble-t-il, le verbe τρ[εχέτω. Le verbe ἀποτρέχειν est un de ceux qui reviennent le plus fréquemment dans les actes d'affranchissement avec l'adverbe de lieu οἷς (ἀποτρεχέτω οἷς κα θέληι) [3] et convient ici : celui qui a pris un voleur en flagrant délit se rendra en hâte auprès des théaroi. J'admets qu'il leur montrera le traité, c'est-

---

1. Par exemple, *Phédon* 115 D. Cf. L. Beauchet, *Histoire du droit privé de la République athénienne*, IV, 1897, p. 460-461. — J. Partsch, *Griechisches Bürgschaftsrecht*, I, 1909, p. 87.

2. J. Partsch, *ibid.*, p. 93. Pour les papyrus, voy. par exemple *Oxyrhynchus Papyri*, II, 1899, n° 259, l. 4 et suiv. Ce papyrus est du Ier siècle de notre ère, mais M. Partsch en cite d'autres de l'époque ptolémaïque.

3. Par exemple, Ch. Michel, n° 1402, l. 8. Cf. C. D. Buck, *op. cit.*, § 132, 3.

à-dire les articles du traité sur lesquels il fonde sa plainte : [καὶ ἐνδεικνύτω] τὰ σύββολα. Cf. plus haut, A, l. 6-7 où il ne manque que la première lettre du verbe ἐνδεικνύναι, et le commentaire, p. 9. Enfin il prendra une caution : καὶ τὸν ἔγγυον.. L'article τόν est employé ici parce qu'il vient d'être parlé de la caution prévue par le traité [1]. Le verbe qui semble le mieux convenir aux lettres et traces conservées est ἐ[πι]γραφ[έσθω ou ἐ[γ]γραφ[έσθω]. Les théaroi inscrivent donc le nom de la caution sur leurs registres.

L. 11-12. Si le voleur ne constitue pas la caution exigée, le Conseil le fera charger de liens et mettre en prison (ε[ἰργέτω]), jusqu'au jour du jugement. Si c'est l'auteur de l'arrestation (ὁ ἀπάγων) qui est condamné, les magistrats ([τοὶ δὲ ἄρχοντε]ς) ont le droit, s'ils le veulent, d'exiger de lui une caution. Je donne au moyen ἐγγυασάσθων le même sens qu'à la l. 9. Seulement ἐγγυασάσθων a ici pour régime un verbe à l'infinitif dont il ne reste que les dernières lettres... εɩν αὐτὸν ὅ τί κα τοὶ δικασταὶ γνῶντι. Entendons que celui qui a fait l'arrestation s'engage, en donnant caution, à payer le montant de la condamnation prononcée contre lui par les juges ou à s'en reconnaître le débiteur et restituons : ἐγγυασάσθων, αἴ κα ἁλῶι, ἐκτε[ίσειν αὐτὸν ἢ ὀφείλ]ειν αὐτόν.

L. 12-13. Si les magistrats n'exigent pas de caution de celui qui a fait l'arrestation, ils useront à son égard, quand il aura été condamné, des lois concernant les... Le sens n'est pas douteux. Il entraîne et la restitution [αἰ δέ κα] à la fin de la l. 12 et une correction au commencement de la l. 13 où μὴ ἐγγυωντωι doit être considéré comme une faute du lapicide et changé en μὴ ἐγγυῶντ(α)ι. Pour la formule χρήσθ[ων] περὶ αὐτοῦ τοῖς νόμοις το[ῖς περὶ τῶν.. cf. II B, l. 17 : κατὰ τὸ σύββολον τὸ περὶ τ[ῶ]ν τὰς δίκας ὀφλόντων. En restituant ici το[ῖς περὶ τῶν ὀφλόντων] nous obtiendrions une ligne un peu longue.

L. 13-14. Un mot domine tout cet article et, bien qu'il n'en reste guère, on m'accordera que l'adjectif ἄξιον et le verbe [κ]αββαλόντων justifient la restitution ἐνέχυρον. Un rapprochement s'impose d'ailleurs avec le décret de Delphes qui règle l'emploi des sommes offertes à la cité par le roi Attale II [2]. Ceux à qui

---

1. Cf. II A, l. 19 : αἰ δέ κα μὴ καθιστᾶ[ι] τὸν ἔγγυον ὁ ἔχων. Même emploi de l'article.

2. Dittenberger, *Sylloge*[2], nº 306, l. 29 et suiv. : οἱ δὲ ὀφ[εί]λοντες δανείσασθαι ποτιγ[ρ]αφέσθωσαν ποτὶ τοὺς κατεσταμένους ἐπιμελητὰς ἐπὶ ὑποθέματι ἀγρῶι· ἔστω

ces sommes seront prêtées devront fournir une hypothèque immobilière (ἐπὶ ὑποθέματι ἀγρῶι) et en outre des cautions ; ces mêmes cautions devront se porter garants des gages (οἱ δὲ αὐτοὶ [ἔγ]γυοι καὶ βεβαιωτῆρες ἔστωσαν τῶν ἐνεχύρων). Nous aidant de ce texte qui prévoit une double sûreté, gages et cautions, nous proposerons ici : [αἱ δὲ] κελεύει τὰν βουλάν, καὶ τ[οἱ ἄρχοντες ἄμα]] ἐγγύους λαββάνο[ντες κ]αββαλόντων ἄξιον ἐν[έχυρον. — Si la demande en est faite au Conseil, les magistrats en prenant des cautions feront aussi déposer un gage. — Καταβάλλειν a d'ordinaire le sens de déposer et j'entends ici : faire déposer, m'y croyant autorisé par le contexte. Mais il me faut reconnaître que la première partie de la restitution est incertaine. Les traces de lettres relevées sur la copie de M. Bourguet et sur l'estampage même, avant le verbe κελεύει, sont deux sommets de barres droites convenant mieux à un H, à un N ou à un I. Puis qui adresse la demande ? Il semble qu'on attendrait plutôt :[α]ἰ κελεύει ἀ βουλά — si le Conseil l'exige —. Mais la correction serait trop audacieuse et mieux vaut confesser notre impuissance.

Je renonce également à rien tirer des l. 15-17 où le mot ναῦται est évidemment à rapprocher du mot πλοίων que nous avons lu à la l. 4 [1]. A la l. 16, il s'agit vraisemblablement d'un avis à donner à un particulier ou à un magistrat par celui qui sait ou qui a vu : εἶδεν ou [συν]εῖδεν καὶ ἐξαγ[γειλάτω.. Cf. II A, l. 24 : ἐξαγγειλά[ντων τῶι δεσπόται]. Mais il n'y a rien à tirer de ces mots isolés.

En somme nous avons obtenu pour les l. 5-12 :

L. 5 : 89 lettres plus 1 tiret, soit 90 ;

«   6 : 88 ;

«   7 : 89 ;

«   8 : 87 plus 2 tirets, soit 89 ;

«   9 : 87 plus la place de 2 lettres (?) à la fin de la ligne, soit 89 ;

« 10 : 90 ;

« 11 : 88 ;

« 12 : 89.

δὲ ὁ ἀγρὸς ἄξιος τοῦ διδομένου ἀργυρίου διπλασίου· δανειζόντω δὲ μὴ ἔλαττον μνᾶν πέντε, καθιστάντων δὲ καὶ ἐγγύους οἱ δανειζόμενοι · οἱ δὲ αὐτοὶ [ἔγ]γυοι καὶ βεβαιωτῆρες ἔστωσαν τῶν ἐνεχύρων.

1. Πλοῖα désigne aussi bien des navires de commerce que des navires de pirates. Cf. le traité entre Rhodes et Hiérapytna, fin du iiiᵉ siècle, Ch. Michel, nº 21, l. 56 et suiv. : καὶ τοὶ μὲν λασταὶ τοὶ ἁλισκόμενοι καὶ τὰ πλοῖα αὐτῶν παραδιδόσθω Ῥοδίοις.

FRAGMENT N° II

Inv. 1655 et 1376. Les deux fragments se raccordent. Hauteur maxima des deux fragments raccordés : 0,25 ; larg. max. : 0,255 ; épaiss. : 0,04 à 0,047. Estampages de Bourguet et de Blum. Photographies de Bourguet (A reproduite en tête du volume), de Blum (B). Estampages et photographies sont très nets.

Le bord de la stèle n'est conservé ni à droite ni à gauche et, dans l'essai de restitution qui suit, je ne me suis pas attaché à obtenir des lignes de la longueur voulue. Je me suis avant tout efforcé de retrouver le sens des différents chapitres et articles.

A

Des l. 1-5 on ne peut tirer que quelques mots.

L. 2. τι (fin de participe ou de subjonctif pluriel) τὸν ἀπα [γο.. ou ἀγα [γόντα.

L. 3 : καθομολογία.

L. 4 : λων εἶμεν δια..

L. 5 : [γεγ]ένηντ[α]ι πρ[ότερον. Cf. le décret des Étoliens retrouvé à Delphes et récemment publié (*Götting. gel. Anzeigen*, 1913, p. 175, l. 40) : [εἴ τινε](ς) κατάδικοι γεγένηνται πρότερον ἐν τοῖ[ς] ἱερομναμόνοις...

Pour le reste quelques mots dominent tout le texte et nous permettent d'y reconnaître trois chapitres différents :

I le verbe παραγράφεσθαι (l. 7 et 10) ;

II les mots φιλατίας (l. 13), ἀνάγειν (l. 15 et 18), ἀναγωγά (l. 17) ;

III les mots ἐκδεδρακός (l. 23), δεσπότας et σῶστρα (l. 25).

Nous avons donc sous les yeux les restes de trois chapitres, d'inégale étendue, relatifs :

I à la procédure d'exception (παραγραφά) ;

II au vol et au recours en garantie (ἀναγωγά) ;

III à la rentrée en possession d'esclaves fugitifs.

I. — *Exception* (παραγραφά) (l. 7-13).

Il n'est pas sans intérêt de reproduire le texte de Pollux, le seul qui nous donne une définition de la παραγραφή.

VIII, 57. Παραγραφὴ δ' ἦν ἡ αὐτή, καὶ παραμαρτυρία, ὅταν τις μὴ εἰσαγώγιμον εἶναι λέγῃ τὴν δίκην, ἢ ὡς ἀφειμένος, ἢ ὡς τῶν χρόνων ἐξηκόντων ἐν οἷς ἔδει κρίνεσθαι · οἷον οὐκ εἰσαγγελίας, ἀλλὰ παρανόμων, οὐ δημοσίᾳ ἀλλὰ ἰδίᾳ · ἢ ὡς παρὰ τούτοις κρίνεσθαι δέον · οἷον οὐκ ἐν Ἀρείῳ πάγῳ, ἀλλ' ἐπὶ Παλλαδίῳ. Ἄγραπτος δὲ δίκη ἐκαλεῖτο ἡ ὑπὸ τῆς παραγραφῆς ἀναιρεθεῖσα καὶ διαγραφεῖσα. « On présente une exception quand on prétend que l'action n'est pas recevable, soit qu'il y ait eu décharge, soit qu'il y ait prescription. Ou encore, ce n'est pas par voie de dénonciation, mais par une action d'illégalité que devait s'engager la poursuite, pas par une action publique, mais par une simple action. — Ou bien encore la poursuite devait s'engager devant tel tribunal ; par exemple, pas devant l'Aréopage, mais au Palladion. — De l'action qui avait été supprimée par l'exception et qui avait été effacée, on disait qu'elle était non inscrite. »

Comme le mot l'indique, le défendeur qui opposait une fin de non-recevoir devait le faire par écrit [1], au bureau du magistrat compétent : l. 7 [π]αργραψ[άσθω] ποὶ τὰν. Le mot qui suit n'est pas conservé mais, dans un texte de ce genre, le terme le plus général est le meilleur et nous pouvons emprunter au n° I A, l. 7 la restitution : ποὶ τὰν [ἀρχὰν τὰν εἰσάγουσαν τὰν δίκαν, auprès du magistrat chargé d'introduire la demande principale.

Dans un premier paragraphe, semble-t-il, il est question d'une fin de non-recevoir opposée en matière civile (l. 7-9) ; dans un second, d'une γραφὰ περὶ κοινῶ[ν ἐγκλημάτων (l. 9-13).

Du premier paragraphe nous ne retiendrons que les mots : [τρι]ῶν ἐτέων (l. 9). Il est probable que certaines actions, à Delphes, se prescrivaient par trois ans. En tout cas, dans le jugement arbitral rendu par les Étoliens entre les villes de Mélitæa et de Péréia, vers la fin du IIIᵉ siècle, nous retrouvons deux fois ce même terme : si les gens de Péréia veulent se séparer de

---

1. Sur la procédure écrite à Delphes, voy. plus loin, Deuxième Partie, p. 55, 75.

ceux de Mélitæa, ils seront tenus de rembourser à leurs prêteurs les intérêts dus pour les trois dernières années, et ils auront pour s'acquitter un délai de trois ans [1]. Nous admettons pareillement même délai dans notre n° II B, l. 21 : [ἐν τρισίν] ἔτεσιν ἀφ' οὗ τὸ σύββολον ἐγένετο.

Le second paragraphe est moins mutilé. Deux mots, aux l. 9 et 10, justifient l'interprétation proposée plus haut : κοινῶ[ν] et γεγράφθαι. Donnant à κοινῶν le sens de δημοσίων et restituant περὶ κοινῶ[ν ἐγκλημάτων] [2], j'admets le cas d'un citoyen poursuivi par une γραφά et prétendant avoir été injustement accusé : Αἴ τίς κα περὶ κοινῶ[ν ἐγκλημάτων... ἀντιλέγηι ἀδίκως] κατ' αὐτοῦ γεγράφθαι [3]. Il peut recourir à la παραγραφά : πα[ρα]γραψά[σθω ποὶ τὰν ἀρχὰν τὰν εἰσάγουσαν τὰν γραφάν [4]. S'il gagne ce procès, ni l'accusateur, ni qui que ce soit n'auront le droit de le poursuivre, entendons : sur le chef principal qui a fait l'objet de la γραφά : μ[ὴ] ἔνδικον ε[ἶμεν μήτε τῶι δικαζομένωι μήτε ἄλλωι τινι. Cet emploi de ἔνδικον est connu à Gortyne et à Tégée [5]. Le verbe ἐνδικάζεσθαι s'est d'ailleurs rencontré à Delphes et dans une inscription des Ænianes [6].

---

1. Ch. Michel, n° 22 ; Dittenberger, *Sylloge²*, n° 425, l. 21 et suiv. : ἀποδόντω δὲ οἱ Πηρεῖς τὰς δεκάτας τὰς γινομένας τοῖς δανεισταῖς, ἃς ὀφείλοντι ἐτέων τριῶν, ἀναβολὰν λαβόντες ἔτη τρία. Dittenberger s'est demandé pourquoi δέκαται était employé au lieu de τόκοι. Peut-être l'intérêt était-il de 10 % = τόκοι ἐπιδέκατοι. Voy. *Inscript. jurid. grecques*, I, p. 133, note 1.

2. Polybe, XX, 6, 1 oppose les κοινὰ ἐγκλήματα aux ἰδιωτικὰ συμβόλαια. Le passage de Polybe est cité et traduit plus loin, Deuxième partie, p. 105.

3. J'emprunte le verbe ἀντιλέγηι à notre n° III B, l. 6. Pour le mouvement de la phrase, cf. la loi de Samos, publiée d'abord par Th. Wiegand et Wilamowitz-Moellendorff dans les *Sitzungsberichte* de l'Académie de Berlin, 1904, p. 917, avec traduction et commentaire, en dernier lieu par F. Bleckmann, *Griechische Inschriften zur griechischen Staatenkunde*, Bonn, 1913, n° 59, l. 8 et suiv. : ἐὰν δὲ ἀδίκως ἐζημιῶσθαι φῆι, παραγραψάσθω καὶ ἡ κρίσις γινέσθω ἐν τῶι πολιτικῶι δικαστηρίωι ἐν ἡμέραις εἴκοσι. La loi est du commencement du iie siècle av. J.-Chr.

4. On notera la forme πα[ρα]γραψάσθω et plus haut παργραψάσθω. La restitution πα[ρα]- est imposée par l'étendue de la lacune.

5. Dans la loi de Gortyne, par exemple, à la fin du chapitre sur l'adoption : XI, l. 19 et suiv. : κρέ(θ)θαι δὲ τοῖδδε ἆι τάδε τὰ γράμματ' ἔγραπσε, τὸν δὲ πρόθθα ὅπαι τις ἔχει ἒ ἀμπαντύι ἒ παρ ἀμπαντῶ μὲ ἔτ' ἔνδικον ἔμεν. C. D. Buck, n° 110. — Règlement de Tégée, iiie siècle : Ch. Michel, n° 585 ; C. D. Buck, n° 18, l. 33 et suiv. : εἰ δὲ μὴ, μὴ οἱ ἔστω ἴνδικον μηδέποθι ἀλλ' ἢ ἐν Τεγέαι. Cf. le règlement tégéate concernant le retour des bannis en 324 : *Inscr. Gr.*, V, 2 (1913), p. xxxvi ; A. Plassart, *Bull. de corr. hellén.*, XXXVIII, 1914, p. 105 l. 36-37 : μηκέτ[ι] ἦναι αὐτοῖ δικάσασθαι.

6. Delphes : *Griech. Dialekt-Inschr.*, II, n° 1795, l. 7 (iie siècle) ; Ænianes *Ibid.*, II, n° 1432 a, l. 10.

L. 12 : [ποτοφειλέτω δ]ὲ χιλίας δραχμὰς ὁ αἰσχύνας τῶι παθόντι, τὸ δὲ βλάβο[ς.. L'accusateur téméraire encourait une amende de mille drachmes, au profit de celui qui avait été victime de son injuste accusation (ὁ παθών). Sur cet emploi du verbe αἰσχύνειν, cf. la dernière glose de Suidas : Αἰσχύνει· αἰκίζεται· λυμαίνεται, αἶσχος περιτίθησιν, et l'énumération de Pollux, IV, 32 : ψέξαι, κακίσαι, αἰσχῦναι, καθυβρίσαι. Sur l'amende de mille drachmes à Athènes, voy. Harpocration *s.v.* χιλιωθέντα. En sus de l'amende, l'accusa-teur doit des dommages-intérêts dont l'estimation est laissée aux juges.

La l. 13 est plus embarrassante. Le datif βίαι suit un optatif à la troisième personne du singulier, dont nous n'avons conservé que les trois dernières lettres νοι. Il faut sans doute chercher un composé du verbe μένειν, [ἐμμέ]νοι ou [διαμέ]νοι ([χρείμενος διαμέ[νοι), mais nous ne sommes pas renseignés sur l'acte de violence qui vaut à l'accusateur une amende supplémentaire de cinquante drachmes [1].

II. — *Vol et recours en garantie* (l. 13-23).

Pour la restitution et la signification du mot φιλατίας, voir plus haut, p. 25.

Le chapitre distingue deux sortes de vol. Puisque dans le second article il est traité du vol commis ἔξοθεν, il ne peut être question dans le premier que du vol commis [ἔνδοθεν]. Ces deux adverbes ne s'étaient pas encore rencontrés à Delphes, mais sont régulièrement formés de ἔξος et de ἔνδος connus par des inscriptions [2].

---

1. On trouve une amende de 50 drachmes dans la loi de Kadys : *Fouilles de Delphes*, III, ı (E. Bourguet), n° 294, l. 13 et suiv. : Αἰ δέ [κά τις χ]ρέη πὰρ τὰ γεγραμμένα ἤ κοινόν ἤ Ϝίδι[ον ἀργύ]ριον, τοῦ τε χρέος στ[α]ρέστω καὶ ποταπο[τεισά]-τω πεντήκοντα ὀραχμὰς κὰτ τὰν μνᾶν Ϝε[κάστα]ν ὄσσας κα κίχρηι.

2. Ἔξος ἱεροῦ, dans un compte des naopes de l'archontat de Kléon, 364 av. J.-Chr., publié par E. Bourguet dans le *Bull. de corr. hellén.*, XXII, 1898, p. 321, l. 43 et p. 324. — Ἔνδος [μ]ένουσα, dans un acte d'affranchisse-ment du ıı^e siècle : *Griech. Dialekt-Inschr.*, II, n° 1752, l. 4. Ἔνδος est moins fréquent que ἔνδω qu'on rencontre dans le règlement des Labyades, Ch. Michel, n° 995; C. D. Buck, n° 51, D l. 31. Pour l'accentuation de ἔξος [et de ἔνδος], nous sommes renseignés par les grammairiens anciens qui nous apprennent que ces mots étaient barytons chez les Doriens : *Anecd.*

Le vol commis ἔνδοθεν est commis à l'intérieur de la maison [1].
Cf. Ps. Arist. *Probl.*, XXIX, 14 : ἐάν τις ἐξ οἰκίας κλέψηι, διπλοῦν
τῆς ἀξίας τοῦ κλέμματος ἀποτίνει. Ce texte et la loi de Solon citée
par Démosthène (*c. Timocrate*, 105 : ὅ τι ἄν τις ἀπολέσῃ, ἐὰν μὲν
αὐτὸ λάβῃ, τὴν διπλασίαν καταδικάζειν, ἐὰν δὲ μή, τὴν δεκαπλασίαν πρὸς
τοῖς ἐπαιτίοις) nous permettent de restituer aux l. 13-14 : [αἴ τίς τί
κα ἔνδοθεν κλέψηι, διπλόον ἀποτεισάτω ὅ τ]ί κα τιμαθῆι ἄξιον εἶμεν τὸ
κλέμμα. Le mot κλέμμα est bien connu. Nous venons de le lire
dans le Pseudo-Aristote et nous le rencontrons à Athènes, dans
une loi de Solon (Démosthène, *ibid.*, 113), à Andanie, dans le
règlement des mystères (l. 75 et suiv.) [2], etc.

Le paragraphe consacré au vol commis ἔξοθεν est beaucoup
plus long : il s'étend de la l. 14 à la l. 23 et traite exclusivement
du recours en garantie. Le verbe et le substantif employés pour
désigner cette procédure (ἀνάγειν, ἀναγωγά) nous sont bien connus,
notamment par les *Lois* de Platon et par un traité milésien
récemment publié. Il ne sera pas sans intérêt de reproduire dès
maintenant le texte de Platon qui éclaire le nôtre ; on en trouvera la traduction plus loin dans notre Deuxième partie, à côté
du texte et de la traduction du traité milésien.

Platon, *Lois* 915 C, D : ἐάν.. ὡς αὐτοῦ ἐφάπτηται ζῴου καὶ ὁτουοῦν
ἤ τινος ἑτέρου τῶν αὐτοῦ χρημάτων, ἀναγέτω μὲν ὁ ἔχων εἰς πρατῆρα ἢ
τὸν δόντα ἀξιόχρεών τε καὶ ἔνδικον ἤ τινι τρόπωι παραδόντα ἄλλῳ κυρίως,
εἰς μὲν πολίτην ἢ καὶ μέτοικον τῶν ἐν τῇ πόλει ἡμερῶν τριάκοντα, εἰς δὲ
ξενικὴν παράδοσιν πέντε μηνῶν, ἧς μέσος ὁ μήν ἐν ᾧ τρέπεται θερινὸς ἥλιος
εἰς τὰ χειμερινά. Le mot ἀναγωγά est constamment employé par
Platon dans les chapitres suivants relatifs à la vente, 916 A et suiv.

Nous retrouvons dans notre traité de Delphes les mêmes
termes pour désigner les deux parties : ὁ ἔχων, le détenteur ;
ὁ ἐφαπτόμενος, celui qui met la main sur la chose détenue, prétendant qu'elle lui appartient.

Le recours en garantie n'est ouvert au détenteur, qui devient
le défendeur, qu'à plusieurs conditions, dont la première est la

Oxon., ed. Cramer, II, p. 164 Δ et I, p. 345, *init.* On trouve ἔξω dans un
décret des Étoliens, du IIIe siècle, retrouvé à Delphes (*Götting. gel. Anzei-*
gen, 1913, p. 175, l. 41,), mais le passage est très mal conservé et la restitution de Pomtow (τῶν ἔξω[θεν] ἐγ(κλημ)άτων) très incertaine.

1. Ἔνδον τοῦ κλέπτου ὄντος, dit une loi de Solon que commente Lysias, X
c. Théomnestos, I, 17.

2. Ch. Michel, n° 694 ; Dittenberger, *Sylloge*[2], n° 653.

B. Haussoullier. *Traité entre Delphes et Pellana.*   3

constitution d'une caution (l. 15 et suiv.) La suite des idées n'est pas douteuse et nous restituerons : [αἰ δ]έ κα ἔξ:θεν [κλέψηι ἢ Δελφὸς παρὰ Πελλανεῖ ἢ Πελλανεὺς παρὰ Δ]ελφῶι, ὁ ἔχων ἀναγέτω, τῶι ἐφαπτομέν[ωι] ἔγγυον καταστάσ[ας ποὶ τὰν ἀρχὰν τὰν εἰσάγουσαν τὰν δίκαν ἔ]νδικον καὶ ἄνδρα ἀξιόχρ(ε)ο(ν), ἃ μὲν ἐν Δελφοῖς ἢ Πελλανε[ύσιν ἔχει δικαίως πεπάσθαι καὶ κατὰ τοὺς νόμους τᾶς πόλιος].

L. 15. Le verbe ἀναγέτω est employé ici sans régime, comme à la l. 13, comme dans Platon (916 B) et dans le traité milésien (140 B, l. 44). Il est employé parfois soit avec le datif (140 B, l. 42), soit plus fréquemment avec la préposition εἰς et l'accusatif[1] : dans ce cas, le datif ou l'accusatif désigne la personne ou la cité à qui l'on a recours, c'est-à-dire le vendeur ou la cité dans laquelle la vente a eu lieu. Mais il va de soi que le détenteur n'a jamais recours au revendiquant et nous ne pouvions ponctuer, à la l. 15 : ὁ ἔχων ἀναγέτω τῶι ἐφαπτομέν[ωι]. Il faut mettre la virgule après ἀναγέτω et rattacher τῶι ἐφαπτομέν[ωι] au verbe καταστάσ[ας] (ἔγγυον) : le détenteur pourra user du recours après avoir constitué une caution en faveur du revendiquant. L'emploi du datif avec le verbe καταστῆσαι (ἔγγυον) est très correct et nous en avons de nombreux exemples[2].

La l. 16 est embarrassante. J'emprunte l'adjectif [ἔ]νδικον (capable d'ester en justice) au texte de Platon 915 D, cité plus haut. Le mot ἄνδρα dont la lecture est certaine semble inutile, puis la pierre porte αξιοχριος. Le second iota, très net sur la photographie et sur les estampages, semble avoir été corrigé en un êta de forme irrégulière ; le sigma final est certain. Or nous attendrions non seulement un singulier, mais la forme ἀξιόχρεων rencontrée au n° I B, l. 9. La faute du lapicide n'est pas douteuse et nous en relèverons une autre à la l. 17 où τὰν ἀγωγάν doit être manifestement corrigé en τὰν ἀ(να)γωγάν[3].

1. Pour l'accusatif, voir le texte des *Lois* cité plus haut et le traité milésien (140 B) que nous citerons plus loin. A la l. 42 de ce traité, on trouve dans la même phrase le datif et l'accusatif : ἄμ μὲν ἀνάγηι ὁ ἔχων πράτορι ἀξιόχρεωι ἢ εἰς πόλιν ἔνδικον. Cf. Bekker, *Anecd. gr.*, I, p. 214, s. v. ἀνάγειν εἰς πράτην.

2. Par exemple, Aristophane, *Ecclesiaz.*, 1064 : ἀλλ' ἐγγυητάς σοι καταστήσω δύο ἀξιόχρεως. Cf. J. Partsch, *op. cit.*, p. 81.

3. Peut-être, dans le σύμβολον conclu tout au commencement du ive siècle entre Athènes et Trézène (*Inscr. gr.*, vol. II et III ed. minor, pars I (1913, J. Kirchner, n° 46) faut-il restituer au fragment c, l. 56 : [ἔ]νδικον καὶ ἀ[ξιόχρεων].

Pour la fin de la phrase, il faut admettre une ellipse. C'est
évidemment le détenteur (ὁ ἔχων) qui affirme, en fournissant
caution, que ce qu'il détient (ἃ μὲν ἔχει), il l'a justement acquis,
mais il n'y a place nulle part, ni à la l. 15, ni à la l. 16 pour le
verbe exprimant l'affirmation. La phrase n'en est pas moins
claire et je crois retrouver une ellipse du même genre dans un
passage d'Isée, V, 1 : ἐγγυητὰς καταστήσαντος ἦ μὴν παραδώσειν ἡμῖν
ταῦτα τὰ μέρη ἀναμφισβήτητα. R. Dareste a eu raison de traduire :
« il s'engageait par serment en fournissant cautions à nous trans-
mettre ces deux tiers, sans aucun risque à courir pour nous ».
L'emploi de la formule ἦ μὴν implique un serment, dont il n'est
pas question dans le traité delphique ; aussi nous bornerons-
nous à traduire : « le détenteur pourra user du recours, après
avoir affirmé, en fournissant caution, que.. »

L. 17-18. Au commencement de la l. 17, la copie de M. Bourguet porte, entre le sigma et le tau, un demi-trait vertical,
comme s'il y avait σιτω sur la pierre, mais celle-ci est endom-
magée en cet endroit. La photographie donne στω et ces trois
lettres tiennent ici autant de place qu'à la l. 19 où ἔστω est certain. Nous restituerons donc ἐξέ]στω. A τῶι μέν qui suit immédiatement s'oppose évidemment [τῶι δέ] et les deux articles désignent
les deux parties. La première est le revendiquant : il est libre de
refuser (μὴ δέξασθαι) le recours en garantie, à une condition dont
les termes ne sont pas entièrement conservés, à la condition
d'affirmer (εἰπόντι)... Mais comment compléter le mot qui commence par : καθ ? J'avais d'abord pensé, puisqu'il s'agit d'une
affirmation solennelle, à καθ'[ιερῶν], mais dans le n° I A, l. 9, il
est dit : κατὰ τῶν ιερῶν. Bien que les deux formules puissent avoir
eu cours et que l'emploi de l'article dans le n° I A puisse être
justifié par le contexte, j'ai préféré une restitution plus simple :
καθ['ότι] : il refuse donc le recours en garantie, à la condition de
déclarer comment il est dans son droit en mettant la main sur
la chose volée, ou sur tels biens du détenteur qui répondront de
la chose volée : εἰπόντι καθ[' ὅ τι δικαίως ἐφάπτοιτο]. Sur l'objet de
l'affirmation, il ne saurait y avoir de doute. Nous n'avons aucun
renseignement sur les formes de la déclaration, mais nous pouvons admettre qu'elles étaient solennelles.

Le détenteur de son côté est libre de faire la preuve, de prouver : [ἀποδείξασθαι ὅτ]ι ἀνάγοι καθότι πέπαται, c'est-à-dire que son

recours en garantie est fondé sur son droit de propriété. Peut-être faut-il un autre verbe que ἀποδείξασθαι, un verbe composé dans lequel entrerait la préposition ἀντί.

L. 18-19. Pour que le recours en garantie soit recevable, il faut remplir une autre condition que la constitution d'une caution, à savoir l'observation des délais légaux. Cf. Platon, *Lois*, 915 D (le passage a été cité plus haut) et 916 B : ἐντὸς ἐκμήνου ἀναγέτω — ἐντὸς ἐνιαυτοῦ τὴν ἀναγωγὴν ἐξέστω ποιεῖσθαι.

La restitution de l'article ne présente donc pas de difficulté : αἰ δέ κα μὴ ἀνάγηι ἐν τῶι χρόνω[ι τῶι γεγραμμένωι ὁ ἔχων, ἀ ἀναγωγὰ ἀτελής καὶ ἄκυρ]ος ἔστω. Pour ces derniers mots, il me suffira de renvoyer à un acte d'affranchissement delphique (Ch. Michel, nº 1403, l. 23 : ἀ ὠνὰ ἀτελὴς καὶ ἄκυρος ἔστω).

L. 19-22. Le paragraphe, dont nous avons le commencement, mais dont la fin manque, traite du cas où le détenteur ne constitue pas de caution. Ce refus ou cette négligence donne au revendiquant des droits plus étendus. La restitution proposée ne donnera lieu sans doute qu'à une objection, fondée sur le sens très rare que j'y donne au verbe actif ἀποδιδόμεν. Puisque nous rencontrons ce verbe à la l. 22, avec les mots τί ἄλλο pour régime, nous sommes obligé de le restituer plus haut à la l. 19, et avec le même sens, celui de vendre. Nous comprenons donc : si le détenteur ne constitue pas de caution, le revendiquant aura le droit de vendre jusqu'à concurrence de la valeur de la chose [revendiquée] et du dommage [causé] [1] ; si cette valeur n'est pas atteinte (αἰ δέ κα μὴ ἦι), le détenteur sera tenu du double de la valeur et du dommage, et paiera en outre une amende de cinq cents drachmes.

La dernière partie du paragraphe, dont nous avons le commencement à la l. 22 (αἰ δέ τί κα ἄλλο ἀποδῶι, γραφέσθω μὲν τὰν δ[ιπλόαν..] achèvera peut-être de prouver que nous sommes dans la bonne voie : « s'il vend quelque autre chose », c'est-à-dire plus que la valeur de la chose revendiquée et du dommage causé, [le revendiquant] sera poursuivi en paiement du double [de ce qu'il aura

---

1. Pour la restitution ἔντε κα εὕρηι τὰν ἀξίαν καὶ τὸ βλάβος, cf. le décret de Delphes déjà cité plus haut : Dittenberger, *Sylloge*², nº 306, l. 72 et suiv. : εἰ δὲ πωλείμενα τὰ ἐνέχυρα μὴ εὑρίσκοι τὸ ἀργύριον ποθ' ὁ ὑπέκειτο τᾶι πόλει, πράκτιμοι ἔστωσαν τοῖς ἐπιμεληταῖς ἀεὶ τοῖς ἐνάρχοις τοῦ ἐλλείποντος ἀργυρίου αὐτός τε ὁ δανεισάμενος καὶ οἱ γενόμενοι ἔγγυοι, τρόπωι ὦι θέλοιεν πράσσειν, καθὼς καὶ τἆλ[λ]α δαμόσια καὶ ποθίερα πράσσονται.

vendu en plus]. Γραφέσθω, qui est à la voix moyenne, ne peut avoir pour sujet que le poursuivant, c'est-à-dire, selon toute vraisemblance, le détenteur lésé. Il semble donc impossible de donner au verbe ἀποδιδόμεν un autre sens que celui de vendre, sens très rare puisqu'on n'en connaît qu'un exemple, encore contesté, dans Thucydide [1].

A la l. 21 j'ai restitué [καὶ σῶσ]τρα καὶ ἐπιτίμιον, empruntant le mot σῶστρα au chapitre suivant, qui est consacré aux esclaves fugitifs. Σῶστρα désignerait ici les débours et frais faits, à l'occasion du recouvrement d'une chose volée, par le maître de la chose.

La restitution de la fin de la l. 21 et du commencement de la l. 22 est incertaine. Je l'emprunte au n° II B, l. 17 : κατὰ τὸ σύββολον τὸ περὶ τ[ῶ]ν τὰς δίκας ὀφλόντων.

On trouvera plus loin la traduction de ce chapitre dans la Deuxième partie, où il sera l'objet d'une étude détaillée.

1. VI, 62, 4 : καὶ τἀνδράποδα ἀπέδοσαν, καὶ ἐγένοντο ἐξ αὐτῶν εἴκοσι καὶ ἑκατόν τάλαντα. Sur le sens, il ne saurait y avoir de doute. Il s'agit de la campagne entreprise à la fin de l'été de 415, sur la côte Nord et à l'intérieur de la Sicile, par l'armée et par la flotte athéniennes ; le butin est vendu, probablement à Catane, et rapporte 120 talents, dit Thucydide, 100 selon Diodore (XIII, 6, 1). Haase a donc raison de traduire : *et captivos vendiderunt.* L'explication tentée par Krüger et Richard Shilleto est inadmissible : « delivered up », « gave up all claim to », entend Shilleto, cité par A. W. Spratt (*Thukydides Book* VI, Cambridge, 1905), p. 270. La suite de la phrase de Thucydide, confirmée par Diodore, montre qu'il ne peut être question que d'une vente. La leçon des mss. n'est pas douteuse non plus : les mss. des deux familles, A, B, C, E, F, G, M sont d'accord pour donner ἀπέδοσαν, que maintiennent la plupart des éditeurs, I. Bekker (ed. minor, 1868), H. Stuart Jones (1900), C. Hude (ed. maior, 1901). Mais Bekker lui-même proposait en note une correction : *malim* ἀπέδοντο; Madvig : ἀπεδόθησαν que H. van Herwerden adoptait en 1880 et C. Hude en 1890 (Libri VI-VIII ad optimos codices denuo collatos). Je mentionne encore la correction d'Argyriadis : ἀπέλυσαν (voir A. W. Spratt, p. 270). Le mieux est de se résigner à la leçon donnée par tous les mss. et c'est le parti que prend un helléniste compétent, W. Veitch, dans ses *Greek Verbs* (1879 s. v.). L'emploi des voix du verbe ἀποδιδόναι était, dès le Ve siècle, semble-t-il, une des difficultés de la langue attique et les grammairiens postérieurs, Harpocration entre autres, ont relevé dans Antiphon des confusions ou de prétendues confusions, dont nous ne pouvons malheureusement pas juger, n'ayant pas conservé le texte du grand écrivain (voy. Harpocration, s. v. Ἀποδιδόμενοι. Cf. Bekker, *Anecd. gr.*, I, p. 427 s. v.). On sait que le dernier volume des Papyrus d'Oxyrhynchus (XI, 1915) renferme de longs fragments du l. VII de Thucydide, mais on n'a encore rien retrouvé du l. VI. Voir p. 156 et suiv. l'importante étude de MM. Grenfell et Hunt sur le papyrus nouveau, et les conclusions qu'on en peut tirer sur le classement de nos sept mss. de Thucydide.

III. — *Rentrée en possession d'esclaves fugitifs* (l. 23-26).

Les textes déjà connus qui peuvent éclairer ce chapitre du traité de Delphes sont les suivants ; deux d'entre eux sont publiés depuis peu.

Platon, *Lois* 914 E : ἀγέτω τὸν ἑαυτοῦ δοῦλον ὁ βουλόμενος, ἐὰν ἔμφρων ᾖ, χρησόμενος ὅ τι ἂν ἐθέλῃ τῶν ὁπόσα ὅσια· ἀγέτω δὲ καὶ ὑπὲρ ἄλλου τῶν οἰκείων ἢ φίλων τὸν ἀφεστῶτα ἐπὶ σωτηρίᾳ. — « S'il le veut et à la condition d'être en possession de sa raison, le maître peut arrêter et saisir son esclave [fugitif] et lui faire subir tous les traitements autorisés par la loi ; peut l'arrêter et le saisir également, pour le garder, au lieu du maître, toute personne alliée ou amie. »

Stymphalos. Συμβολά entre Stymphalos et une ville inconnue, IIIe siècle (*Inscr. gr.*, V, 2 (1913), n° 357, p. 79, l. 151 et suiv.) :

— Εἴ τις φεύγο[ντα ζῷα εἰς τ[ὸν]
[οἶκον σ]ώισαι ἢ δραπέτας [ἀποδ]-
[ρ]άσαντας, οὖ κα εὕρωνται, γ[ρ]αψά[ν]-
[τ]ω τὰ ὀνόματα τοῦ τε σώ[ισα]ντο[ς]
155.   [κ]αὶ [τ]οῦ δραπέτα, ὁ δὲ δεσπότα[ς δό](τω)
[τοῖς σ]ωμάτεσι τροφεῖα κα[ὶ σῶστρ]-
[α ὅσσον] χρόνον ἐ[κ]κομίζει [τοὺς φ]-
[εύ]γοντας μὴ πλέον γε δυεῖν ὀ-
[βελ]οῖν τᾶς ἀμέρας. —

« Quiconque arrête et garde chez lui des animaux échappés ou des esclaves fugitifs doit, où qu'il les ait trouvés, faire inscrire son nom et celui de l'esclave fugitif. — Le maître paiera pour les frais de nourriture des esclaves et autres débours, jusqu'au jour où il retirera les fugitifs, à raison de deux oboles par jour, et pas plus. »

Milet. Traité entre Milet et Héraclée du Latmos, première partie du IIe siècle (*Das Delphinion in Milet*, 1914, n° 150, p. 235, § 11) [1] :

---

1. Sur la date exacte de ce traité, voy. P. Roussel, *Revue des Études grecques*, 1914, p. 464.

Ὅσα δ' ἂν οἰκ[η]-

τικὰ σώματα ἀποδράντα ἐκ Μιλήτου εἰς Ἡράκλειαν ἢ ἐξ Ἡρακλείας

εἰς Μίλητον ἀναχθῆ[ι]

πρὸς τοὺς ἐν ἑκατέραι τῶν πόλεων ὀροφύλακας ἀπὸ τοῦ ἐνιαυτοῦ τοῦ

μετὰ στεφα-

90. νηφόρον Μένανδρον, τοὺς μὲν ἐμ Μιλήτωι τὴν ὠνὴν ἔχοντας τοῦ

τέλους ἐμφανίζειν

περὶ τῶν ἀνηγμένων σωμάτων τοῖς πρυτάνεσι κα(ὶ) τοῖς εἰρημένοις

ἐπὶ τῆι φυλακῆι ἐν ἡ-

μέραις δέκα, ἀφ' ἧς ἂν ἕκαστον ἀναχθῆι, τοὺς δὲ πέμπειν γράμματα

πρὸς τοὺς ἐν Ἡρα-

κλείαι προστάτας διασαφοῦντας τὰ κατὰ μέρος, τοὺς δὲ ἐν Ἡρακλείαι

τὸ ὀροφυλακι-

κὸν τέλος ἔχοντας δηλοῦν περὶ τούτων τοῖς προστάταις ἐν τῶι ἴσωι

χρόνωι, τοὺς

95. δὲ γράφειν ὁμοίως ἐπιστολὴν εἰς Μίλητον πρὸς τοὺς πρυτάνεις κα

τοὺς ἡρημένους ἐπ[ὶ]

τῆι φυλακῆι. Τοῖς δὲ κυρίοις τῶν ἀνδραπόδων τῶν ἐξ ἑκατέρας πόλεως

εἶναι τὴν κο-

μιδὴν ἀποδοῦσιν τοῖς ὀροφύλαξιν ἀναγώγιον μὲν τοῦ σώματος δραχμὰς

Ῥοδίας πα-

λαιὰς δεκαδύο, τροφῆς δὲ ὀβολὸν ἡμέρας ἑκάστης ἔσχατον ἐν μησὶν

τεσσεράσιν, ἀφ' οὖ ἂν

ἡ ἐπιστολὴ γραφῆ(ι) πρὸς τοὺς ἄρχοντας · εἰ δὲ μή, πρόσθετα εἶναι

τοῖς ὀροφύλαξιν.

« Pour tous les esclaves qui s'étant enfuis de Milet à Héraclée ou d'Héraclée à Milet seront arrêtés et amenés devant les garde-frontières de l'une ou de l'autre ville, à partir de l'année qui suivra le stéphanéphorat de Ménandros, — les fermiers de la douane à Milet devront, dans les dix jours à compter de la livraison aux garde-frontières, signaler les esclaves arrêtés aux prytanes et aux magistrats chargés de la défense du pays ; lesdits fonctionnaires adresseront aux prostates d'Héraclée une lettre détaillée ; les fermiers de la douane à Héraclée aviseront les prostates dans le même délai et ceux-ci adresseront pareillement une lettre aux prytanes de Milet et aux magistrats chargés de la défense du pays.

« Les maîtres des esclaves de l'une ou de l'autre ville pourront les retirer, à la condition de payer aux garde-frontières douze drachmes anciennes de Rhodes pour frais d'arrestation, plus une obole par jour pour la nourriture, et ce dans le délai de quatre mois au plus, à partir du jour où la lettre aura été adressée aux fonctionnaires ; faute de quoi les esclaves seront acquis aux garde-frontières. »

Andanie. Règlement des mystères, 1er siècle avant J.-Chr. (*Inscr. gr.*, V, 1, n° 1390, l. 80 et suiv.) :

80 . . . . Φύγιμον εἶμεν τοῖς δούλοις. Τοῖς δούλοις φύγιμον ἔστω
τὸ ἱερόν, καθὼς ἂν οἱ ἱερεὶ

81 . ἀποδείξωντι τὸν τόπον, καὶ μηθεὶς ὑποδεχέσθω τοὺς δραπέτας μηδὲ
σιτοδοτείτω μηδὲ ἔργα παρεχέτω · ὁ δὲ ποιῶν παρὰ τὰ γεγραμ-

82 . μένα ὑπόδικος ἔστω τῶι κυρίωι τᾶς τοῦ σώματος ἀξίας διπλασίας καὶ
ἐπιτιμίου δραχμᾶν πεντακοσιᾶν, ὁ δὲ ἱερεὺς ἐπικρινέ-

83 . τω περὶ τῶν δραπετικῶν, ὅσοι κα ἦνται ἐκ τᾶς ἁμετέρας πόλεος, καὶ
ὅσους κα κατακρίνει, παρκδότω τοῖς κυρίοις · ἂν δὲ μὴ παρακδιδῶι
ἐξέσ-

84   τω τῶι κυρίωι ἀποτρέχειν ἔχοντι.

« Lieu de refuge pour les esclaves. Les esclaves pourront trouver un refuge dans la partie du hiéron que désigneront les hiéroi ; que nul ne reçoive les esclaves fugitifs, ne leur donne de la nourriture ou ne leur procure de l'ouvrage [1]. Celui qui agira contrairement à ces prescriptions sera responsable envers le maître pour une somme double de la valeur de l'esclave et une amende de cinq cents drachmes. Le prêtre jugera sur les affaires relatives aux esclaves fugitifs qui seraient de notre ville, et livrera aux maîtres tous ceux qu'il aura condamnés ; s'il ne les livre pas, que le maître ait le droit de les prendre et de les emmener. » Traduction de M. Foucart (Le Bas et Foucart, *Inscr. du Péloponnèse*, p. 173).

Sans nous autoriser du traité de Stymphalos, où l'animal échappé est mentionné avant l'esclave fugitif, nous admettrons qu'il n'est question, dans notre chapitre, que de l'esclave à qui seul semblent convenir à la l. 24 les verbes δήσαντες et φυλασσόν-

---

1. Le sens donné par M. Foucart aux mots ἔργα παρέχειν semble imposé par le contexte, mais on n'en connaît pas d'autre exemple. Ἔργον παρέχειν a d'ordinaire une autre signification : celle de causer des ennuis, des embarras (par exemple, Aristophane, *Nuées*, 523-524 ; Platon, *Timée*, 39 D).

των. Nous restituerons donc à la l. 23 : [αἴ κά τις ἀνδράποδον] ἐκδεδρακὸς σ[υ]λλάβηι...

Donc obligation pour celui qui arrête un esclave fugitif de le conduire devant les magistrats compétents de Delphes ou de Pellana ; obligation, pour ceux-ci, de prendre livraison du fugitif, de le charger de liens, de le garder et de donner aviş : τοὶ δὲ παραλαβό]ντες δήσαντες φυλασσόντων καὶ ἐξαγγειλά[ντων.. J'admets que l'avis est donné aux magistrats de la ville intéressée, comme à Milet et à Héraclée. Ceux-ci se chargent-ils de prévenir le maître et de l'inviter à aller retirer son esclave (μετίμεν l. 25) ou bien s'en tiennent-ils à une annonce ou à une affiche ? Nous l'ignorons.

La fin du paragraphe est trop mutilée pour qu'on en puisse tenter la restitution. Il y était parlé du recouvrement des σῶστρα à payer par le maître et du délai laissé à celui-ci : quarante jours, semble-t-il, à compter d'un terme qui n'est pas conservé. Le mot σῶστρα a ici le même sens que dans l'inscription de Stymphalos : ce sont les frais d'arrestation et de séquestre — à Milet ἀναγώγιον —, distincts des frais de nourriture (τροφή, τροφεῖα). Cl. Platon, *Lois* 914 D : ἐὰν δὲ τὸ μεσεγγυωθὲν θρέμμα ᾖ, τὸν νικηθέντα περὶ αὐτοῦ δίκῃ τὴν τροφὴν ἐκτίνειν τοῖς ἄρχουσι. Ni dans Platon, ni à Stymphalos, ni à Delphes, il n'est prévu d'honnête récompense pour celui qui aura arrêté l'esclave [1].

B

Les difficultés deviennent de plus en plus grandeş. Loin d'atteindre un paragraphe entier, nous n'obtiendrons même pas une ligne complète. Et pourtant notre peine ne sera pas perdue : si mutilée que soit cette face, tel terme aussi embarrassant que le mot πρόδικος s'y éclaire d'un jour nouveau, tels détails sur l'or-

---

1. Cf. le papyrus bien connu nº 10 du Musée du Louvre : Récompense promise pour un esclave fugitif (Letronne-Brunet de Presle-Egger, *Les papyrus grecs du Musée du Louvre*, 1866, p. 177 ; L. Mitteis, *Grundzüge und Chrestomathie der Papyruskunde*, II, Juristicher Teil, I, 1912, p. 275). Le papyrus date du iiᵉ siècle avant notre ère. On y notera l'emploi du verbe ἀνάγειν pour ramener le fugitif.

ganisation des tribunaux d'appel et des tribunaux ordinaires y sont intéressants.

Nous avons, en somme, les restes de trois chapitres :

I. Procédure d'appel (l. 4 à 11-12). Peut-être les l. 1-4 doivent-elles être rattachées à ce chapitre. Il se peut que les mots [τᾶ]ι πόλει et ἁ πόλις se rapportent à la ville choisie pour juger en appel. Le traité, pour désigner Delphes ou Pellana, les nomme d'ordinaire ; pourtant τᾶς πόλιος, au nᵒ II B, l. 23 désigne Delphes ou Pellana, peut-être aussi au nᵒ III B, l. 8.

II. Procédure d'exécution (l. 14 à 18-19). Il est fort possible que la procédure d'exécution décrite ici soit celle qui est suivie après jugement rendù par un tribunal d'appel ; mais, pour plus de clarté, nous n'en séparons pas moins les deux chapitres entre lesquels s'ouvre un vide de deux lignes indéchiffrables.

III. Procédure ordinaire : délais. Liquidation du passé : délais (l. 19-25).

La lecture des l. 1-4 que je laisse en dehors du chapitre I donne lieu aux observations suivantes :

L. 1. La copie de M. Bourguet, dont il faut toujours tenir le plus grand compte porte : εραη, mais la photographie me donne εναη, peut-être : [τὰ πρότερον γεγενημ]ένα ᾖ. Cf. nᵒ II A, l. 5, p. 29.

L. 2. Après πόλει, M. Bourguet lit : ε.. Peut-être faut-il restituer ἐξ[έστω δὲ..]

I. — *Procédure d'appel* (l. 4 à 11-12).

Deux mots dominent et éclairent tout le chapitre : ἐπάμφοροι (δίκαι) à la l. 5 et ὁ ἐκκαλεσάμενος, à la l. 10, qui autorise deux fois la restitution ἐν τᾶι ἐκκλήτωι (l. 8 et 10).

Le mot ἐπάμφορος s'est déjà rencontré au nᵒ IA, l. 14. Voy. plus haut, p. 17 et cf. nᵒ IV A, l. 4 : [ὅσοι δὲ δ]ίκας ἀμφέροντι.

L. 5 fin. Après les lettres ασ, la copie de M. Bourguet et la photographie s'accordent pour donner le reste d'un trait horizontal inférieur qui a pu appartenir à un Δ (ἇς δ[έοι]?). De toute façon cette troisième lettre n'était pas un T et l'on ne peut penser à ἀστ[ία, ἀστ[ικὰ δίκα].

L. 6. On peut hésiter entre [ὁ ἀντιγ]ραφεύς et ὁ ἀναγ]ραφεύς
et restituer aussi plus simplement [ὁ γ]ραφεύς. Par ἀνελέσθω ἄν κα
χρήιζηι (scil. δίκαν), j'entends que ce fonctionnaire supprime,
détruit l'action. Sur ce sens de ἀνελέσθω, voyez le texte de Pollux
cité plus haut, p. 30 : ἄγραπτος δὲ δίκη.. ἡ ὑπὸ τῆς παραγραφῆς
ἀναιρεθεῖσα καὶ διαγραφεῖσα, et surtout les inscriptions béotiennes
citées et traduites dans les *Inscriptions juridiques grecques* I,
p. 276, l. 18 ; p. 305 A, l. 6 ; 306 B, l. 8 : on supprime et détruit
contrats et conventions après paiement.

Les actions ainsi rapportées et reçues étaient tantôt remises
en jugement devant les tribunaux de la ville, tantôt renvoyées
à une ἔκκλητος πόλις. Les l. 6-7 nous auraient fourni quelques
renseignements sur le choix entre ces deux tribunaux d'appel.
Était-il laissé au demandeur, comme le donneraient à penser les
mots [α]ἴ κα χρήιζηι (l. 7) et plus loin (l. 10) ὁ ἐκκαλεσάμενος. Il
faut nous résigner à l'ignorer. En tout cas, le choix de la tierce
ville n'était pas entièrement laissé au caprice des parties. D'autres
inscriptions de Delphes nous apprennent qu'au temps de la domi-
nation étolienne on désignait, sans plus, par αἱ πόλεις les villes
comprises dans l'empire ou l'alliance étoliens [1].

L. 8. La première lettre de la ligne est certainement un π.
Quelque verbe que l'on restitue, peut-être [μεμ]πόμενος, nous préférons reconnaître dans l'article qui suit le génitif singulier τᾶς
plutôt que l'accusatif pluriel τάς. Le mot sous-entendu est δίκας.
Opposant ensuite ἐ[ν τᾶι ἐκκλήτωι] à ἐν τᾶι προδίκωι et sous-entendant
pour l'un et l'autre adjectif le substantif πόλει, j'obtiens une précieuse moitié de ligne. Elle me donne en effet un sens nouveau
de l'adjectif πρόδικος. Nous connaissions seulement le sens passif :
δίκη πρόδικος, une action qui est jugée avant les autres [2]. Le traité
de Delphes nous révèle un sens actif : πρόδικος πόλις, une cité
qui juge la première. Si je ne me trompe, il nous faudra
reprendre les textes épigraphiques où figure le mot et rechercher
notamment si le sens nouveau ne convient pas au passage tant
discuté du traité crétois conclu entre Hiérapytna et Priansos.
Pour qui sait toutes les difficultés de l'étude de la procédure

---

1. *Gött. gel. Anzeigen*, 1913, p. 173, n° 4, l. 2 ; p. 175, l. 42 et 47.

2. Par exemple, dans le règlement de la colonie de Naupacte, au vᵉ siècle :
Ch. Michel, n° 285 ; C. D. Buck, n° 55, l. 32, et dans un décret de la ville
ionienne d'Ærae, du iiiᵉ siècle : Ch. Michel, n° 497, l. 2.

d'appel dans le droit grec, ce trait de lumière sera le bienvenu.

L. 9 : ἀ πόλις πρασσέσθω νόμοις τοῖς αὐτᾶς. La pierre porte πρασσέσθων et nous relèverons encore trois fautes du lapicide dans ce même fragment.

L. 10-11. Au commencement de la ligne, la copie de M. Bourguet porte ϡΡΩ Ν. Je ne retrouve, sur la photographie pas plus que sur l'estampage, ni le jambage incliné, ni le rho. Il est parfaitement exact par contre, que le ny est plus éloigné de l'oméga que ne le sont d'ordinaire dans notre inscription deux lettres qui se suivent. La lecture de M. Bourguet aboutirait à un participe [π]αρών ou [συμπ]αρών qui est contraire au dialecte. Plus loin, [συ]νδικήσωμ correspond aux traces notées par M. Bourguet. Le my de μήτε a été omis par le lapicide.

Nous ne savons pas qui encourait les exclusions rapportées à la l. 11.

L. 12-13. Il n'y a rien à tirer de ces deux lignes fortement endommagées. J'ai ajouté (l. 12) à la copie de M. Bourguet le tiret et la lettre qui suit, mais celle-ci est incertaine. Je n'ai pas gardé, par contre, le ξ que M. Bourguet a noté à la fin, avant les lettres ενεδ; je ne le retrouve ni sur la photographie ni sur l'estampage.

Sur la photographie, au-dessus des deux dernières lettres du groupe ενεδ, je crois voir, dans l'interligne, les deux lettres ος, comme s'il fallait restituer ενος εδ.. Mais la copie de M. Bourguet ne porte aucune indication de ce genre, et mieux vaut se rapporter à son témoignage direct.

II. — *Procédure d'exécution* (l. 14 à 18-19).

L'interprétation que je propose de la l. 14 est fondée sur la restitution du dernier mot de la ligne : τὰν τοῦ ἀλ[όντος]. Elle est d'autant plus incertaine qu'on rencontre plus haut (l. 9) le participe [νικ]αθέντος, mais le subjonctif ἀλῶι est employé au n° I A, l. 12. J'admets que la partie gagnante, usant de violence, a enlevé à la partie perdante ce que celle-ci tardait ou se refusait à lui restituer ([τὰ μὴ ἀπο]δοθέντα ἀφαιρῆται). Le second acte de violence est plus difficile à déterminer : ἢ ἐν τὰν.. ιαν ἐνίσταται. La copie de M. Bourguet que je viens de transcrire conduirait à ἐν τὰν [ἰ]δίαν, mais je distingue mal sur l'estampage et la photographie la barre horizontale ; elle me semble légèrement inclinée et conviendrait à un sigma. D'autre part, il y a, je crois, place pour plus d'une lettre entre le ny de τὰν et ladite barre. Je suis ainsi amené à proposer, non sans hésitation [οὐ]σίαν. La violence consisterait donc à s'installer sur les biens de la partie condamnée qui ne s'est pas encore acquittée [1].

L. 15. La copie de M. Bourguet porte au commencement, sans le moindre signe d'hésitation : αωι. L'estampage et la photographie ne me livrent que les deux dernières lettres ; aussi m'abstiendrai-je de tout essai de restitution. Les génitifs qui suivent (αὐτοῦ καὶ τ[ο]ῦ ἡμιολίου) dépendent sans doute de [ὑπόδικος ἔστω] et le datif, dont nous n'avons que la fin, désigne la partie envers qui est tenu l'auteur de la violence. Je propose donc : [ὑπόδικος ἔστω....] ωι αὐτί(κ)α (écrit par le lapicide αυτιμα) αὐτοῦ καὶ τ[ο]ῦ ἡμιολίου. Par αὐτοῦ il faut entendre un substantif neutre exprimé plus haut dans la partie perdue, très vraisemblablement τὸ βλάβος. L'adverbe αὐτίκα signifie que l'auteur de la violence encourt la condamnation et l'amende, du fait même de la violence et à dater du jour où il l'a commise.

S'il ne s'acquitte pas (μὴ λύσηται, mot à mot ne se dégage pas), c'est son adversaire qui a gain de cause : κρ[ατὲν τὸν νικαθέντα]. Pour cet emploi de κρατεῖν sans régime, dans le sens de καρτερόν, κάρτονα εμεν [2], cf. par exemple Démosthène, c. *Léocharès* XLIV, 62 : ὁ γὰρ νόμος κελεύει.. κρατεῖν τοὺς ἄρρενας καὶ τοὺς ἐκ τῶν ἀρρένων.

L. 16-17. Il est alors procédé au recouvrement des dommages et amendes ([τὰν ἔ]σπραξιν), par les soins du magistrat en fonctions (ἁ ἐπιστᾶσα ἀρχά). Cf. dans le traité entre Hiérapytna et Priansos (Ch. Michel, *Recueil*, nº 16), l. 65 : οἱ ἐπιστάμενοι κατ' ἐνιαυτὸν παρ' ἑκατέροις κόσμοι et l. 68 : ἀφ' ἇς κα ἁμέρας ἐπιστᾶντι ἐπὶ τὸ ἀρχεῖον.

L. 17-18. La perte du court paragraphe qui commence à τὸν δέ pour finir à κατ' αὐτά nous prive d'un renseignement précieux sur les fonctionnaires de Delphes et de Pellana. Il faut entendre :

---

1. Cf. la loi de Gortyne, V, 35 et suiv. (C. D. Buck, p. 268) : Αἰ δέ κα δικάκσαντος τῶ δικαστᾶ κάρτει ἐνσείει ἒ ἄγει ἒ πέρει, δέκα στατῆρανς καταστασεῖ καὶ τῶ κρέιος διπλεῖ. Sur ἐνσείει (ἔνσειμι), que je rapproche de ἐνίσταται, voir la note de Buck.

2. Sur ces formes crétoises, cf. C. D. Buck, § 49,2, p. 42.

« procéderont de même (pour le recouvrement) [à Pellana le...,
à Delphes le...] du Conseil. » Il est plus sage de ne pas chercher à restituer le mot, peut-être le participe [προεσταμέ]νομ, qui
précède βουλᾶς et dont nous avons les trois dernières lettres.
Attendons patiemment qu'une inscription inédite, puisée dans le
trésor sans fond de Delphes, nous tire d'embarras.

L. 18. Obligation pour celui qui a fait condamner son adversaire de notifier la condamnation aux magistrats de sa propre
cité : ὁ δὲ καταδικαξάμενος ἀπαγ[γειλάτω τὰν καταδίκαν τοῖς παρ'
ἑκατέροις ἄρχουσι].   •

Quand la condamnation avait été prononcée par une ἔκκλητος
πόλις, il fallait évidemment la notifier à Delphes et à Pellana.

III. — Procédure ordinaire : délais.

Liquidation du passé : délais (l. 19-25).

Le chapitre comprend deux articles de longueur inégale.

Le premier, dominé par un verbe dont il ne reste que les trois
dernières lettres, règle, si ma restitution est exacte, la notification des actions intentées à Delphes ou à Pellana. J'ai restitué
le verbe [ἐξαγγέλ]λεν, déjà rencontré dans le n° I B, l. 16 et dans
le n° II A, l. 24 où il s'agit de magistrats de l'une ou de l'autre
ville notifiant aux magistrats de l'autre l'arrestation d'un esclave
fugitif. Ici c'est encore par les soins des magistrats que sont notifiées à Pellana les actions intentées à Delphes ou réciproquement.

Le traité ne pouvait manquer de spécifier à quelles époques se
faisaient ces notifications. Les relations entre Delphes et Pellana
n'étaient pas assez fréquentes, les communications assez faciles
pour que le choix de l'époque fût indifférent. L'indication de ces
périodes était introduite dans le texte par la préposition περί avec
l'accusatif : au temps de telles ou telles fêtes, par exemple.

L. 20. Le premier complément qui vient à l'esprit est [διὰ
π]αντὸς τοῦ χρόνου. Cf. Ch. Michel, Recueil, n° 34, l. 32-33 : le
passage est cité et traduit dans la Deuxième partie. J'entends que
s'il y avait des époques fixes pour la notification des actions, il
n'y en avait pas pour le jugement. Elles étaient introduites
devant le tribunal, aussitôt que notifiées, pendant tout le temps,

pendant toute l'année ; je propose donc de restituer : [εἰσάγεν δὲ διὰ π]αντὸς τοῦ χρόνου.

Le second article qui n'est pas séparé du premier par un tiret, tant le rapport est étroit entre l'un et l'autre, commence au milieu de la l. 20. Noter l. 20 : ἐκκλήματα pour ἐγκλήματα. Le lapicide a été sans doute entraîné par les mots ἐκκαλεσάμενος et ἐκκλήτωι qu'il avait gravés plusieurs fois aux l. 8 et 10, où l'orthographe est irréprochable, et la même faute (si faute il y a) se rencontre dans l'inscription locrienne publiée par Ad. Wilhelm, *Jahresh.*, XIV, 1911, p. 168, l. 21. — L. 22 : εἰς est écrit ευς.

Pour la restitution, je me suis aidé de deux inscriptions : Ch. Michel, n° 13 (Convention entre Olympos et Ægae, fin du ive siècle), l. 10 suiv. : τὰ ἐγκλήματα ὅσ[σ]α ἔον Αἰγαέεσσι καὶ Ὀλυμ-πηνοῖς πρόσθε τᾶς ὑμολογίας πάντα διαλελύσθαι et Ch. Michel, n° 34, l. 24 et suiv. Le second texte est cité et traduit dans la Deuxième partie. Pour le nombre d'années [ἐν τρισὶν] ἔτεσιν, voy. plus haut, p. 30.

Sur les guerres qui ont si fréquemment troublé et isolé Delphes au cours du iiie siècle, interrompant la célébration des fêtes et le cours de la justice, voy. les inscriptions récemment publiées par M. Pomtow (*Gött. gel. Anz.*, 1913, p. 173-174). Les décrets des amphictyons se préoccupent exclusivement de la sus-pension des tribunaux amphictyoniques (*ibid.*, p. 174), mais nous voyons ici que les tribunaux ordinaires de Delphes ne fonction-naient pas plus régulièrement en temps de guerre. En tout cas, l'administration de la justice n'était plus assurée à Delphes quand les deux tiers des citoyens avaient passé la frontière pour faire campagne. Il faut en effet restituer : αἴ κα μὴ π[ολέμου γενομένου συμβαίνηι τὸς πολίτας τὰ]ρ τὸ τρίτον μέρος ε(ἰ)ς τὰν ὑπερ[ό]ριον στρατεύ[εσθαι..]. L'emploi de l'adjectif ἁ ὑπερόριος (ἡ ὑπεροπία à Athènes) nous est bien connu par les inscriptions [1].

Donc le délai de trois ans prévu dans le traité pour la liquida-tion du passé peut être prolongé, d'abord si, pour raison de ser-vice militaire, les deux tiers des citoyens ont passé la frontière ; en second lieu, si l'une des parties a quitté la ville pour servir à

---

1. Cf. un décret athénien du ve siècle : Ch. Michel, n° 73 ; Dittenberger, *Sylloge*², n° 23, l. 5 et suiv. : ἐν δὲ τῆσι ἄλλεσι πόλεσι hοίτινες Ἀθεναίον ἄρχοσι ἐν τῆι hυπερορίαι. Aristote (Ἀθην. πολ. 24,3) dit : ὑπερόριοι ἀρχαί.

la guerre ou pour remplir les fonctions d'ambassadeur. Nous restituerons donc : [ἤ τις τῶν ἀντιδίκ]ων ἐκ τᾶς πόλιος σρρατεύηται ἢ πρεσβ[εύηται]. L'absence d'une des parties n'était pas, dans tous les traités, considérée comme un motif suffisant d'ajournement. Cf. Ch. Michel, nº 34, l. 40-41 ; ce dernier texte est cité et traduit dans la Deuxième partie, p. 102 suiv.

L. 24. Il semble que le délai commence à courir à dater du retour de l'absent : αὐ[τ]ίκα δὲ ἀρχέτω ἀ ἁμέρ[α α]ὐτοῖς [ἀπὸ τᾶς καθέδου..].

L. 25. La copie de M. Bourguet porte υλοις. La photographie semble autoriser la lecture μοις.

FRAGMENT N° III

Inv. 3922. Haut. : 0,09 ; larg. : 0,08 ; épaiss. : 0,035. Copie de G. Colin et estampages de Bourguet.

Le simple énoncé des dimensions du fragment suffit à dire l'embarras de l'éditeur qui devra se résigner à une ignorance complète du sujet traité.

A

L. 1. La restitution est empruntée au n°ˢ I B, l. 4, 7, 8 et II A, l. 20.

L. 2. Le rapprochement avec le n° I B, l. 7 m'avait donné à penser que ce pluriel neutre (δελφικὰ.. ἢ π[ελλανικά]) pouvait se rapporter à τετράποδα καὶ ἀνδράποδα, mais rien n'est plus incertain.

L. 3. Le σύμβολον conclu à la fin du vᵉ siècle entre Athènes et Trézène (*Inscr. gr.*, vol. II et III ed. minor, pars I (1913), n° 46, i*, p. 31) nous fournit deux restitutions : l. 29 : ὑπὲρ ἑκ[αστ.., l. 24 : [τῆ]ς ἡμέρας ἑκάστης. Pour le chiffre qui commence par πεντ, la copie de M. Bourguet indique, après le tau, un commencement de barre droite, qui conviendrait à πεντή[κοντα. Sur l'estampage, la barre me paraît légèrement inclinée, mais l'éta reste très possible. Nous avons déjà rencontré plus haut une aménde de cinquante drachmes, n° II A, l. 13.

L. 4. Peut-être [τὰν τ]ρίταν ἀμέραν. Sur ce délai de trois jours, cf. le décret de Priène cité et en partie traduit plus loin dans la Deuxième partie, p. 112 (*Inschriften von Priene*, n° 10, l. 29 : μηδὲ κρίνωσι ἐν ταῖς τρι[σὶν ἡμέρα]ις).

L. 5. La formule nous est connue par les n°ˢ I B, l. 12 et II A, l. 12.

L. 6. Le sujet du verbe ἀπολυέτω est sans doute ἀ[... ἀρχά].

D'après la copie de M. Bourguet, la lettre qui suit l'article pourrait être un ε ; d'où la restitution empruntée au n° II B, l. 16 : ἁ ἐ[πιστᾶσα ἀρχά], mais les traces de l'epsilon sont moins nettes sur l'estampage. Peut-être pourrait-on lire : ἀπολυέτω ἀγτ[ὶ...

L. 7 : [ἐνα]ντία, τὸ δικ[αστήριον..

L. 8. La copie de M. Bourguet porte αντιοτομ et l'estampage la confirme pleinement. Le second tau n'est pas moins certain que le premier. Nous ne gagnerions pas grand' chose à admettre une faute du lapicide ét à lire : [ἐν]αντίο(υ) ὁ μ...

B

L. 2. Peut-être : [ἐμ μὲν Πελλάναι ποὶ τὰν γερουσί]αν ?, ἐν δὲ Δελφοῖς [ποὶ τὰν βουλὰν. Je propose γερουσίαν avec beaucoup d'hésitation, me fondant seulement sur la συμβολά déjà citée de Stymphalos (l. 40, par ex.).

L. 3 : τηι est la fin de la troisième personne du subjonctif d'un verbe tel que κλέπτω, par exemple.

L. 4 : [ἀμερ]ᾶν τριάκοντα.

L. 5. Le verbe φεύγεν ne s'est pas rencontré ailleurs dans notre inscription.

L. 6. C'est à ce passage que j'ai emprunté le verbe [ἀντιλέγηι] restitué au n° II A, l. 10.

FRAGMENT N° **IV**

Inv. n° 4113. Haut. : 0,105 ; larg. : 0,07 ; épaiss. : 0,042.
Copie de G. Colin et estampages de Bourguet.

A

. L. 2 : ἐμ ou ἐν Πελοπο[ννάσωι.

L. 3. Me fondant sur le n° I B, l. 9 où j'ai lu [εἴ]σω τοῦ ἱεροῦ, à l'intérieur du sanctuaire, j'accentue Πυλᾶν et je serais tenté de restituer : [ὅ τί κα τοῖς ἱερομναμόνοις] εἴσω Πυλᾶν ἄδει, ce que les hiéromnémons auront décidé à l'intérieur des Pyles. Le tiret, noté sur la copie de M. Bourguet, annonce la fin de la phrase ; il est moins net sur l'estampage. Pour l'emploi de ἄδει (de ἔαδα -ἀνδάνεν), cf. la loi delphique votée sous l'archontat de Kadys (*Fouilles de Delphes*, t. III, fasc. I, p. 156) : col. I, l. 1 : ὅδ' ὁ τεθμὸς [ὁ ϝαδὼν ἐν] ἀγορᾶι τελείω[ι]. L'inscription est gravée στοιχηδόν. Cf. τὰ ϝεϝαδηqότα dans la loi locrienne relative à la colonie de Naupacte, plus ancienne encore que la loi de Kadys (Ch. Michel, *Recueil*, n° 285 ; C. D. Buck, n° 55, l. 38).

L. 4-10. Tout le paragraphe suivant est relatif aux actions rapportées pour être remises en jugement et particulièrement aux frais de consignation exigés du demandeur.

Sur les ἐπάμφοροι δίκαι, voy. plus haut, p. 17.

Sur les frais de consignation (παρκαταβάλλεν, l. 7 ; [πα]ρβόλ[ιον, l. 10), voy. la Deuxième partie, p. 87.

B

L. 1. Peut-être : [τοῦ δικαστ]ηρίου τοῦ πε[ρί.

L. 2. L'oméga manque sur la copie de M. Bourguet ; je crois le reconnaître sur l'estampage.

L. 4. Le verbe μολεῖν dont la lecture est certaine ne s'est pas rencontré ailleurs dans le traité [1]. La préposition qui précède est incertaine : on peut hésiter entre [ἀ]γ[τ]ι ou [ἀ]γ[φ]ιμολεῖν ; il ne subsiste aucune trace de la lettre qui précède l'iota final de la préposition.

L. 5. Peut-être [ποὶ τὰν γερουσί]αν ou [ποὶ τὰν βουλ]ὰν τὸ ἐπιδέκατον τ[ᾶς δίκας]. Cf. la συμβολά déjà citée de Stymphalos, l. 39 et 40 : παρκαταβάλλ[ειν πὸτ τὰν γ]ερουσ[ίαν τὸ ἐπιδέκατον]. Plus haut, n° IV A, l. 5 on lit [τὸ π]εντηκοστὸν τᾶς δ[ίκας].

L. 6 : [τὸν ἐλεύθ]ερον ἢ τὰν ἐλευθέρ[αν..

L. 8. Je lis : ιας ἢ ναῶ στε..π. Entre l'epsilon et le pi du dernier mot il y a place pour deux ou trois lettres.

1. On sait qu'il est fréquemment employé dans la loi de Gortyne avec le sens d'agir en justice, par exemple I, 2 et suiv. : Ὃς κ' ἐλευθέροι ἒ δόλοι μέλλει ἀνπιμολέν, πρὸ δίκας μὲ ἄγεν. Cf. les observations de II. F. Hitzig, *Altgriechische Staatsverträge über Rechtshilfe*, 1907, p. 66, note 9.

DEUXIÈME PARTIE

ÉTUDE DU TEXTE

L'état du texte exclut tout projet de commentaire suivi. Non seulement nous ignorons la disposition relative des fragments qui nous ont été conservés et l'ordre dans lequel ils se présentaient, mais il nous est le plus souvent impossible d'établir un lien entre les différents chapitres ou paragraphes qui se suivent sur une même pierre. Notre étude n'est donc pas astreinte à se développer selon l'ordre de succession des fragments. L'ordre logique s'impose et nous grouperons les observations que nous avons à présenter sous les rubriques suivantes :

Chapitre   I : TRIBUNAUX
—   II : REQUÊTE CIVILE ET APPEL
—   III : PROCÉDURE D'EXÉCUTION
—   IV : SUSPENSION DES TRIBUNAUX
—   V : QUELQUES PROCÉDURES PARTICULIÈRES

Le simple énoncé des titres qui précèdent suffit à montrer que nous nous proposons surtout une étude juridique, étude d'institutions de droit public et de droit privé.

Au cours de ces chapitres, qui seront de longueur très inégale, nous nous efforcerons de multiplier les rapprochements avec les textes épigraphiques déjà connus, et nous en traduirons un grand nombre. Plusieurs sont depuis longtemps publiés et gagneront pourtant plus de précision à la lumière des fragments nouveaux ; d'autres ont paru plus récemment et sont encore peu connus. C'est, croyons-nous, rendre service aux études de droit grec que de réunir le plus de matériaux possible. L'heure n'est pas encore venue d'essayer de larges comparaisons ni de déterminer les grands courants d'influence juridique : courant ionien, courant de la Grande Grèce qui se rattache au courant dorien, courant attique dont on est tenté d'exagérer la force. Il faut savoir se résigner aux recherches patientes et minutieuses.

CHAPITRE PREMIER

Tribunaux.

§ 1. *Judicis postulatio.* — § 2. *Les juges.* — § 3. *L'audience.*
Les témoins. — § 4. *Les plaidoiries.* — § 5. *Le vote.* — § 6.
L'estimation du litige.

§ 1. — *Judicis postulatio.*

Il y avait, à Delphes et à Pellana, plus d'un moyen pour obtenir justice. Nous parlerons plus loin de la procédure sommaire
qui consistait à conduire le délinquant devant le Conseil ou le
magistrat (ἀπαγωγά ou prise de corps). Le plus souvent celui qui
voulait des juges, le demandeur, se présentait devant le magistrat (ἁ ἀρχά, nº I A, 1. 6).

Le demandeur est « celui qui intente l'action » (ὁ ἐπάγων τὰν
δίκαν, nº I A, 1. 10), ou encore « celui qui a subi un tort » (ὁ ἀδικείμενος, nº I A, 1. 6), ou encore, quand l'affaire est engagée, « le
poursuivant » (ὁ δικαζόμενος, nº I A, 1. 9). La demande était-elle
écrite et déposée entre les mains du magistrat? Dans le tableau
très complet qui nous est fourni par le nº I A, il n'y a place pour
aucune pièce écrite, aucun dossier et le plus souvent, semble-t-
il, la procédure était entièrement orale. Qu'il y eût des actions
écrites, cela n'est pas douteux et résulte avec évidence du nº II
où nous lisons : A, 1. 10 κατ' αὐτοῦ γεγράφθαι et παργραψάσθω ποὶ
τὰν ἀρχάν. Au nº II B, 1. 10, nous rencontrons un γραφεύς, dont
le nom suffit à dire les fonctions. Dans la loi plus ancienne de
Kadys, se lit également plusieurs fois le verbe γράφεσθαι [1]. La ques-

1. *Fouilles de Delphes*, III, I, p. 158, Col. V, 1. 5 [ἐξ]έστω τοὺς ἀντιτυ[γ]χά-
νοντας γρ[άψασθαι. Cf. *ibid.*, Col. IV, nº 3469, 1. 3 à partir du bas : μὴ ἐξέστω
γ[ράψασθαι. Dans la même inscription, le mot κατάγορος (p. 157, Col. II,
1. 17) s'applique au dénonciateur.

tion de la distinction des δίκαι et des γραφαί se posera plus loin
pour nous à l'occasion des faux témoins.

Le demandeur est tenu de se présenter seul devant le magistrat. Il lui est interdit de se faire assister de ses parents (père
ou beau-père, frère ou beau-frère) et de ses témoins. Sont également exclus les témoins de la partie adverse (ὁ ἀντίδικος, n° I A,
l. 4 et 10) et tous ceux qui sont impliqués dans la demande,
dans le grief (ὅσοι τοῦ αὐτοῦ ἐνκλή[ματος μετέχοντι], n° I A, l. 5).
Cette sage mesure était avant tout destinée à assurer le bon ordre
dans l'agora de Delphes, au quartier du bureau des magistrats.
Qu'on se rappelle la scène judiciaire représentée sur le bouclier
d'Achille et si vivement dépeinte par le poète :

> XVIII, 497. Λαοὶ δ' εἰν ἀγορῇ ἔσαν ἀθρόοι · ἔνθα δὲ νεῖκος
> ὠρώρει · δύο δ' ἀνδρες ἐνείκεον εἵνεκα ποινῆς
> ἀνδρὸς ἀποφθιμένου.
> 581. Ἄμφω δ' ἱέσθην ἐπὶ ἴστορι πεῖραρ ἑλέσθαι.
> Λαοὶ δ' ἀμφοτέροισιν ἐπήπυον, ἀμφὶς ἀρωγοί.

Les deux parties sont en présence, accompagnées l'une et
l'autre de leurs parents, témoins et amis, qui les soutiennent
de leurs cris et acclamations. Pareil désordre, dont se feront
facilement une idée tous ceux qui ont assisté dans la Grèce d'aujourd'hui à quelque rixe ou dispute, était d'autant plus grave
que les parties opposées, d'après notre traité, étaient un Delphien
d'une part, un Pellanéen de l'autre, c'est-à-dire un des nationaux
et un étranger. Quand le Pellanéen venait se plaindre, auprès
d'un magistrat de Delphes, d'un citoyen de Delphes — ou réciproquement —, il importait d'assurer au demandeur l'exacte
administration de la justice que le traité était destiné à garantir.
Le bon ordre en était là première condition.

Le magistrat qui a reçu et écouté le demandeur ne constitue
pas aussitôt un tribunal. Avant qu'il soit procédé au tirage au
sort des juges et, sans doute, après avoir consulté les rôles d'audience, il fixe par ordonnance verbale un jour où le plaignant
devra se présenter devant le magistrat qui introduira l'action
(I A, l. 6-7, ποὶ τὰν ἀρχὰν τὰν εἰσάγουσαν τὰν δίκαν) et lui montrer
([ἐ]νδεικνύτω), dans le traité même, le texte du grief sur lequel
s'appuie la demande. La procédure est donc orale : c'est verba-

lement que le magistrat fixe un jour ; c'est du doigt pour ainsi dire
que le demandeur lui montre, sur le texte officiel du traité conservé dans les archives ou gravé sur une stèle, l'article invoqué.

Devons-nous distinguer le magistrat qui a reçu le demandeur
et qui dans la partie conservée du texte est désigné par le mot
ἁ ἀρχά [1] de celui qui introduira l'action ? Si, comme je suis disposé à l'admettre, ils font l'un et l'autre partie du même corps
delphien, celui des bouleutes ou membres du Conseil, il se peut
que le premier ne soit plus en fonctions au jour qu'il aura fixé
lui-même ou simplement ne soit pas de service dans le semestre
où tombe ce jour. Le tribunal sera formé et présidé, l'action
introduite par le bouleute qui sera de service au jour fixé.

Nous ignorons le délai imposé au demandeur. Le délai le plus
court était vraisemblablement de trois jours (n° III A, l. 4) [2], le
plus long, de trente. Nous rencontrerons plus loin ce dernier
chiffre qui nous est connu par nombre de textes épigraphiques,
de Delphes ou d'ailleurs [3]. Notons encore, dans la loi de Kadys,
un délai de dix jours, mais il s'agit, semble-t-il, d'une action
publique donnée sur dénonciation [4].

---

1. Cf. ποὶ τοὺς ἀρχούς, dans la loi de Kadys, p. 158, Çol, V, l. 4 ; τὸν ἀρχόν,
dans le règlement de la colonie de Naupacte : C. D. Buck, n° 55, l. 41 et
suiv. : τὸνκαλειμένοι τὰν δίκαν δόμεν τὸν ἀρχόν, ἐν τριάϙοντ' ἀμάραις δόμεν, αἴ κα
τριάκοντ' ἀμάραι λείπονται τᾶς ἀρχᾶς.

2. Le règlement de la colonie de Naupacte prévoit un délai plus court
encore : *ibid.*, l. 32 et suiv. : τοὺς ἐπιϝοίϙους ἐν Ναύπακτον τὰν δίκαν πρόδιϙον
ἁπέσται πό(τ)τοὺς δικαστῆρας, ἁπέσται καὶ δόμεν ἐν 'Οπόεντι κατὰ ϝέος αὐτάμαρον.
En fait, il devait être difficile d'obtenir un jugement le jour même de la
demande. Entendons, avec C. D. Buck, que les colons sont assurés d'obtenir justice dans le plus court délai possible.

3. Voy. Ad. Wilhelm, *Jahresh. des österr. archaeol. Inst.*, XIV, 1911,
p. 229.

4. *Fouilles de Delphes*, III, I, p. 157, Col. II, l. 12 et suiv. : [τὰν | δ]ὲ δίκαν
ἁ βουλὰ δέκα [ἀμερᾶν...] | . ρησει ποιησάτω. J'avais d'abord pensé à une resti-
tution plus complète et, croyant retrouver le mot [πρόϙ]ρησις dans la Col. VI,
p. 159, n° 3634, l. 4 où se lit : ϙήσιος, j'avais été tenté de proposer à la Col.
II : [ἐπὶ προϙ]ρήσει. Pour l'emploi de ἐπί, cf. le traité de συνοικία, conclu au
ιv° siècle entre les Εὐαίμνιοι et les Orchoméniens d'Arcadie : *Inscr. gr.*, V,
2, n° 343 A, l. 16 et suiv. : πομπ[ὰς] δ' ἐπιγενέσθαι δ[ι]ὰ τρία ϝέτεα 'Αρ[κάδω]ν
ἐπὶ ϝρήσι. Mais, à l'époque où fut rendue la loi de Kadys, un datif en ει me
semble d'autant moins probable qu'on lit à la Col. I, p. 156, l. 9 : παρευρέσ[ι].
Dans l'inscription locrienne publiée par Ad. Wilhelm et plus d'une fois
citée, on retrouve un délai de dix jours, mais applicable au recouvrement de
l'amende : *Jahresh.*, XIV, 1911, p. 168, l. 17 et 18 : Δίκαν τὸν ἄρχοντα δόμεν
ἀμερᾶν τριά[κοντα...] καὶ ἐκπρᾶξαι δέγ' ἀμερᾶν.

§ 2. — *Les juges.*

La constitution du tribunal a lieu par les soins du magistrat
qui introduira l'action. Le nombre des juges varie selon l'importance de la demande, suivant la règle rappelée plus haut :

Pour une demande de moins de 5 mines.... 11 juges.
— de 5 à 15 mines.... 15 juges.

Les juges sont tirés au sort, comme à Stiris et à Médéon [1]. En
Locride, au contraire, au IIIe comme au Ve siècle, nous voyons
qu'ils étaient élus ἀριστίνδαν ou πλουτίνδαν [2]. La loi de Kadys nous
fournit peut-être un renseignement sur la formation des tribunaux delphiens. A la colonne II, où il est certainement question
d'un tribunal, de juges (δικαστῆρες) et de témoins, il reste ce qui
suit des l. 6-8 :

ανδρας εκατ
αν εγ δε τουτω
ς ανδρας ενδε

L'inscription était gravée στοιχηδόν et nous ignorons la largeur
de la colonne : il y aurait donc témérité à chercher une restitution complète. On m'accordera pourtant que de ces fragments
de lignes on peut sans grand effort tirer la mention de deux opérations successives, la double désignation : 1° de cent citoyens ;
2° de onze, pris parmi les cent. Résignons-nous à ignorer par
qui et comment sont désignés les cent, peut-être par le Conseil
et ἀριστίνδαν, mais admettons que les onze sont tirés au sort :

ἄνδρας εκατ[ὸν ἐλέσται............ τὰν βουλ-]
ὰν, ἐγ δὲ τούτω[ν τοὺς ἀρχοὺς κλαρώεν δικαστῆρα-]
ς ἄνδρας ἔνδε[κα.

---

1. Ch. Michel, n° 24 ; C. D. Buck, n° 54 A, l. 28 et suiv. : συνδι[κ]αξεῖ δὲ ὁ
ἱεροταμίας μετὰ [τ]ῶν ἀρχόντων τὰς δίκας, ἃς [τ]οὶ ἄρχοντες δικάζοντι, καὶ [κ]λαρωσῖ
τὰ δικαστήρια, ἅ κα δέη κλαρώεν, μετὰ τῶν ἀ[ρ]χόντων. Ce traité de συνπολιτεία
n'est pas antérieur à la première partie du IIe siècle avant notre ère.

2. Traité entre Chaleion et Oiantheia ; le passage a été cité plus haut,
p. 8. C'est sur cette inscription que se fonde Ad. Wilhelm pour restituer
ἀριστίνδαν ou πλουτίνδαν dans le traité conclu entre le γένος des Αἰάντειοι, la
ville de Naryka et les Locriens (*Jahresh.*, XIV, 1911, p. 168, l. 21 et suiv.
Cf. p. 235 et suiv.), et aussi sur un autre passage du traité par lui publié,
l. 26.

Nous ignorons encore dans quelles circonstances les juges delphiens pouvaient se récuser, mais nous noterons à Delphes, dans un fragment d'une loi postérieure à la loi de Kadys, l'emploi du verbe ἐξόμνυμι. On y lit en effet : [δικ]άζηι ἢ ἐξομόσει [1].

Le tribunal n'entre en fonctions qu'après que les juges et les parties ont prêté serment, et ce sont les prescriptions relatives au serment qui suivent immédiatement, dans notre texte, le paragraphe traitant de la comparution du demandeur devant le magistrat qui va présider le tribunal. D'instruction, d'enquête contradictoire, il n'est pas question ; elles n'ont lieu ni au jour de la *judicis postulatio*, ni au jour fixé par le magistrat. On m'objectera que le traité ne dit pas tout, que, par exemple, il passe sous silence la citation du défendeur ; je le reconnais, mais pouvait-il omettre un moment de la procédure aussi important que l'instruction, si celle-ci avait eu lieu en réalité ? N'avons-nous pas vu que les témoins sont exclus de la procédure *in jure?* La *litis contestatio* se place donc au début de la procédure *in judicio* : elle s'ouvre par le serment des parties qui suit le serment des juges.

Le traité ordonne que le serment sera prêté conformément aux lois de l'une ou l'autre ville. Entendons qu'à Pellana le Delphien prêtera serment conformément aux lois de Pellana, et réciproquement. Le traité n'avait donc pas à nommer les magistrats qui recevaient le serment : il se borne à dire que les victimes seront fournies par la ville où se juge le procès.

Suit la formule abrégée du serment, ou plus exactement d'un seul serment, celui que devaient prêter les juges en versant une libation de sang sur les chairs des victimes [2]. Il ne contient que deux engagements, dont le premier est entièrement restitué, mais certain ; le second, entièrement conservé, nous fournira sur la procédure à l'audience un renseignement intéressant.

---

1. *Fouilles de Delphes*, III, I, p. 161, nº 295, l. 10.
2. Formule abrégée, parce que le traité ne mentionne pas les dieux que les juges prenaient à témoin. Les divinités n'étaient pas les mêmes dans les deux villes, et tous les détails de la prestation sont compris dans les mots νόμιμος ὅρκος qui ont été employés plus haut, l. 8.

§ 3. — *L'audience. Les témoins.*

Il va de soi que nous ne pouvons nous attendre à un tableau de l'audience aussi complet et aussi détaillé que celui qui nous est présenté par Aristote dans l' Ἀθηναίων πολιτεία; pourtant notre texte nous permet d'en établir sans difficulté les différents moments : Audition des témoins. — Plaidoiries sur le fond. — Réserves contre les témoignages et faux témoignages. — Plaidoiries sur l'estimation du litige. — Vote.

Les témoins (μάρτυρες) prêtent-ils serment ? Dans l'article intitulé ὅρκος, le serment n'est exigé que des juges et des parties et nous pouvons admettre que, dans les procès prévus par le σύμβολον, il ne l'était pas des témoins. Le fait vaut la peine d'être noté. On s'est efforcé de montrer comment, dans le droit grec, la déposition s'était peu à peu dégagée de la cojuration et comment le témoignage s'était sécularisé [1]. Je crains que ce dernier verbe ne fasse illusion et n'induise en erreur. Il est parfaitement vrai que les Grecs se sont de tout temps, à travers les siècles, défiés des témoins. Les Delphiens du IIIe siècle ne font pas exception et nous avons vu qu'ils les écartaient du bureau du magistrat qui recevait la plainte : ils ne voyaient guère en eux que des assistants — les ἀρωγοί de l'âge homérique — et leur serment même ne leur inspirait pas de confiance. Mais s'ils renonçaient à l'exiger — encore n'avons-nous pas le droit de prétendre que la règle était générale et s'appliquait à tous les procès, — ils prenaient des mesures pour se défendre des faux témoins. Contre les parjures, ils étaient sans armes et ne pouvaient compter que sur l'intervention des dieux; contre les faux témoins, ils instituèrent des actions, particulièrement redoutables, nous l'allons voir. Ce n'est plus nécessairement sous la foi d'un serment trop souvent menteur que les témoins déposent, c'est sous la menace des lois mieux armées. Le souci de la bonne justice, rendu plus pressant encore par l'augmentation du nombre des litiges, a seul motivé cette trans-

---

1. G. Glotz, *Études sociales et juridiques sur l'antiquité grecque*, p. 162 et suiv.

formation, qui — nous le verrons — s'est accomplie de bonne heure à Delphes.

Un passage très mutilé de la loi de Kadys nous montre les témoins assistant à une prestation de serment. Il s'agit d'une action publique, d'une dénonciation faite contre un Delphien ou un étranger qui a contrevenu à ladite loi. On lit à la colonne II, l. 15 et suiv. :

15   .ι καὶ τοὺς δι[κ]αστή[ρας
    ς μάρτυρας ἐπ[ὶ] τῶι ο
    υ καταγόρου, ἀ [δ]ὲ βουλά...

Je propose de restituer :

    [α]ι καὶ τοὺς δι[κ]αστή[ρας καὶ τὸν ὑπόδικον καὶ τοὺ]-
    ς μάρτυρας ἐπ[ὶ] τῶι ὁ[ρκωι τῶι...... ἐνθι ὑπὸ το]-
    ῦ καταγόρου, ἀ [δ]ὲ βουλά...

L'accusateur serait tenu d'appuyer sa déclaration d'un serment solennel, qui serait prêté en présence des juges, de l'accusé et des témoins. Mais encore une fois, il s'agit d'une action publique et la restitution est incertaine. Nous aurons plus bas, en étudiant les réserves contre les témoins, l'occasion de citer un autre fragment de la loi de Kadys qui, si mutilé qu'il soit, nous fournira des renseignements plus sûrs.

§ 4. — *Plaidoiries sur le fond.*

Le traité ne règle que la place et l'ordre des plaidoiries. Elles se placent aussitôt après les dépositions, et le demandeur (ὁ ἐπαγωγων τὰν δίκαν) parle le premier. A la l. 13, il est, comme à Athènes, désigné par les mots ὁ πρότερος λέγων et le défendeur par ὁ ὕστερος λέγων [1]. Pour la durée des plaidoiries, dont il n'est pas question, le traité s'en rapporte sans doute aux lois et usages des deux cités contractantes. Notons seulement qu'il ne mentionne pas de réplique (λόγοι ὕστεροι) : après les plaidoiries et les réserves contre les témoignages et les faux témoignages, le procès est terminé (ἀ δίκα τελείσθω). A Athènes même la réplique n'était pas admise dans toutes les causes et notre traité l'ignore [2].

---

1. Le texte d'Aristote, 'Αθην. πολ., 68,4 a été cité plus haut, p. 16.
2. Sur la réplique, voy. Meier-Schömann-Lipsius, *der attische Process,* p. 924. W. Wyse, *the Speeches of Isaeus,* 1904, p. 369. C'est un des nombreux points obscurs de la procédure grecque.

Pour plus de commodité, je renvoie au chapitre suivant les réserves contre les témoignages.

§ 5. — *Vote* (ψαφοφορία).

Les dispositions relatives au vote des juges tiennent en une ligne, dont la concision serait assez embarrassante en vérité, si nous n'avions, pour nous éclairer, le long chapitre très détaillé qu'Aristote a consacré au vote des tribunaux athéniens. Nous avons le droit en effet de rapprocher les deux textes. Peu importe que le tribunal athénien soit formé d'un nombre de juges beaucoup plus considérable que le tribunal delphien ; peu importe encore que le tribunal delphien ne soit pas tiré au sort dans l'ensemble des citoyens, mais seulement dans une certaine catégorie, comme nous avons pu le supposer plus haut. Les deux cités n'en sont pas moins soumises au même régime politique, au régime démocratique, et dans la ligne de notre traité comme dans le chapitre d'Aristote nous retrouverons la double préoccupation démocratique qui tend à assurer le secret du vote et à en faciliter le contrôle.

« Les juges, dit le traité, voteront d'abord sur celui qui a parlé le premier, en second lieu sur celui qui a parlé le second. » Ὑπέρ a certainement le sens de περί, comme plus haut dans la phrase κλαρώεν ὑπὲρ τοῦ δικαστηρίου (I A, l. 6). Nous désignerons dans la suite les deux parties par le demandeur — c'est lui qui parle le premier — et le défendeur.

Pour bien comprendre ce texte, il faut recourir à la description d'Aristote. Voici, en quelques mots, comment votaient les juges athéniens[1]. Les plaidoiries sur le fond une fois terminées. chacun des juges reçoit deux bulletins de vote (ψᾶφοι) différents, l'un à tige pleine, l'autre à tige perforée. Quand le moment sera venu de déposer l'un ou l'autre dans l'une ou l'autre urne, le juge tiendra le bulletin par la tige entre le pouce et l'index, si bien que nul ne saura lequel des deux bulletins il dépose. Deux urnes, l'une en bronze, l'autre en bois sont placées sur deux tables séparées ou tout au moins sont placées à une certaine

---

1. Je résume dans la page qui suit le chapitre 68 de l'Ἀθην. πολ.

distance l'une de l'autre. Il va être procédé au vote. Les réserves ont été faites, s'il y a lieu, contre les témoignages, et le héraut annonce : « le bulletin à tige perforée appartient au demandeur (c'est-à-dire, est en faveur du demandeur), le bulletin plein, au défendeur. » Les juges favorables au demandeur déposent donc le bulletin perforé dans l'urne de bronze ; ils jettent l'autre dans l'urne de bois. L'urne de bronze est dite par Aristote (ὁ ἀμφορεὺς) κύριος, l'urne qui décide en quelque sorte, celle qui compte. Aristote dit pareillement que le bulletin déposé dans cette urne est (ἡ ψῆφος) κυρία, le bulletin qui décide. Si le juge est favorable au demandeur, le terme de κυρία s'applique au bulletin perforé ; si le juge est favorable au défendeur, le terme s'applique au bulletin plein.

Supposons que le tribunal compte 500 héliastes et que 300 d'entre eux aient été favorables au demandeur, 200 au défendeur, l'urne de bronze devra renfermer 300 bulletins perforés, 200 pleins ; l'urne de bois, dont Aristote dit qu'elle est ἄκυρος, c'est-à-dire qu'elle ne compte pas et que ses bulletins sont inutilisés et sans valeur, renfermera 300 bulletins pleins, 200 perforés [1].

Le dépouillement du scrutin est décrit par Aristote dans un chapitre suivant [2] où il est seulement parlé de l'urne de bronze qui est aussitôt vidée. L'urne de bois n'a servi qu'à recueillir les bulletins inutiles. Il importe en effet que le juge restitue les deux bulletins qu'il a reçus à l'audience, qu'il n'en garde aucun dont il pourrait indûment user soit le même jour dans un autre scrutin, soit un autre jour. Aussi bien l'orifice de l'urne de bronze est assez étroit pour qu'on n'y puisse déposer qu'un bulletin à la fois. L'urne de bois qu'Aristote ne décrit pas est ouverte, sans couvercle : on y jette son second bulletin. Ce geste, dont nul des votants ne peut se dispenser, est attentivement surveillé par les commissaires chargés du contrôle des opérations.

1. Notons en passant qu'Aristote ne semble admettre que des tribunaux composés d'un nombre pair d'héliastes, puisqu'il dit, en parlant du compte des voix : ὁποτέρῳ δ'ἂν πλείων γένηται (ὁ ἀριθμός), οὗτος νικᾷ· ἂν δὲ ἴσαι, ὁ φεύγων (68,1). Le partage égal n'est possible qu'à cette condition. Malheureusement les premières lignes du chapitre, où l'on trouve le chiffre 501, n'ont pu être lues en entier. Cf. *Probl.*, XXIX, 15.

2. 69,1.

Les choses se passaient un peu différemment à Delphes où le contrôle était rendu plus facile. Que chaque juge eût sous la main deux bulletins de vote, cela va de soi : l'un disait oui et acceptait la demande ou la défense ; l'autre disait non et la rejetait. Qu'il y eût également deux urnes, c'est ce qui ressort avec évidence du texte du traité, puisque le juge était tenu de voter d'abord sur le demandeur, puis sur le défendeur. A ces deux votes correspondent deux urnes, mais tandis qu'à Athènes une seule compte et est dépouillée, les deux comptent à Delphes : l'une est celle du demandeur (τοῦ προτέρου λέγοντος) et les juges y mettront un bulletin favorable ou défavorable à la demande ; l'autre est celle du défendeur (τοῦ ὑστέρου λέγοντος) et les juges y déposeront le bulletin qui leur reste entre les mains.

Supposons que le tribunal delphien compte 11 membres et que 6 d'entre eux soient favorables à la demande, 5 opposés. L'urne du demandeur devra renfermer 6 bulletins pour et 5 bulletins contre ; l'urne du défendeur 5 bulletins pour et 6 contre.

Les deux urnes sont vidées, les deux scrutins dépouillés et la double opération rend le contrôle plus facile, la seconde faisant en quelque sorte la preuve de la première. On comprend fort bien qu'Athènes ait fait l'économie de la seconde, car le dépouillement d'un scrutin auquel ont pris part cinq cents votants est chose longue : à Delphes, où les juges sont très peu nombreux, tout est plus simple, et tous les bulletins de vote sont aussi sûrement repris aux juges.

Aussi bien nous avons l'exemple à Athènes même d'un mode de votation semblable. Le plaidoyer d'Isée sur la succession d'Hagnias et, dans le recueil des œuvres de Démosthène, le plaidoyer contre Macartatos sont à rapprocher l'un et l'autre du texte de Delphes. Dans les procès en revendication de succession, il y avait une urne pour chaque demande, en ne comptant que pour une seule demande toutes celles qui ne s'excluaient pas. Dans un des procès auxquels donna lieu la succession d'Hagnias il n'y eut pas moins de quatre urnes [1]. On désignait chacune d'elles par le nom du demandeur et le mari de Phylo-

---

1. *Contre Macartatos* XLIII, 10 : καδίσκων τεττάρων τεθέντων κατὰ τὸν νόμον. Cf. Isée, *Sur la succession d'Hagnias* XI, 21 et les observations de Schömann, dans son édition d'Isée (1831), p. 466, de R. Dareste, dans sa traduction (*Les Plaidoyers d'Isée*, 1898), p. 218.

maché dit nettement : « il se trouva quelques voix de plus, 3 ou
4, dans l'urne de Théopompos que dans celle de ma femme [1]. »
Quoi qu'on en ait dit [2], ce passage ne prouve pas que les juges
ne recevaient, dans les procès en revendication de succession,
qu'un bulletin de vote qu'ils auraient déposé dans l'urne du
demandeur le plus autorisé à leur avis. Avec un seul bulletin
il eût été impossible d'assurer le secret du scrutin. N'est-il pas
préférable d'admettre que dans l'affaire en question chaque juge
n'avait reçu qu'un seul bulletin pour et trois bulletins contre ?
Quand Sosithéos, le mari de Phylomaché, dit : αἱ ψῆφοι ὀλίγαις
πάνυ ἐγένοντο πλείους, ἢ τρισὶν ἢ τέτταρσιν, ἐν τῷ Θεοπόμπου καδίσκῳ
ἢ ἐν τῷ τῆς γυναικός, ne faut-il pas entendre αἱ κύριαι ψῆφοι, les
bulletins pour ? Il me semble que l'exemple de Delphes autorise cette interprétation.

Les procès auxquels donna lieu la succession d'Hagnias
furent plaidés dans la première partie du ive siècle, à partir de
l'année 361/0. Dirons-nous qu'au temps d'Aristote, vers la fin
du même siècle, le mode de votation fut changé à Athènes ?
Mais comment pouvait-il en être autrement qu'en 361/0 quand
plusieurs demandeurs revendiquaient la même succession ?
Mieux vaut reconnaître que la description d'Aristote, si précise
et détaillée qu'elle soit, est encore incomplète, et cette conclusion n'est pas pour nous surprendre.

§ 6. *Estimation du litige* (τίμασις).

La proclamation du vote ne termine pas l'affaire. Dans le
serment qu'il a prêté, le juge s'est engagé à redonner la parole,
en vue de la τίμασις, au demandeur et au défendeur, pendant le
même laps de temps. La τίμασις ou estimation du litige ne peut
prendre place qu'après le vote sur le fond. Ainsi se passaient
les choses à Athènes, où les deux parties reprenaient la parole
pendant le même laps de temps, très brièvement à coup sûr [3].

1. *C. Macartatos*, 10. Le texte est cité quelques lignes plus bas.
2. Meier-Schömann-Lipsius, *der attische Process*, p. 942 ; W. Wyse, *The
Speeches of Isaeus*, p. 695.
3. Aristote, Ἀθην. πολ., 69, 2 : ἔπειτα πάλιν τιμῶσι, ἂν δέῃ τιμῆσαι, τὸν αὐτὸν
τρόπον ψηφιζόμενοι... Ἡ δὲ τίμησίς ἐστιν πρὸς ἡμί/ουν ὕδατος ἑκατέρωι. Sur le
temps que représente l'écoulement d'un demi-conge d'eau, voy. B. Keil,

Du texte de Delphes nous conclurons simplement que le demandeur parlait le premier et que le magistrat qui présidait disposait d'un instrument permettant de mesurer le temps.

A Athènes tout procès ne donnait pas lieu à une estimation [1]. Ici au contraire, dans la plupart des cas visés par le traité, les juges n'avaient guère qu'à fixer des dommages-intérêts. Le relevé suivant le prouvera amplement.

II A, l. 14. Vol. — [Διπλόον ἀποτεισάτω ὅ τ]ί κα τιμαθῆι ἄξιον εἶμεν τὸ κλέμμα. L'estimation de la valeur de l'objet volé est évidemment faite par les juges.

Nous n'avons pas d'autre exemple de l'emploi du verbe τιμᾶν, et les deux verbes le plus souvent employés pour l'estimation du litige sont διαγνῶναι et γνῶναι.

I B, l. 7-8. Enlèvement. — Τετραπόδων δὲ πά(ν)των καὶ ἀνδραπόδων τὰν ἀξίαν δικασταὶ διαγνόντων. Sur le sens de δικασταί au lieu de τοὶ δικασταί, voy. plus haut, p. 23.

I B, l. 4. — [Το]ὶ δικασταὶ διαγνόντων.

III A, l. 1. — [Τ]ὸ βλάβος δια[γνόντων τοὶ δικασταί].

I B, l. 7. — Τὰν βλάβαν ὀφειλέτω ἄν κα τοὶ δικασταὶ γν[ῶντι κατὰ τοὺς νόμους τᾶς πόλιος].

II A, l. 12. — Τὸ δὲ βλάβο[ς ὅ τί κα γνῶντι τοὶ δικασταί].

IB, l. 12. — Ἐκτε[ίσειν αὐτὸν ἢ ὀφείλ]ειν αὐτὸν ὅ τί κα τοὶ δικασταὶ γνῶντι.

On remarquera que le verbe διαγνῶναι, employé avec τὰν ἀξίαν, l'est également avec τὸ βλάβος, mais moins fréquemment que γνῶναι.

Nous verrons plus loin, en étudiant la procédure d'exécution, que l'estimation du litige et la fixation de dommages-intérêts n'excluaient pas d'autres peines ou amendes prévues par le traité même ou par les lois de l'une ou de l'autre cité.

Anonymus Argentinensis (1902), Beilage II, p. 254 ; 263. Un congé correspondant à 4 minutes, chacune des deux parties n'aurait disposé que d'une minute. Pour P. S. Photiadis (Περὶ τῆς διαμεμετρημένης ἡμέρας καὶ τῆς δικαστικῆς κλεψύδρας κατὰ τὴν Ἀριστοτέλους Ἀθηναίων πολιτείαν, dans l''Αθηνᾶ, XVI, 1904, p. 33), un demi-congé d'eau correspondait à 2 minutes 1/7.

1. Ainsi qu'il résulte du texte d'Aristote cité plus haut. Point n'est besoin de rappeler la distinction bien connue entre les ἀγῶνες τιμητοί et les ἀγῶνες ἀτίμητοι. Harpocration, s. v. Ἀτίμητος ἀγών.

CHAPITRE II

Requête civile et appel.

§ 1. Παρίσκεσις. *Requête contre témoins et faux témoins.* —
§ 2. Ἐπάμφοροι δίκαι. — § 3. Πρόδικος et ἔκκλητος πόλις.
— § 4. Παρκαταβολά.

On a depuis longtemps reconnu que le principe de l'autorité
de la chose jugée, si rigoureusement affirmé par Démosthène
dans le plaidoyer contre Leptine, n'excluait à Athènes même
ni l'opposition, ni la requête civile, ni l'appel, et que plusieurs
voies légales s'ouvraient à qui voulait faire rétracter certains
jugements [1]. Il en allait de même à Delphes, où nous sommes
surtout renseignés sur une ouverture de requête civile contre
des témoins et faux témoins.

§ 1. Παρίσκεσις. *Requête contre témoins et faux témoins.*

J'ai cherché plus haut à déterminer le sens du mot nouveau
παρίσκεσις et montré qu'il était l'équivalent du terme attique
ἐπίσκηψις, employé — surtout au pluriel — pour désigner les
réserves et reproches faits contre les témoins et faux témoins.

Il n'y a pas de doute non plus sur le moment où était signifiée la requête civile contre les témoins et faux témoins : à
Delphes comme à Athènes, elle était signifiée à l'audience même,
avant le vote. Aristote dit expressément qu'elle ne pouvait
l'être une fois que le vote était commencé [2]. A Alexandrie au
contraire on attendait le résultat du vote et la lecture de l'arrêt ;

---

1. Voy. P. Gide et E. Caillemer, dans le *Dictionn. des Antiquités
grecques et romaines*, de Daremberg et Saglio, s. v. Anadikia (1877). —
Démosthène, XX, 147 : οἱ νόμοι δ'οὐκ ἐῶσι δὶς πρός τὸν αὐτὸν περὶ τῶν αὐτῶν
οὔτε δίκας οὔτ 'εὐθύνας οὔτε διαδικασίαν οὔτ 'ἄλλο τοιοῦτ' οὐδὲν εἶναι.

2. Ἀθην. πολ., 68, 4 : οὐ γὰρ [ἔστιν] ἐπισκήψασθαι ὅταν ἄρξωνται διαψηφίζεσθαι.

c'est aussitôt après que se produisaient les reproches contre les témoins [1].

Le traité nouveau de Delphes mentionne d'abord les réserves contre les témoignages. Ainsi, au début du plaidoyer contre Évergos et Mnésiboulos, l'orateur, vantant les lois qui permettent de rouvrir un procès au moyen de l'action en faux témoignage, s'exprime en ces termes : « Si quelqu'un a trompé les juges en produisant des témoins qui attestent des faits faux, ou des sommations qui n'ont pas été faites, ou *des témoignages qui n'ont pas été fournis conformément à la loi*, il ne faut pas que cette manœuvre lui profite [2]. » Nous ne possédons pas la loi de Delphes relative aux témoins ; pourtant nous trouvons dans la loi plusieurs fois citée de Kadys quelques renseignements intéressants. On lit, sur un fragment sans numéro qui faisait vraisemblablement partie de la col. III (p. 158) :

3   .....῞Οστι[ς.....
4   πὰρ τὸν τεθμὸν
5   ιδὼς ἢ μαρτυρ
6   δὼς μὴ ἐκφαίν[.....ʼΑπ]-
7   όλλων νὶν ὁ Πύθ[ιος
8   καὐτὸν καὶ [τὸ γένος

Le participe parfait dont nous rencontrons deux fois les dernières lettres (...ιδώς) peut se restituer avec d'autant plus de certitude que nous en retrouvons la première partié dans un autre fragment (n° 3497, l. 6 : συνε[ιδώς] [3]). Il s'agit sans aucun doute, dans le passage transcrit, du témoin qui dépose contrairement à la loi, soit qu'il dépose sans rien avoir vu des faits de la cause

---

1. Le texte est cité et traduit plus loin, p. 71.

2. [Démosthène] XLVII, 1 : καλῶς μοι δοκοῦσιν οἱ νόμοι ἔχειν... οἱ ὑπόλοιπον ἀγῶνα ἀποδιδόντες ταῖς δίκαις τῶν ψευδομαρτυρίων, ἵν' εἴ τις μάρτυρας τὰ ψευδῆ μαρτυροῦντας παρασχόμενος ἢ προκλήσεις μὴ γελομένας ἢ μαρτυρίας παρὰ τὸν νόμον μαρτυρηθείσας ἐξηπάτησε τοὺς δικαστάς, μηδὲν αὐτῷ πλέον γένηται. Pour l'emploi du verbe ἀποδιδόναι (mot à mot redonner), cf. notre traité de Delphes : I A, l. 9 : [λ]όγον.. ἀποδιδόμεν ἐπὶ τᾶι τιμάσει.

3. Ou συνϝειδώς. Le n° 3497 est à la p. 158. Pour l'emploi de ce verbe, cf. par exemple, les imprécations prononcées par les prêtres et prêtresses de Délos contre ceux qui enlèvent des esclaves de Délos : *Inscr. gr.*, XI, 4 (P. Roussel, 1914), n° 1296 A et B, 8 et suiv. : ὅστι[ς] συνειδὼς μὴ δηλώσει ἐν τοῖς ἀστυνόμοις. L'inscription est du iiie siècle avant notre ère.

([μὴ συνε]ιδώς [1]), soit que les ayant vus il ne dise pas la vérité
ou toute la vérité ([ἢ συνει]δὼς μὴ ἐκφαίν[ει τὰν ἀλάθειαν]). La loi
le menace de la vengeance d'Apollon Pythien, lui et sa descen-
dance, sans préjudice de l'amende dont il pourra être frappé par
les juges en cas de poursuite et de condamnation. Qu'on rapproche les dispositions de l'inscription locrienne publiée par Ad.
Wilhelm : τὸμάρτυρ[α ὅν κά τι]ς ἕ[λη ψευδέα μαρτυρήσαντα, ἐπι]ορκίαι
ἐχέστω καὶ ἀποτεισάτω διπλέαν τὰν δίκαν [2]. De la formule locrienne
nous ne conclurons pas que le témoin a prêté serment et s'est
parjuré : il est tenu pour parjure.

On pouvait adresser aux témoins d'autres reproches que ceux
qui nous sont connus par la loi de Kadys, leur reprocher, par
exemple, d'être incapables ou indignes de témoigner, etc. Sur
tous ces points nous ne sommes guère renseignés que par les
lois athéniennes et il me suffira de renvoyer le lecteur au
mémoire de Leisi [3].

On pouvait surtout leur reprocher d'avoir altéré sciemment la
vérité : τὰ ψευδῆ μεμαρτυρηκέναι. C'est surtout contre les faux
témoignages qu'est ouverte la requête civile.

La δίκη ψευδομαρτυρίων a donné lieu à de longues discussions
et la lumière est loin d'être faite sur ce chapitre qu'éclairent
pourtant nombre de textes athéniens[4]. Le plus sage sera de
nous enfermer d'abord dans le texte de Delphes et d'en tirer
tout ce qu'il contient.

1° La πάρίσκεσις ne suspend pas le jugement de l'affaire principale. Elle s'intercale, nous l'avons vu, entre les plaidoiries et
le vote, mais ensuite on achève le procès : I A, l. 12 ἔπειτα.. ἁ
δίκα τελείσθω. L'emploi du comparatif προτέρα appliqué au mot
πάρίσκεσις et opposé à l'adverbe ἔπειτα ajoute plus de précision
encore à la phrase.

2° La πάρίσκεσις suspend, semble-t-il, l'exécution du jugement

1. Le témoin ne peut déposer que de ce qui est à sa connaissance per-
sonnelle. Il lui est interdit de témoigner par ouï-dire, ἀκοὴν μαρτυρεῖν. Voy.
E. Leisi, *Der Zeuge im attischem Recht*, 1908, p. 95.

2. *Jahresh.*, XIV, 1911, p. 168, l. 19-20. Cf. p. 232.

3. P. 106 et suiv.

4. E. Leisi, p. 120 et suiv. Aux textes athéniens, s'ajoutent aujourd'hui
les textes alexandrins, cités et traduits plus loin, et le traité entre Stymphalos et une ville inconnue (*Inscr. gr.*, V, 2 (1913), n° 357, l. 3-14). Malheureusement les premières lignes de cette inscription, qui remonte au
ivᵉ siècle, sont très mal conservées et le sens n'en est pas fixé.

rendu dans l'affaire principale, si la restitution proposée pour le début de la l. 14 est exacte.

3° La condamnation, dans le procès en faux témoignage, ouvre une action populaire contre le faux témoin (l. 12 : [ἐξέστω... ἐπεξίμε]ν τῶι βουλομένωι).

4° La condamnation d'un faux témoin peut avoir pour conséquence la remise en jugement de l'affaire principale.

De toutes ces dispositions la plus remarquable et la plus nouvelle est celle qui ouvre une action populaire contre le témoin condamné pour faux témoignage. Il importe d'en bien préciser le sens. D'abord, puisque l'action populaire ne peut être intentée qu'après la condamnation du faux témoin, ne sommes-nous pas en droit d'affirmer que les réserves contre les faux témoins et que la δίκη ψευδομαρτυρίων appartiennent exclusivement aux deux parties. On a beaucoup discuté sur le caractère de la δίκη ψευδομαρτυρίων athénienne : était-ce une action publique ou γραφή, ou simplement une action civile en dommages-intérêts, ou encore une *actio mixta* ? La controverse n'est pas close [1]. Reconnaissons qu'à Delphes c'est une action civile.

Le traité est muet sur la peine, sur l'amende encourue par le faux témoin. Laissons donc de côté la question de la punition du délit que la loi de Delphes n'envisageait peut-être pas, pour nous en tenir à la menace, suspendue sur le faux témoin, d'une action populaire. Platon, qui s'inspire manifestement des lois athéniennes et qui en aggrave ici la sévérité, va nous aider à comprendre la loi de Delphes. A Athènes, une troisième condamnation pour faux témoignage entraînait l'atimie absolue [2] ; Platon, dans ses *Lois*, veut qu'après deux condamnations le coupable ne puisse plus être contraint à déposer en justice ; qu'après trois, il soit incapable de rendre un témoignage et, s'il enfreint cette défense, puisse être dénoncé par toute personne : 937 C ἐὰν δέ τις ἁλῷ δὶς ψευδομαρτυρῶν, τοῦτον μηκέτι νόμος ἀναγκαζέτω μηδεὶς μαρτυρεῖν, ἐὰν δὲ τρίς, μηκέτ' ἐξέστω τούτῳ μαρτυρεῖν· ἐὰν δὲ τολμήσῃ μαρτυρῆσαι τρὶς ἑαλωκώς, ἐνδεικνύτω μὲν πρὸς τὴν ἀρχὴν ὁ βουλόμενος αὐτόν. La loi de Delphes est plus sévère encore, puis-

---

1. E. Leisi, p. 120-124. La conclusion que l'auteur tire de Andocide I, περὶ τῶν μυστηρίων, 7 et de Lysias XIX, ὑπὲρ τῶν Ἀριστοφάνους χρημάτων, 4 me semble forcée.

2. Voy. Andocide, I, 74 et Leisi, p. 131.

qu'il suffit d'une seule condamnation pour être exposé aux poursuites du premier venu. Entendons que si un Delphien (ou un Pellanéen), condamné une fois pour faux témoignage, veut dans une autre affaire déposer en justice, toute personne aura le droit de le dénoncer et de le poursuivre. En un mot, il suffit, à Delphes, d'une seule condamnation pour encourir l'incapacité de déposer à l'avenir. Je croirais volontiers pour ma part que le délit de faux témoignage n'était pas frappé d'une autre peine à Delphes, au moins dans les procès prévus par le σύμβολον.

Il nous sera plus facile, maintenant que ce chapitre du traité a reçu un commencement d'explication, de le rapprocher des textes connus et d'abord du plus récent et du plus détaillé : le règlement d'Alexandrie. Le premier chapitre conservé du *Papyrus Halensis I* est entièrement consacré au faux témoignage et nous gagnerons à le citer et à le traduire [1].

Ψευδομαρτυρίου. (§ 1). Ὁ μαρτυρίας ἐπιλαμβανόμενος [2]

25.   ἐπιλαμβανέσθω παραχρῆμα, [ὅ]ταν ἡ γνῶσις ἀνα-
γνωσθῆι παρὰ δικαστῶν ἢ δια[ι]τητῶν ἢ κριτῶν,
ἐπιλαμβανέσθω δὲ πάντων
τῶν ταὐτὰ μα[ρ]τυρησάντ[ων] καὶ λαβὼν ἀν-
τίγραφα τῆς μαρτυρίας, ἐὰ[ν βο]ύληται, γραφέσ-

30.   θω δίκην αὐθήμερον ἢ τῆι [ἐπο]μένηι ἡμιολίου
τοῦ τιμήματος τοῦ ἐν τῶι [ἐν]κλήματι ὄντος.
Ἐξέστω δὲ καὶ μέρους τῆς μ[αρ]τυρίας ἐπιλα-
βέσ(θ)αι, ἐμφανιζέτω δὲ ἐν [τῶι] ἐνκλήματι
οὗ ἂν ἐπιλάβηται μέρους.

35.   Ἐὰν δέ τις μὴ εὑρίσκηι τ[οὺς] μαρτυρήσαν-
τας, διδότω τὸ ἔνκλημα τῶι π[αρ]ασχομένωι. Τῶι
δὲ παρὰ τὰ γ[ε]γραμμένα ποιοῦ[ντ]ι μὴ εἰσαγώ-
γιμος ἡ δίκη ἔστω.

1. Dikaiomata. *Auszüge aus alexandrinischen Gesetzen und Verordnungen in einem Papyrus des philologischen Seminars der Universität Halle* (Pap. Hal. I), herggbn von der Graeca Halensis, Berlin, 1913, p. 15, Col. II et III. Le papyrus date du milieu du iii⁰ siècle.
2. Xénophon, dans les *Helléniques*, emploie déjà le verbe ἐπιλαβέσθαι avec le même sens : II, 2, 32 : μόνος ἐπελάβετο ἐν τῇ ἐκκλησίᾳ τοῦ περὶ τῆς ἀποτομῆς τῶν χειρῶν ψηφίσματος.

« [Du] faux témoignage. § 1. — Celui qui veut attaquer un faux témoignage l'attaquera aussitôt après la lecture de la sentence rendue par les δικασταί ou les διαιτηταί ou les κριταί.

« Il est tenu d'attaquer tous ceux qui ont fait la même déposition.

« Il a le droit de prendre des copies du témoignage et intentera l'action le jour même, ou le lendemain, en demandant une fois et demie l'estimation du litige, telle qu'elle était fixée dans les conclusions du procès principal.

« Il est permis de n'attaquer qu'une partie du témoignage, mais il faut déclarer dans la demande la partie attaquée.

« Si le demandeur ne trouve pas ceux qui ont fait la déposition, il remettra ·la [citation] à celui qui a produit les témoins.

« L'action n'est recevable que si l'on se conforme aux présentes dispositions. »

(§ 2).   Τὰ δὲ δικαιώ[μα]τα τῆ<ς> δίκης,
ἐφ'ἧς ἄν τις μαρτυρίας ἐπιλάβη[τα]ι, ἀπὸ μὲν
40.   τοῦ δικαστηρίου ἐπιφερέτω ὁ [εἰσ]αγωγεὺς ἐπὶ
τὴν τοῦ ψευδομαρτυρίου, ἀπ[ὸ] δὲ τῶν δια<ι>τη-
τῶν ὁ παρὰ τοῦ νομοφύλακος καθ(ε)στώς, ἐν οἷς
δὲ κριτηρίοις εἰσ<ι>γραμματεῖς, οὗτοι ἐπιφερέ-
τωσαν.

« § 2. — Pour les pièces du procès dans lequel un témoignage aura été attaqué, elles seront apportées pour le procès en faux témoignage : du δικαστήριον par l'εἰσαγωγεύς, du tribunal des διαιτηταί par celui que le νομοφύλαξ aura commis, et des κριτήρια par les greffiers, s'il en est d'attachés à ces tribunaux.

(§ 3). Ἐὰν δέ τις καταδικασθείσης αὐτοῦ δί-
45.   κης ἐπιλαβόμενος τῶν μαρτύρων γράψηται
δίκην κατὰ τὸ διάγραμμα, ἐνγύους μὲν
παρ'αὐτοῦ λαμβανέτω ὁ πράκτωρ ἢ ὁ ὑπη-.
ρέτης παραμονῆς, τὴν δὲ πρᾶξιν
μὴ συντελείτω, ἕως ἂν ἡ τοῦ ψευ-
50.   δομαρτυρίου δίκη συντελεσθῆ<ι>,
καὶ ἐὰμ μὲν ν[ικᾶι] τοὺς μάρτυρας, ἀφείσθω
τῆς καταδίκη[ς κ]αὶ ἡ διενγύησις ἄκυρος
ἔστω, [οἱ] δὲ μάρτ[υρε]ς εἰσπρασσέσθωσαν·ἐὰν δὲ
[ἡ]σσηθῆι, συν[τ]ελείτω ὁ πράκτωρ ἢ ὁ ὑ-
55.   πηρέτης τὴν π[ρᾶ]ξιν.

« § 3. — Si quelqu'un, après sa condamnation [dans le procès principal], attaque les témoins et intente une action conformément aux règles de la procédure, le πράκτωρ ou son aide exigera de lui des cautions qui garantiront sa présence, mais il ne poursuivra pas le recouvrement de la condamnation avant que le procès en faux témoignage ait pris fin.

« Si le demandeur fait condamner les témoins, il sera tenu quitte de la condamnation, l'obligation des cautions sera éteinte et c'est contre les témoins que sera poursuivi le recouvrement.

« Si le demandeur perd son procès, c'est contre lui que le πράκτωρ ou son aide poursuivra le recouvrement. »

(§ 4).   Ἐὰν δέ τι(ς) ἀποδ[ι-]
[κ]ασθείσης αὐτῶι [δί]κης ἐπιλάβηται τῶν
μα[ρ]τύρων καὶ γρ[αψ]άμενος δίκην ψευδομαρ
[τ]υρίου νικήσηι, οἱ [τ]ε μάρτυρ(ε)ς τὴν κατα
δίκην εἰσπρασσέσ[θ]ωσαν κατὰ τὸ διάγραμ-

60. μα καὶ ὁ παρασχόμ|ε]νος αὐτοὺς ἀποτινέτω
τῶι νικήσαντι τό τε τίμημα τῆς ἀποδικα-
[σ]θείσης δίκης, ἐφ᾽ ἧς παρέσχετο τοὺς μάρτυρας,
[κ]αὶ τὸ ἐπιδέκατον ἢ ἐπιπεντεκαιδ[έ]κατον.

« § 4. — Si, après que le jugement aura été rendu en sa faveur, le défendeur attaque les témoins, leur intente une action en faux témoignage et gagne son procès, c'est contre les témoins que sera poursuivi le recouvrement de l'amende prononcée contre eux conformément aux règles de la procédure, et celui qui aura produit les témoins devra au gagnant le montant de la demande du procès dans lequel il a produit des témoins et qu'il a perdu, plus le dixième ou le quinzième de ladite demande. »

(§ 5). [᾽Ε]ὰν δὲ ἀμφότεροι οἱ ἀντίδικοι ἐπιλαβόμενοι

65. τῶν μαρτύρων καταδικάσωνται τοῦ
[ψ]ευδομαρτυρίου, οἱ μ[ὲμ] μάρτυρες τὰς κατα-
δ[ί]κας εἰσπρασσέσθω[σαν] κατὰ τὸ διάγραμμα,
[ἢ] δ[ὲ ἐ]ξ ἀρχῆς κρίσις κυρία ἔστω, ἐὰν μὴ ἔκκλητος γένηται.

« § 5. — Si les deux parties attaquent les témoins et les font condamner pour faux témoignage, c'est contre les témoins que sera poursuivi, conformément aux règles de la procédure, le montant des condamnations, mais le jugement rendu dans l'affaire principale aura force de droit, à moins qu'il n'en soit fait appel. »

(§ 6).   'Εξέσ(τ)ω δὲ ἀπολογεῖσθα<ι> καὶ τῶι
70.   παρασχομένωι τὸμ μάρτυρα.

« § 6. — Celui qui a produit les témoins aura aussi le droit de présenter sa défense. »

(§ 7).   Οἱ δὲ τὰς
τῶν ἀποδ(ή)μων ἢ ὑπὲρ ὧν ἄλλοι ἐνόμνυυν-
ται μαρτυρίας παρασχόμενοι ὑπόδικοι
ἔστωσαν αὐτοὶ τοῦ ψευδομαρτυρίου καὶ
γραφέσ(θ)ωσαν οἱ ἀντίδικοι τὰς δίκας τοῖς
75.   παρασχομένοις αὐτούς...

« § 7. — Celui qui produit le témoignage d'absents ou de personnes que d'autres ont à confirmer par serment s'expose lui-même à l'action en faux témoignage, et l'action est intentée par les parties contre quiconque a produit pareils témoignages. »

Les premiers éditeurs du texte l'ont commenté, paragraphe par paragraphe, en en rapprochant soigneusement tous les passages intéressants des *Lois* de Platon et des plaidoyers attiques ; nous y rechercherons seulement ce qui peut nous aider à mieux comprendre le traité de Delphes.

Comme je l'ai déjà dit, les réserves contre les témoignages et les faux témoignages devaient se produire, à Delphes et à Athènes, immédiatement avant le vote des juges : à Alexandrie, aussitôt après que le jugement avait été prononcé. Mais, pas plus à Alexandrie qu'à Athènes, faire des réserves contre un témoin n'était engager un procès contre lui. L'ἐπίσκηψις n'était pas une δίκη et quand Pollux écrit : δίκη ψευδομαρτυρίων, ὃ καὶ ἐπισκήψασθαι ψευδομαρτυρίων ἐλέγετο [1], il faut entendre simplement que d'une part il n'y avait pas de δίκη ψευδομαρτυρίων sans ἐπίσκηψις, de l'autre que l'ἐπίσκηψις était le plus souvent suivie d'une δίκη ψευδομαρτυρίων. Mais nous avons, à Athènes, l'exemple de

1. VIII, 36. Cf. Leisi, p. 125, note 3.

parties renonçant, après reproches faits à l'audience, à l'action
en faux témoignage [1]. Le jugement était intervenu qui les avait
condamnées ou leur avait donné satisfaction : condamnées, elles
avaient pris le temps de la réflexion et du calcul et s'étaient abs-
tenues d'aller plus loin ; gagnantes, pourquoi se seraient-t-elles
exposées aux embarras et aux risques d'un nouveau procès? A
Alexandrie aussi, il fallait, soit le jour même du jugement rendu
dans l'affaire principale, soit le lendemain — c'est-à-dire dans
le délai de deux jours — compléter par le dépôt d'une plainte
(γράφεσθαι) les réserves produites.

En allait-il de même à Delphes et la παρίσκεσις servait-elle seulement d'introduction à une action nouvelle contre les faux
témoins ? Nous en sommes réduits aux hypothèses, mais la chose
est bien probable, d'autant plus qu'à Delphes, comme à Athènes,
la παρίσκεσις n'interrompait pas le jugement de l'affaire principale. Le plaideur qui avait obtenu gain de cause n'avait-il pas
même intérêt à laisser tomber les reproches par lui produits
contre un témoin ?

Enfin le Papyrus de Halle confirme, semble-t-il, la restitution que j'avais proposée, sans le connaître, pour la première
partie de la l. 14 du traité de Delphes. Puisqu'il est dit que,
dans le cas où il ne s'est pas produit de παρίσκεσις, le magistrat
procède au recouvrement de la condamnation prononcée dans
l'affaire principale, c'est qu'en cas de παρίσκεσις ledit recouvrement est suspendu. Les choses se passaient ainsi à Alexandrie :
l. 48 et suiv. τὴν δὲ πρᾶξιν μὴ συντελείτω (ὁ πράκτωρ) ἕως ἂν ἡ τοῦ
ψευδομαρτυρίου δίκη συντελεσθῇι.

Est-il besoin, en terminant ces premiers emprunts au papyrus
nouveau, de noter la profonde différence qui sépare les tribunaux alexandrins des tribunaux delphiens, au iiie siècle avant
notre ère. Alexandrie n'est pas seulement une commune riche,
aux fonctionnaires multiples [2] ; elle est aussi le principal marché
du papyrus. Aussi ne serons-nous pas surpris de l'importance de la

---

1. Les textes de Lysias et d'Isée ont été cités plus haut dans la Première
partie, p. 15.

2. Il me suffira de rappeler qu'il y a trois sortes de tribunaux, formés de
δικασταί, διαιτηταί, κριταί (*Dikaiomata*, p. 51 et suiv. G. Glotz, *Journal des
Savants*, 1916, p. 24); que l'instruction n'est pas faite (au moins dans les
actions en faux témoignage) par le magistrat qui prendra la présidence du
tribunal, mais par des fonctionnaires ou délégués spéciaux (§ 2) ; que le πράκ-

procédure écrite (demandes, citations, procès-verbaux d'audience
et copies de témoignages, etc.). Le tribunal de Delphes donne
au contraire l'impression d'institutions très anciennes, qu'on n'a
pas éprouvé le besoin de modifier.

§ 2. Ἐπάμφοροι δίκαι.

La condamnation d'un faux témoin entraînait différentes conséquences dont la plus importante était la faculté, donnée à la
partie qui avait obtenu la condamnation, de tout remettre en
question, de faire reviser le procès principal. La revision du
procès faisait l'objet de plusieurs articles du traité de Delphes,
qui sont très mal conservés (I A, l. 14 et suiv.). Les lois athéniennes et le règlement d'Alexandrie nous aideront peut-être à
en retrouver le sens.

A Athènes, d'après la définition d'Harpocration (s. v. ἀναδικάσασθαι), on entendait par « ἀνάδικοι κρίσεις les affaires remises en
jugement après condamnation de témoins pour faux témoignage [1] ». On sait qu'Harpocration doit être complété par le scholiaste des *Lois* de Platon ou plus exactement par Théophraste,
qui nous apprend que l'ἀναδικία n'avait lieu que lorsque le premier jugement avait été rendu en matière de nationalité, de succession ou de faux témoignage [2]. Le scholiaste lui-même n'est

τωρ, assisté de ses aides, veille à la constitution des cautions, à l'exécution
de la condamnation (§ 3). En étudiant plus loin la procédure d'exécution à
Delphes (p. 92), nous ne trouverons le nom d'aucun fonctionnaire spécial,
ce qui ne veut d'ailleurs pas dire qu'il n'en existait pas.

1. Ἀναδικάσασθαι · τὸ ἄνωθεν δικάσασθαι · οὕτως Ἰσαῖος. Ἐντεῦθεν καὶ τὸ ἀνάδικοι κρίσεις, αἱ ἄνωθεν δικαζόμεναι, ὅταν ἁλῶσιν οἱ μάρτυρες ψευδομαρτυρίων. Cf. Hésychius, s. v. Ἀνάδικοι · οὕτως ἐλέγοντο δίκαι εἰς ἀκεραίαν ἐγκαθιστάμεναι, ἤτοι διὰ
πολιτικὴν αἰτίαν ἢ τῶν μαρτύρων ἁλόντων ψευδοκατηγόρων.

2. Scholiaste de Platon, *Lois* 937 C (Ed. Fr. Dübner-Didot III, 1873,
p. 344) : Ἀνάδικος κρίσις · εἰ ἑάλωσαν ἤτοι πάντες οἱ μάρτυρες ψευδομαρτυρίων ἢ
ὑπερημίσεις, ἐκρίνετο ἄνωθεν ἡ δίκη. Οὐκ ἐπὶ πάντων δὲ τῶν ἀγώνων ἐγίγνοντο ἀνάδικοι
αἱ κρίσεις, ἀλλ' ὡς φησι Θεόφραστος ἐν ζ' Νόμων, ἐπὶ μόνης ξενίας καὶ ψευδομαρτυρίων
καὶ κλήρων. Le texte de Platon est cité par nous quelques lignes plus loin.
Il faut distinguer deux parties dans la scholie, d'abord une paraphrase de
Platon, d'où nous ne pouvons tirer aucun renseignement positif sur les
institutions athéniennes et qui nous induirait même en erreur, puisque nous
l'allons voir, il suffit d'un seul faux témoignage à Athènes pour donner lieu à
l'ἀναδικία ; puis une citation précieuse (peut-être incomplète) de Théophraste,
sur laquelle R. Dareste n'avait pas manqué d'appeler l'attention de ses
lecteurs : *La Science du droit en Grèce*, 1893, p. 137 et surtout p. 303.

certainement pas complet et je me borne à renvoyer le lecteur au mémoire déjà cité de Leisi[1]. Il me sùffira de mettre en lumière un point de la législation athénienne :

La condamnation d'un faux témoin n'entraîne pas nécessairement la remise en jugement, même en matière de succession. Il ne faut pas forcer le texte, maintenant bien connu, d'Isée (*Sur la succession d'Hagnias* XI, 46) : κελεύει.. ὁ νόμος, ἐὰν ἀλῷ τις τῶν ψευδο-μαρτυρίων, πάλιν ἐξ ἀρχῆς εἶναι περὶ αὐτῶν τὰς λήξεις. On en a conclu qu'il suffit d'un seul faux témoignage pour donner lieu à l'ἀναδικία, mais celle-ci n'est pas ordonnée par la loi, obligatoire. Il va de soi que le plaideur qui avait obtenu gain de cause dans la δίκη ψευδομαρ-τυρίων usait le plus souvent du droit de rouvrir le procès principal, mais encore fallait-il qu'il fît une nouvelle demande, intentât une nouvelle action[2].

Platon dans les *Lois* fait subir d'importantes modifications aux lois athéniennes.

Lois 937 C D. Ὁπόσων δ'ἂν μαρτυρίαι ἀλῶσι δίκη, ψευδῆ δοξάντων μαρτυρεῖν καὶ τὴν νίκην τῶι ἑλόντι πεποιηκέναι, ἐὰν τῶν τοιούτων ὑπὲρ ἥμισυ μαρτυριῶν καταδικασθῶσί τινες, τὴν κατὰ ταύτας ἀλοῦσαν δίκην ἀνάδικον γίγνεσθαι, ἀμφισβήτησιν δ'εἶναι καὶ διαδικασίαν, εἴτε κατὰ ταύτας εἴτε μὴ ἡ δίκη ἐκρίθη, ὁποτέρως δ'ἂν κριθῇ, ταύτη γιγνέσθω τὸ τέλος τῶν ἔμπροσθεν δικῶν.

« Quand des témoins auront été condamnés pour avoir rendu un faux témoignage et avoir assuré ainsi le gain du procès, si la condamnation atteint plus de la moitié des témoins, le procès gagné grâce à ces témoignages sera remis en jugement. — Il y aura lieu à contestation et vote pour déterminer si c'est par lesdits témoignages ou non que le jugement a été obtenu. — La décision des juges, qu'ils se prononcent dans un sens ou dans l'autre, mettra fin au procès principal. »

Platon aggrave doublement la loi athénienne, d'abord en exigeant que, s'il y a plusieurs témoignages, plus de la moitié aient été reconnus faux, tandis qu'à Athènes il suffisait d'un seul. En second lieu les juges auront à déterminer si lesdits témoignages

---

1. P. 130 et suiv. J'ai déjà eu l'occasion de renvoyer le lecteur à l'article *Anadikia* dans le *Dictionnaire des antiquités grecques et romaines* de Daremberg et Saglio.

2. Sur le texte d'Isée, voy. W. Wyse, *The Speeches of Isaeus*, 1904, p. 710 ; Leisi, 1908, p. 134.

ont eu sur le jugement une influence décisive : une ἀμφισβήτησις ou contestation judiciaire s'ouvrira sur ce point et les juges auront à se prononcer par un vote (διαδικασία) dans un sens ou dans l'autre. Alors seulement les parties sauront si le premier jugement est maintenu ou revisé.

Nous ne serons pas surpris que les choses soient simplifiées dans le règlement d'Alexandrie, où la revision du procès, l'ἀναδικία ne tient pour ainsi dire aucune place. Trois cas y sont prévus : .

1º L'action en faux témoignage est intentée par le défendeur qui a perdu le procès. D'abord elle n'est recevable que si ce dernier constitue des cautions qui garantiront sa présence (ἐγγύους παραμονῆς). Fait-il condamner les témoins, il obtient remise de sa condamnation, les cautions sont déliées de leurs obligations et les témoins poursuivis en recouvrement de la condamnation. Perd-il son procès, le recouvrement, provisoirement suspendu, du montant de la demande principale, est poursuivi contre lui.

2º L'action est intentée par le défendeur mis hors de cause, après que la demande de la partie adverse a été rejetée. Les témoins sont-ils condamnés, ils doivent (sans doute au fisc) le montant de l'amende prononcée contre eux dans la δίκη ψευδομαρτυρίων. Celui qui les a produits doit au gagnant le montant de la demande du procès principal, plus le dixième ou le quinzième de ladite demande.

3º Les deux parties intentent des actions en faux témoignage et toutes deux font condamner les témoins. Rien n'est changé au jugement rendu dans l'affaire principale, à moins que le perdant ne fasse appel. Le montant des « condamnations » nouvelles, c'est-à-dire des amendes encourues par les faux témoins, est payé par les témoins.

Peu importe, comme l'ont fait remarquer les premiers éditeurs, que le règlement d'Alexandrie n'ait pas prévu tous les cas, celui par exemple où le demandeur, débouté de sa demande, introduit seul une action en faux témoignage [1]. Il n'en reste pas moins vraisemblable que les cas cités sont ceux qui devaient se produire le plus fréquemment et que la revision du procès n'était possible qu'après double condamnation : encore fallait-il que le

1. *Dikaiomata*, p. 58, l. 44 et suiv. ; p. 59, l. 55 et suiv.

perdant fît appel. La procédure d'appel à Alexandrie nous est d'ailleurs inconnue et nous reviendrons plus loin sur ce chapitre obscur.

Pour Delphes, un seul point est acquis : le plaideur qui après avoir fait condamner des témoins ou faux témoins veut remettre l'affaire en jugement, mot à mot rapporte l'action (ἐπάμφορον ποιῆται τὰν δίκαν) est tenu de constituer deux cautions [1]. Il peut s'en tenir à la condamnation obtenue dans le procès contre les témoins ; s'il veut aller plus loin, obtenir la revision du premier procès, il lui faut fournir deux cautions honorables qui, en cas de condamnation, garantiront le paiement de la demande principale et de l'amende (*judicatum solvi*).

Le paragraphe suivant [2] traitait peut-être des obligations des témoins, désignés ici par le mot ἐπάκοοι, mais le mot lui-même est de lecture incertaine.

Enfin nous ne pouvons non plus rien tirer de certain de deux lignes trop mutilées du n° II B :

5.   ὅσαι ἐπάμφοροι ἔσονται (scil. δίκαι)

6.   [ὁ γ]ραφεὺς (?)· ἀνελέσθω [3] ἄν κα χρήιζηι (scil. δίκαν).

---

1. I A, l. 14-15.

2. *Ibid.*, l. 14 fin et suiv.

3. Le verbe ἀνελέσθαι s'est rencontré, avec un sens très différent, dans une loi d'Érythrées du vᵉ siècle, relative aux fonctions des greffiers. La loi vaut la peine d'être citée et traduite (Wilamowitz-Moellendorff, *Nordionische Steine*, dans les *Abhandlungen der k. preuss. Akademie der Wissenschaften*, 1909, p. 29 et suiv. du tirage à part).

Ἀπελλίας εἶπεν· (§ 1) ὅσοι ἤδη ἐγρα|μμάτευσαν ἀπὸ Χαλκίδε[υ ἕκ]αθ|εν, τούτων μὴ ἐξεῖναι γραμματ|εῦσαι ἔτι μηδενὶ μηδεμιῆι ἀρ || ⁵χῆι, (§ 2) μηδὲ τὸ λοιπὸν γραμματεύ|εν ἐξεῖναι μηδενὶ πλέον ἢ ἅπα|ξ τῆι αὐτῆι ἀρχῆι μηδὲ ταμίηι | πλέον ἢ ἑνὶ μηδὲ δύο τιμαῖς τό|ν αὐτόν· (§ 3) ὃς δ'ἀγ γραμματεύσηι || ¹⁰ἢ ἀνέληται ἢ εἴπηι ἢ ἐπιψηφίσ|ηι κατάρητόν τε αὐτὸν εἶναι κ|αὶ ἄτιμον, καὶ ὀφείλεν αὐτὸν ἑ|κατὸν στατῆρας · ἐκπρηξάντων | δὲ οἱ ἐξετασταὶ ἢ αὐτοὶ ὀφειλ || ¹⁵όντων ·(§ 4) ἄρχεν δὲ τούτοις μῆνα Ἀ|ρτεμισιῶνα ἐπ' ἱροποιῶ Πόσε|ος.

« Proposition d'Apellias. § 1. — Aucun de ceux qui ont été greffiers depuis l'année de Chalkidès ne pourra plus être le greffier d'aucun fonctionnaire. § 2. — A l'avenir personne ne pourra plus être plus d'une fois le greffier d'une même charge ni plus d'une fois le greffier d'un des trésoriers, ni en même temps le greffier de deux magistrats. § 3. — Quiconque aura accepté les fonctions de greffier ou s'en sera chargé de lui-même [contrairement à la présente loi], quiconque aura fait ou mis aux voix une proposition [contraire à la présente loi] sera l'objet d'imprécations et frappé d'atimie et devra cent statères. Les contrôleurs poursuivront le recouvrement de l'amende ou en seront tenus eux-mêmes. § 4. — Les présentes

L'article se rapportait manifestement aux ἐπάμφοροι (δίκαι) qu'il fallait rapporter devant le greffier. Dans quels cas ce fonctionnaire avait-il le droit de supprimer une action, de la détruire? Nous l'ignorons absolument.

§ 3. Πρόδικος et ἔκκλητος πόλις.

Le mot ἐπάμφορος (δίκα), que nous venons de rencontrer dans le chapitre du faux témoignage, se retrouve dans un autre chapitre qui traite, ainsi que je l'ai prouvé plus haut, de la procédure à suivre en cas d'appel à une tierce ville (ἔκκλητος πόλις). A dire vrai le mot ἔκκλητος ne se lit pas dans la partie conservée du n° II B, mais il m'a semblé qu'on pouvait le restituer en toute certitude aux lignes 10 et 8. On lit en effet à la l. 10, au commencement d'un paragraphe : εἰ δέ κα ὁ ἐκκαλεσάμενος [1] νικάσηι ἐν τᾶ[ι... « si celui qui a fait appel gagne son procès dans la ville... », évidemment la ville à laquelle il a fait appel : ἐν τᾶ[ι ἐκκλήτωι]. A la l. 8, deux instances sont opposées l'une à l'autre : τας ἐν τᾶι προδίκωι καὶ τας ἐ[ν τᾶι... Les deux substantifs à restituer ou sous-entendre sont d'abord δίκας puis πόλει [2]. A πρόδικος πόλις j'ai opposé sans hésiter ἔκκλητος πόλις et

dispositions sont applicables à dater du mois d'Artémision de l'année où Posis est hiérope. »

Au § 4 je me suis efforcé de marquer la distinction que je crois reconnaître entre γραμματεῦσαι et ἀνελέσθαι. Le premier verbe désigne des fonctions conférées et acceptées; le second, des fonctions dont on se charge soi-même, que l'on prend sur soi de remplir, sans qu'elles vous aient été attribuées : dans le premier cas, par exemple, le greffier aura été élu sans qu'on ait tenu compte de la loi; dans le second, le greffier n'aura pas été élu, mais se sera fait accepter par quelque fonctionnaire ou trésorier. Ἀνελέσθαι, dans les baux consentis par les Klytides à Chios, c'est se charger du bail; ὁ ἀνελόμενος, c'est le preneur (Ch. Michel, n° 1359. Cf. *Bull. de corr. hellén.*, XXXVII, 1913, p. 203 et suiv. A. Plassart et Ch. Picard).

Le premier éditeur de la loi d'Érythrées en a bien fait valoir l'intérêt. Elle était destinée à corriger des abus qui ont dû se produire dans plus d'une cité. Les greffiers avaient de bonne heure pris un grand pouvoir. Quand la procédure écrite s'était substituée — s'était ajoutée d'abord — à la procédure orale, on n'avait pas tardé à se défier de ces scribes, de ces bureaux trop puissants et facilement tyranniques.

1. Cf. τοῖς ἐκδικαζομένοις dans l'inscription des Ænianes, citée plus loin (*Gr. Dialekt-Inschr.*, II, n° 1432, 1ᵃ, l. 10).

2. Le mot πόλει, qu'il ait été exprimé ou non, est certain. C'est également en toute certitude que j'ai restitué πόλεσιν à la l. II B 7.

il me faut justifier l'acception nouvelle que j'ai proposée plus haut pour le premier de ces termes.

Le mot πρόδικος, comme tant d'autres termes de droit grecs, a plus d'une fois embarrassé les épigraphistes par la variété des significations qu'on lui prête. Écartons le substantif ou plus exactement l'adjectif employé substantivement [1], pour nous en tenir au simple adjectif, car il n'est pas douteux que nous ayons affaire à un adjectif dans le passage cité plus haut. Je crois retrouver cet adjectif dans un traité conclu au III⁰ siècle entre les cités crétoises de Hiérapytna et de Priansos. Les articles suivants du traité crétois méritent d'être cités en entier et de nouveau traduits (Ch. Michel, n° 16) [2] :

57.   'Υπὲρ δὲ τῶν προγεγονότων παρ' ἑκατέροις
ἀδικημάτων, ἀφ' ᾦ τὸ κοινοδίκιον ἀπέλιπε χρόνω, ποιη-
σάσθων τὰν διεξαγωγὰν οἱ σὺν Ἐνίπαντι καὶ Νέωνι κόσ-
60. μοι ἐν ᾧι κα κοινᾶι δόξηι δικαστηρίω(ι) ἀμφοτέραις ταῖς πόλεσι ἐπ' αὐτῶν κοσμόντων, καὶ τὸς ἐγγύος καταστασάν-
των ὑπὲρ τούτων ἀφ' ἃς κα ἀμέρας ἁ στάλα τεθῆι ἐμ μη-
63. νί.

« Pour les crimes ou délits antérieurs dont Hiérapytniens et Priansiens se sont rendus coupables, depuis le jour où le tribunal fédéral a suspendu ses audiences, les cosmes qui ont Énipas et Néon pour présidents procéderont à la liquidation, dans l'année de leurs fonctions, devant le tribunal que les deux cités

---

1. Hésychius : Πρόδικος· συνήγορος. Le mot s'est rencontré dans des auteurs (notamment Xénophon, *Hellén.*, IV, 2,9) et des inscriptions ; voy. H. van Herwerden, *Lexicon graecum suppletorium et dialecticum*, 2⁰ éd. 1910. Il y aurait lieu de reprendre cet article, de le compléter et d'y joindre les textes relatifs aux προδικέοντες (*Gr. Dialekt-Inschr.*, n° 1432) et aux προδικασταί (*Ibid.*, III, n° 5493). Cf. Hitzig, *Zeitschrift der Savigny-Stiftung*, Rom. Abt., 1907, p. 248.

2. Ils ont été traduits une première fois en français par É. Egger, *Études historiques sur les traités publics chez les Grecs et chez les Romains*, 1866, p. 82. Qu'il nous soit permis de rendre hommage, en passant, à cet excellent maître qui a si vaillamment traduit tant de textes épigraphiques. Il eût volontiers professé que « la préface de tout commentaire épigraphique devrait être une traduction intégrale ». Ces mots sont de M. Salomon Reinach dans l'Introduction de son *Traité d'épigraphie grecque*, paru en 1885 (p. xxx) : Émile Egger pensait de même et avait infiniment de mérite à prêcher d'exemple. — A la bibliographie de Ch. Michel, ajouter Fr. Blass, *Gr. Dialekt-Inschr.*, III, 1904, n° 5040.

auront désigné d'un commun accord ; ils fourniront des cautions pour l'exécution de ces prescriptions, dans le délai d'un mois à compter du jour où ladite stèle aura été exposée. »

63.   Ὑπὲρ δὲ τῶν ὕστερον ἐγγινομένων ἀδικημάτων προ-
       δίκωι μὲν χρήσθων καθὼς τὸ διάγραμμα ἔχει ˙περὶ δὲ τῶ
65.   δικαστηρίω οἱ ἐπιστάμενοι κατ᾽ ἐνιαυτὸν παρ᾽ ἑκατέροις
       κόσμοι πόλιν στανυέσθων ἅγ κα ἀμφοτέραις ταῖς πόλεσ[ι]
       [δ]όξηι, ἐξ ἇς τὸ ἐπικριτήριον ¹ τελε(ῖ)ται, καὶ ἐγγύος καθιστάν-
       των ἀφ᾽ ἇς κα ἁμέρας ἐπιστᾶντι ἐπὶ τὸ ἀρχεῖον ἐν διμήνωι,
       καὶ διεξαγόντων ταῦτα ἐπ᾽ αὐτῶν κοσμόντων κατὰ τὸ
70.   δοχθὲν κοινᾶι σύμβολον.

« Pour les crimes ou délits qui seront commis dans la suite, on aura recours à un tribunal de première instance, comme l'exige le règlement. Pour le tribunal [d'appel], les cosmes en charge dans l'année désigneront, après commun accord des deux cités, une ville qui fournira le tribunal d'appel ; ils constitueront des cautions dans le délai de deux mois à compter du jour où ils auront pris possession du bureau des cosmes et liquideront ces procès dans l'année de leurs fonctions, conformément au traité conclu entre les deux cités. »

70.   Αἰ δέ κα μὴ ποιήσωντι οἱ κόσμοι κα-
       θὼς γέγραπται, ἀποτεισάτω ἕκαστος αὐτῶν στατῆρας
       πεντήκοντα, οἱ μὲν Ἱεραπύτνιοι κόσμοι Πριανσίων τᾶι πόλε[ι],
       οἱ δὲ Πριάνσιοι κόσμοι Ἱεραπυτνίων τᾶι πόλει.

« Si les cosmes ne se conforment pas auxdites prescriptions, chacun d'eux sera tenu d'une amende de cinquante statères : les cosmes de Hiérapytna la devront à la cité de Priansos, les cosmes de Priansos à la cité de Hiérapytna. »

Deux procédures différentes sont instituées pour liquider les procès résultant des crimes ou délits commis ou à commettre par les Hiérapytniens et les Priansiens : l'une pour le passé, l'autre pour l'avenir.

Le passé commence au jour où le tribunal fédéral a cessé de

---

1. On notera l'emploi du mot ἐπικριτήριον. Le mot δικαστήριον avait été employé à la l. 65 pour désigner le même tribunal d'appel.

siéger et finit au jour où le présent traité a été conclu et rendu exécutoire. Pour tous les crimes ou délits commis dans cette période, une seule juridiction est prévue : les procès seront portés devant une tierce ville que Priansos et Hiérapytna auront désignée d'un commun accord ; ils seront portés par les soins des cosmes de l'une et de l'autre cité, qui sont expressément chargés de procéder à la liquidation.

A l'avenir, c'est-à-dire à dater de la conclusion du traité, la procédure sera différente. Deux degrés de juridiction sont prévus. Du premier il est dit simplement : προδίκωι μὲν χρήσθων καθὼς τὸ διάγραμμα ἔχει. Le second est le tribunal d'une tierce ville que les cosmes désigneront chaque année, après commun accord des deux cités.

Les mots προδίκωι χρήσθων ont été entendus de bien des façons. M. Hitzig passe les différentes traductions en revue dans son mémoire [1]. « On procédera à une instruction », traduirait Szanto, autant qu'on peut l'induire de son commentaire [2]. « On aura recours à un arbitre public », propose Lolling, qui rapproche le texte crétois d'une intéressante inscription des Æniànes que nous aurons à citer plus loin [3]. « On emploiera des avocats », avait traduit Egger [4]. Enfin voici comment s'exprime M. Hitzig lui-même : « A mon avis il faut rapporter la disposition aux cas de contestation entre les deux cités et voir ici aussi dans le πρόδικος un représentant de la communauté. C'est la seule explication qui permette de comprendre que les magistrats (et non des particuliers engagés dans un procès) constituent des cautions qui s'engagent envers l'ἔκκλητος πόλις ; pareil cautionnement se rencontre, avec mêmes dispositions, dans d'autres cas [5]. »

Nous pouvons écarter, sans longue discussion, les traductions vraiment insuffisantes d'Egger et de Szanto. Des avocats, quoi

1. *Allgriech. Staatsverträge über Rechtshilfe*, 1907, p. 52.
2. Emil Szanto, *Das griechische Bürgerrecht*, 1892, p. 90.
3. *Athen. Mittheil.*, IV, 1879, p. 214. M. Ch. Lécrivain traduit également πρόδικος par arbitre (*Dictionn. des antiq. gr. et rom.*, s. v. Πρόδικαι).
4. *Op. cit.*, p. 83.
5. *Op. loc. cit.* Dans l'article déjà cité de la *Zeitschr. der Savigny-Stift.* qui est de la même année, mais postérieur au mémoire, M. Hitzig maintient son opinion : « die Annahme, dass es sich hier um eine Vertretung der Parteien, nicht um eine richterliche Tätigkeit handle, scheint mir immer noch die nächstliegende zu sein » (p. 248).

qu'en dise M. Hitzig, ne sont pas des procureurs, et d'autre part il va de soi que tous ces procès comportaient une instruction. Je comprends d'autant moins l'explication donnée par Szanto du mot πρόδικος qu'il admet que l'instruction de ces affaires était faite par les cosmes.

L'interprétation de M. Hitzig est fondée sur le sens qu'ont manifestement les mots προδικέοντες, προδικκοσταί dans des inscriptions de contrées très différentes : celui de « représentants de la communauté », de délégués de la cité [1]. Mais est-il admissible que les deux articles du traité crétois se rapportent uniquement à des contestations entre cités ? Où serait-il donc parlé des différends et procès entre particuliers, qui sont l'objet essentiel des σύμβολα ? Comment comprendrait-on, de plus, la mention du σύμβολον même à la fin du second article, 1. 69-70 ? Je suis heureux de me trouver ici d'accord avec M. J. Pártsch : les objections qu'il a présentées avec une très grande netteté contre l'interprétation de M. Hitzig me semblent la ruiner tout à fait [2].

M. Partsch a également raison de contester la valeur de l'argument tiré des cautions fournies par les cosmes. D'abord où M. Hitzig a-t-il vu que ces cautions sont constituées « gegenüber der πόλις ἔκκλητος » [3] ? La chose était-elle possible ? En tout cas elle est bien invraisemblable et l'explication est infiniment plus simple. Puisque les cosmes sont tenus de veiller d'une part à la liquidation des procès antérieurs au traité, de l'autre au jugement de ceux qui se produiront dans la suite, on exige d'eux des cautions pour leur imposer plus sûrement l'accomplissement de leurs obligations et devoirs. C'est à Hiérapytna que les cosmes de Hiérapytna fourniront des cautions ; à Priansos, les cosmes de Priansos. Un citoyen de Priansos, par exemple, a été volé (le vol, nous le verrons, tient une grande place dans notre σύμβολον delphique) par un citoyen de Hiérapytna. Il se présente au bureau des cosmes de Hiérapytna. Ceux-ci refusent-ils d'agir ou tardent-ils (διεξάγειν... ἐπ' αὐτῶν κοσμόν-των), le Priansien se retourne contre les cautions des cosmes, et

____

1. Hitzig, *mémoire cité*, p. 52, note 2 et voir plus haut, p. 81, note 1.

2. *Griechisches Bürgschaftsrecht*, I, 1909, p. 421.

3. Szanto, *op. cit.*, p. 90, note 1, semble admettre aussi que les cautions peuvent être les représentants des cités (Vertreter der Staaten), devant l'ἔκκλητος πόλις. Elles sont seulement des intermédiaires, plus faciles à atteindre qu'un cosme. Voy. J. Partsch, *op. loc. cit.*

les cautions seront tenues de l'amende de cinquante statères à payer aux cosmes de Priansos.

En somme, des traductions citées plus haut nous ne retiendrons que celle de Lolling qui donne à πρόδικος le sens d'*arbiter*. Nous en rapprocherons aussitôt l'interprétation proposée par M. Partsch qui traduirait : « on aura recours à un tribunal arbitral (Schiedshof) [1] ». Lolling fait de πρόδικος un substantif, M. Partsch un adjectif qu'il rapporte vraisemblablement au mot sous-entendu : δικαστηρίῳ. Tous deux me semblent sur la bonne voie, parce qu'ils admettent deux degrés de juridiction : un πρόδικος ou un πρόδικον δικαστήριον, — un ἐπικριτήριον [2]. C'est, à mon avis, le premier pas vers la solution de la difficulté [3].

Le texte de Delphes nous permet d'aller plus loin. Πρόδικος (πόλις) y étant opposé à ἔκκλητος (πόλις), force nous est de traduire πρόδικος par : qui juge le premier ou la première, qui juge en première instance. Dans le traité crétois, le πρόδικον δικαστήριον est formé de juges de Hiérapytna ou de Priansos, selon que l'affaire est portée aux cosmes de Hiérapytna ou de Priansos.

Aux deux textes de Delphes et de Hiérapytna qui nous ont retenu si longtemps, peut-être faut-il en ajouter un troisième qui provient également de Crète, de Gortyne où je l'ai copié jadis [4]. Si mutilé qu'il soit, on y reconnaît les restes d'un traité entre Gortyne et Cnosos. Dans le paragraphe conservé il est parlé de l'amende encourue par les cosmes et les synèdres s'ils

1. *Op. loc. cit.*

2. Le regretté J. Demargne admet également deux degrés de juridiction (*Bull. de corr. hellén.*, XXVII, 1903, p. 223), mais il ne traduit pas le mot πρόδικος.

3. Hitzig lui-même avait indiqué, sans vouloir la suivre, cette direction (*mém. cité*, p. 52 *in fin.*). Szanto fait erreur en admettant (*op. cit.*, p. 90, note 2) que la seule différence entre les deux procédures suivies : 1° pour les procès antérieurs à la publication du traité, 2° pour les procès postérieurs, consiste dans la durée des délais fixés pour la clôture de l'instruction par la constitution des cautions. Le délai dans le premier cas est d'un mois, de deux dans le second. La différence est bien plus grave : il y a d'une part un seul degré de juridiction ; de l'autre il peut y en avoir deux. Ainsi s'explique sans difficulté la durée différente du délai pour la constitution des cautions. Elle est plus longue dans le cas où fonctionne le πρόδικον (δικαστήριον), parce que le jugement de ce tribunal peut donner satisfaction aux deux parties et que les cautions des cosmes n'auront à intervenir que plus tard, en cas d'appel à l'ἐπικριτήριον.

4. *Bull. de corr. hellén.*, IX, 1885, p. 17, n° 12 ; Fr. Blass, *Griech. Dialekt-Inschr.*, III, 1904, n° 5017. Cf. Hitzig, *Altgr. Staatsvert.*, p. 28, n° 42. L'inscription est du ii° siècle.

ne remplissent pas les obligations que leur impose le traité ; le
premier venu, à Gortyne comme à Cnosos, a le droit de les
poursuivre. On lit et restitue aux lignes 7 et suiv. :

7.   [δικαδδέ]θθω δὲ ὁ βωλόμε-
8.   [νος ἔκκλητον δίκαν κ.]ἀπρόδικον κἀπάρ-
9.   [βολον γραψάμεν]ος προδέκκτον ὅ τε Γορ-
10.   [τύνιος τῶι Κνωσίωι] κὼ Κνώσιος τῶι Γορ-
11.   [τυνίωι..]

J'ai complété sur plusieurs points les restitutions proposées
par Blass et par M. Hitzig. C'est ce dernier qui a reconnu le mot
ἀπάρβολον (δίκαν) et en a fixé le sens par le rapprochement avec
une inscription de Corcyre [1]. Il s'agit évidemment d'une action
privilégiée, puisqu'elle n'est pas sujette à consignation et que,
si j'entends bien les l. 9-10, elle est jugée dans le délai de dix
jours, c'est-à-dire dans un délai très court. Il y a plus : il est
encore dit de cette action qu'elle est ἀπρόδικος. J'ai restitué [κ]ἀπρό-
δικον et supposé qu'entre les dernières lettres du mot βωλόμενος et
le mot δίκαν il fallait insérer un adjectif pour justifier la conjonction καί dans κἀπρόδικον. Le mot ἔκκλητον m'est venu à l'esprit et
j'entends : « Celui qui le voudra aura le droit d'intenter une action
qui sera jugée par une tierce ville, sans passer par un tribunal
de première instance, sans être sujette à consignation ». Je ne me
dissimule pas l'incertitude de l'explication proposée, mais qu'il
me soit permis d'invoquer un argument qui ne me semble pas
dépourvu de valeur : conçoit-on qu'une action déposée à Gortyne par un Cnosien contre les cosmes ou les synèdres de Gortyne puisse être jugée par un tribunal Gortynien ? N'y a-t-il pas
un intérêt évident à l'introduire aussitôt devant une tierce
ville ?

Attendons patiemment de nouvelles inscriptions qui nous
permettront d'enrichir la liste, toujours ouverte, des adjectifs
formés d'une préposition et du mot δίκη. Delphes nous a donné
πρόδικος πόλις, Ilypata ἀπόδικος πόλις avec le sens de ἀπολελυμένα

---

1. P. 53, note 2 et p. 59, note 1. Pour l'inscription de Corcyre, voy. *Inscr.
jurid. grecques*, II, 1898, nº XXV, p. 126, l. 114-115 ; *Griech. Dialekt-Inschr.*,
III, 1888, nº 3206 (Fr. Blass). Cf. *Bull. de corr. hellén.*, XXXI, 1907, p. 79
et B. Laum, *Stiftungen in der griechischen und römischen Antike*, I, 1914,
p. 201, note 4.

τοῦ ἐνκλήματος. Ce sont significations nouvelles qu'il faut précieu-
sement recueillir [1].

§ 4. Παρκαταβολά.

Nous venons de rencontrer, dans une inscription crétoise,
une δίκα ἀπάρβολος, c'est-à-dire une action non sujette à consigna-

1. L'inscription d'Hypata a été publiée en dernier lieu par A. Fick, dans
les *Griech. Dialekt-Inschr.*, II, 1885, n° 1432. Elle avait été découverte et
publiée pour la première fois par Lolling, dans les *Ath. Mitth.*, IV, 1879,
p. 209 ; encore la copie n'est-elle pas tout entière de la main de Lolling :
R. Weil avait seul copié la partie antérieure du texte. Il est regrettable
que la pierre n'ait pas été revue à loisir par quelque autre savant, car, de
l'avis même de Lolling, les deux copies sont insuffisantes et les restitutions
qu'il a proposées s'en écartent parfois sensiblement. Le texte est intéressant et voici ce qu'il en faut retenir. Un procès pendant entre les deux
cités voisines d'Érythrées et d'Hypata, et relatif à une délimitation de
frontières, a été porté par Érythrées devant une tierce ville. Des deux
cités, il est dit que les Érythréens sont οἱ ἐκδικαζόμενοι (Iᵃ, l. 10) ; le verbe
employé pour les gens d'Hypata n'est pas conservé : il n'en reste qu'une
lettre à la fin de la l. 11.

 10.   καὶ τοῖς ἐκδικαζομέ-
 11. [νοις καὶ 'Ο]νομάρχωι καὶ τοῖς ἀ-
 12.   ΑΙΑΙΜΥ/ . N καὶ Πραξ-
 13. [ι. . . .

Fick, qui imprime par erreur ἐνδικαζομένοις au lieu de ἐκδικαζομένοις, restitue : καὶ τοῖς ἄ[λλοις. On m'accordera que le mot ἄλλοις n'a pas grand sens
et qu'il faut bien plutôt ici un participe : ἀ[ποδικαζομένοις] ou, si l'on veut
un mot plus court : ἀ[ποδικέουσι, pour désigner les gens d'Hypata qui ont à
se défendre contre les Érythréens. Je ne puis rien tirer de la suite où καί
suivi d'un nom propre au datif me semble se cacher sous ΑΙΑΙ.

La sentence rendue par les juges est qualifiée de κρίματα ἃ ἔκριναν.. δικασταί (Iᵃ, l. 5-6. Cf. Iᵇ, l. 4-5 : ἔκριναν οἱ δικασταί). Plus loin Iᵇ, l. 2 et 8, il faut
noter encore l'emploi du verbe ἐκδικάζω :

 1. Πόλει 'Ερυθραίων καὶ τᾶι ἀποδίκωι πό-
 2. λει 'Υπαταίων περὶ τᾶς δίκας ἅς ἐξέ-
 3. δίκ[α]σαν..

La sentence a été rendue en faveur d'Hypata qui est mise hors de cause :

 8.   ἐκέλευσ[αν
 9. καταγράψαι τὸ κρῖμα, ἀπολελυμ[έναν
 10. εἶμεν τὰμ πόλιν τῶν 'Υπαταίω[ν τοῦ
 11. ἐνκλήματος..

Lolling aurait pu rapprocher ἀπόδικας πόλις de δίκα ἀπόδικος qui se rencontre dans une inscription, malheureusement très mutilée, de Corcyre
(*Griech. Dialekt-Inschr.*, 3195). On y lit *b*, l. 3 : [τὰ]ν δίκαν εἶμεν ἀπόδικον et il
faut évidemment entendre : l'action sera rejetée, le demandeur sera
débouté. Sur les προδικέοντες nommés dans l'inscription d'Hypata à côté des
juges, voy. Hitzig, *mém. cité*, p. 51-52.

tion, et nous avons supposé qu'il s'agissait d'une action portée devant une tierce ville (ἔκκλητος δίκα). Le traité nouveau nous renseigne peu sur la consignation, au fragment IV A, l'un des plus mutilés, mais ce chapitre du droit grec est si obscur qu'il ne faut refuser aucun secours.

Aux lignes 4 et suiv. il était traité de la consignation en cas d'appel. Le paragraphe commençait, semble-t-il, par les mots : [ὅσοι δὲ δ]ίκας ἀμφέροντ[ι], « tous ceux qui rapportent des actions (au magistrat) », pour être de nouveau jugées. On lit à la l. 5 : [τὸ π]εντηκοστὸν τᾶς δ[ίκας], « le cinquantième de la demande » ; à la l. 7 le verbe : παρκαταβάλοι ; enfin à la l. 10 les restes d'un adjectif ou d'un substantif apparenté à ce dernier verbe : [πα]ρβολ. De ce mot (πάρβολον ?) nous rapprocherons aussitôt un texte d'Aristote, cité par Pollux, VIII, 63 : Τὸ δὲ παρακαταβαλλόμενον ἐπὶ τῶν ἐφέσεων, ὅπερ οἱ νῦν παραβόλιον καλοῦσι, παράβολον Ἀριστοτέλης λέγει. « Aristote donne à la somme consignée en cas d'appel, connue aujourd'hui sous le nom de παραβόλιον, le nom de παράβολον [1]. » Que la consignation fût d'usage à Delphes, il n'y a pas lieu d'en être surpris.

1. Cf. Phrynichus, éd. Ch. A. Lobeck, 1820, p. 238 ; éd. W. G. Rutherford, 1881, p. 312, CCXIV. — Le mot παραβόλιον s'est rencontré dans [Aristote], *Économiques*, II, 2 et a été restitué par Wilamowitz dans une inscription du 1ᵉʳ siècle avant notre ère. Nous pouvons négliger ce dernier texte, très mutilé et très obscur (P. Viereck, *Sermo graecus quo SPQR magistratusque populi romani usque ad Tiberii Caesaris aetatem in scriptis publicis usi sint explicatur*, Göttingen, 1888, p. 9, nᵒ VIII). C'est un rescrit du proconsul d'Asie P. Cornélius Scipion à la ville de Thyateira, de l'an 16 av. J.-C. Il y est question de revenus sacrés ([ἱε]ρὰ χρήματα) et de fermiers, mais le mot παραβόλ[ιον y est, encore une fois, restitué par Wilamowitz et le sens général très douteux.

Tout autre est le passage, trop peu connu, des *Économiques*. Il mentionne un tyran ou gouverneur de Phocée, du nom d'Aristote, qui avait imaginé pour s'enrichir, le moyen suivant. Le cours de la justice étant, semble-t-il, suspendu et les procès entre citoyens fort nombreux, il constitua un tribunal et fit proclamer que, passé le délai qu'il fixa lui-même, on n'aurait plus le droit de faire juger les procès pendants (1248 *b*, 9 et suiv.) : τότε δὴ [τὸ] παραβόλιον πολλῶν δικῶν καὶ τὰς ἐκκλήτους μετ' ἐπιτιμίων ἐφ'αὑτὸν ποιούμενος καὶ παρ' ἑκατέρων ἀργύριον δι' ἑτέρων λαμβάνων συνήγαγεν οὐκ ὀλίγα χρήματα. Entendons qu'à l'expiration du délai il s'attribue d'abord les sommes consignées pour de nombreux procès, et citons un décret de Samos, restitué par M. Holleaux (*Revue des Études grecques*, X, 1897, p. 24 et suiv. ; Dittenberger, *Orientis gr. inscr. selectae*, 1903, nᵒ 41). Il est rendu en l'honneur d'un fonctionnaire de la cour des Ptolémées, Straton : ἀποστ[αλε]ὶς ὑπὸ τοῦ βασιλέως Πτολεμαίου ἐπὶ τὰς παραβολὰς τῶν [δικ]ῶν λαμβάνειν (l. 4 et suiv.).

Les éditeurs et les lecteurs du recueil des inscriptions de l'Arcadie ont pu croire qu'un long texte juridique de Stymphalos, une συμβολά, allait leur fournir enfin sur la consignation des renseignements précis et détaillés. Ayant pris moi-même une grande part à l'établissement de ce texte difficile [1], dont je poursuivais l'étude en même temps que celle du traité delphique, je me suis acharné à ce chapitre (l. 31 et suiv.). Si médiocre qu'ait été le gain, il importe de ne pas le laisser perdre et de relever quelques faits, peut-être quelques règles de la procédure arcadienne.

1° En temps ordinaire, c'est à la γερουσία qu'a lieu la consignation. Le demandeur se présente au bureau de la γερουσία et consigne le dixième, c'est-à-dire le dixième du montant de la demande. C'est ce qui semble résulter des l. 39-40 où nous voyons que les demandeurs (τοὺς τὰς δίκας ἔχοντας) qui auront recours aux conciliateurs (συνλύται) seront tenus, non pas de consigner le dixième au bureau de la γερουσία, mais de remettre entre les mains des conciliateurs, au tribunal, un état de leur fortune. Il y a là une dérogation à la procédure ordinaire. Cet article de l'inscription de Stymphalos nous a permis de restituer la l. 5 de notre fragment IV B, où nous avons lu [πὸτ τὰν βουλ]ὰν τὸ ἐπιδέκατον τᾶς δ[ίκας]. Il s'agit évidemment d'une consignation et le verbe à restituer est παρκαταβάλλεν ou un synonyme ἀποτίνεν, καταλείπεν [2]. De toute façon, dans la petite ville

M. Holleaux suppose, avec beaucoup de vraisemblance, « que les fonds exigés des plaideurs à titre de παράβολον ou de παρακαταβολή et retenus par l'État, faisaient retour en tout ou en partie au trésor alexandrin » (*ibid.*, p. 25). Le gouverneur de Phocée suivait la même règle, sans trop distinguer peut-être entre les consignations auxquelles avait droit le fisc et celles qui eussent dû faire retour aux demandeurs. En second lieu il s'approprie τὰς ἐκκλήτους (scil. δίκας) μετ' ἐπιτιμίων. Entendons qu'il s'attribue les amendes prononcées par les tribunaux étrangers, auxquels avaient eu recours les plaideurs de Phocée.

Enfin le mot [π]άρβολον s'est rencontré dans un décret du κοινόν des Crétois, retrouvé à Anaphé (*Inscr. gr.*, XII, 3, n° 254, l. 25; *Gr. Dialekt-Inschr.*, III, n° 5146) et qui date aussi du iiie siècle. Il y est employé avec le sens de : amende, somme à déposer, à payer. Je préférerais en tout cas δέκα [στατῆρας π]άρβολον à δέκα [τάλαντα].

1. *Inscr. gr.*, V, 2, n° 357.

2. *Ibid.* n° 357, l. 25 : ἐπὶ δὲ τῶι δικαστηρίωι καταλ[ειπέτ]ω πὸτ τὰν ἐχθόσδικον δίκαν ἐπι[δ]έκ[ατον].

de Delphes [1] comme à Stymphalos, le Conseil (βουλά-γερουσία) était étroitement mêlé à l'administration de la justice.

2° Dans certaines affaires, les deux parties sont tenues de consigner le dixième de la demande (l. 57-58 : πα[ρκατα]βάλλεσθαι ἀνφ[ο]τέ[ρου]ς) et la non-consignation entraîne pour celle qui ne s'acquitte pas de cette obligation la perte du procès. Le texte est formel et la part faite à la restitution insignifiante.

58. . . . . .εἰ δ[ὲ ὁ μὲ]ν παρκαταβ[άλ-]
59. [η τὸ] ἐπιδέκατον, ὁ δὲ μὴ παρκαταβάλῃ τὸ ἐ[πιδέκατ]ον ὑπακούων,
                                          [ὁ] παρκαταβαλλόμεν[ος]
60. [τὸ ἐ]πιδέκατον νικήτω τὰν δίκαν.

Le mot ὑπακούων a seul besoin d'être expliqué. L'aoriste ὑπακούσας serait plus correct et nous l'avons rencontré plus haut dans notre traité delphique (I A, l. 3). Comprenons ici que les deux parties doivent verser la consignation « dès qu'elles ont entendu ». Or dans les lignes qui précèdent il est parlé à plusieurs reprises de notifications faites par la voix du héraut (53 [κα]ρυξάντω. 55 τρὶς ἐπ[ικαρ]ύξαντες ἀνφοτερ.. [2]). C'est sans doute à ces proclamations que se rapporte le verbe ὑπακούων. Nous traduirons donc : « si des deux parties l'une verse la consignation du dixième, l'autre ne la verse pas après avoir entendu, celle qui a consigné le dixième gagnera le procès ». L'emploi du participe moyen παρκαταβαλλόμενος est à noter au passage [3]. Malheureusement nous ignorons tout du procès : comment il s'est engagé, quelle est la procédure suivie, comment enfin les deux parties sont tenues de consigner, alors que la consignation est généralement à la charge du demandeur [4]. Le plus sage est sans doute de nous en tenir au texte d'Aristote cité plus haut.

1. Sur le nombre probable des habitants de Delphes, voy. plus loin, p. 110.

2. Comparez par exemple, la proclamation du héraut à Athènes dans les procès en revendication de succession, Démosthène XLIII, *contre Macartatos*, 5 : τοῦ κήρυκος κηρύττοντος, εἴ τις ἀμφισβητεῖν ἢ παρακαταβάλλειν βούλεται τοῦ κλήρου τοῦ Ἁγνίου.

3. Sur l'emploi de παραβάλλομαι avec le sens de παρατίθεμαι, cf. les textes cités par Rutherford, *The new Phrynichus*, p. 312.

4. Voy. Meier-Schœmann-Lipsius, *der attische Process*, p. 814 et suiv. La question mériterait d'être reprise depuis la publication du traité de Stymphalos et du Papyrus Halensis I. Les commentateurs de ce dernier texte ne l'ont pas suffisamment éclaircie : voy. *Dikaiomata*, p. 60 et suiv. ; G. Glotz, *Journal des Savants*, 1916, p. 25 et p. 28.

J'aurai plus loin (ch. iv, §3, p. 111, note 2) l'occasion de revenir sur ce dernier passage du Papyrus de Halle.

Nous pouvons admettre qu'à Delphes, comme à Athènes, le taux ordinaire de la consignation était du dixième de la valeur de la demande[1]. Le taux du cinquantième que nous avons rencontré plus haut (n° IV A l. 5) n'est pas sans exemple non plus : il était d'usage à Athènes dans l'ἀπογραφῆς γραφή[2], mais nous ignorons encore à quelle action delphique il peut se rapporter.

1. Voyez *Dikaiomata*, p. 60 et 61.
2. L. Beauchet, *Histoire du droit privé de la République athénienne*, III, 1897, p. 421.

CHAPITRE III

Procédure d'exécution.

Il ne suffisait pas, pour se faire rendre justice, d'obtenir un jugement d'un tribunal régulièrement constitué, jugeant et votant dans les formes prescrites par le σύμβολον. Il fallait, en dernier lieu, que le traité assurât l'exécution du jugement, c'est-à-dire, dans la plupart des cas, le paiement des dommages-intérêts ou de l'amende (*judicatum solvi*). C'est ce qu'exprime très clairement un article d'un serment crétois, dans le traité conclu entre Lato et Olonte [1]. Les citoyens de Lato prennent l'engagement suivant : [δίκας τε καὶ πράξεις διδωσίω καθώς κα] συνθιώμεθα [2], « j'accorderai le droit à la justice et à l'exécution dans les formes prescrites par le traité ». Il en résulte que tout un chapitre du traité était consacré à la procédure d'exécution ou plus vraisemblablement que la procédure à suivre était indiquée à la fin de chaque article, nous allons voir de quelle manière.

Le traité de Delphes ne fait pas exception et voici les rares passages où il est parlé de la poursuite à fin de paiement :

II B, l. 16-17 : . . . .[τὰν ἔ]σπραξιν, ἀ δὲ ἐπιστᾶσα ἀρχὰ ἐπιτελείτω κατὰ τὸ σύββολον...

. . . . .τα κατὰ τὸ σύββολον τὸ περὶ τ[ῶ]ν τὰς δίκας ὀφλόντων. —

1. *Gr. Dialekt-Inschr.*, III, n° 5075. L'inscription avait été déjà publiée par Boeckh (*C.I.G.*, n° 2554) d'après Chishull (*Antiquit. asiaticae*, 1728, p. 133 et suiv.). La pierre, retrouvée à Venise en 1882, a été de nouveau étudiée et le texte publié par D. Comparetti, *Museo italiano di antichità classica*, I, 1885, p. 144 et suiv.

2. Les mots mis entre crochets ne sont plus conservés sur la pierre (Comparetti, *ibid.*, p. 145), mais Chishull les y avait lus. Les termes δίκαι et πράξεις se trouvent également rapprochés dans un autre serment crétois, serment de haine prononcé par les Drériens contre les gens de Lyttos (Ch. Michel, n° 23, B, 1 et suiv. ; *Gr. Dialekt-Inschr.*, III, n° 4952) : δικᾶν δὲ καὶ πρ[αξί]ων μηθὲν ἔνορκον ἦ(μ)ην, « pour le droit à la justice et à l'exécution, je ne m'engagerai par aucun serment à le leur accorder ».

C'est en m'aidant de ce texte, le plus précis et le plus complet,
que j'ai restitué au n° I A, l. 14 : [τὰν ἔσπραξιν ἐπιτελείτω ἁ ἐπιστᾶσα
ἀρχὰ κατὰ τὸ σύμβολον]. Pareillement au n° II A, l. 21-22, j'ai proposé : [κατὰ τὸ σύμβολον τὸ περὶ τῶν...] των.

L'interprétation des mots κατὰ τὸ σύββολον τὸ περὶ τῶν τὰς δίκας
ὀφλόντων ne va pas sans quelque difficulté. On peut entendre ou
bien qu'il avait été conclu un traité spécial relatif à ceux qui
avaient perdu leur procès, ou plus simplement qu'un des chapitres du σύμβολον unique avait pour titre : δίκας ὀφλόντες. Nous
avons relevé plus haut les titres d'article qui ont été conservés
et, si gauche que paraisse cette manière de désigner un chapitre, elle est suffisamment claire. Ce petit problème ne se pose-
rait même pas si l'inscription de Delphes était complète, mais
σύμβολον spécial ou simple chapitre, nous avons perdu l'un ou
l'autre. Aussi ne sera-t-il pas sans intérêt de nous tourner vers
une inscription crétoise, très mutilée aussi, mais dont on peut tirer
quelques renseignements sur le recouvrement des condamnations.

C'est un traité conclu au IIIe siècle entre les deux cités de Lato
et de Gortyne [1]. Le début en a été conservé et le premier article
est relatif à la πρᾶξις. Les deux cités ont décidé :

...δέκα ἔτε]α σπόνδανς ἄγεν

5. [τὰ βεβαδηκότ]α αἰεὶ καὶ τὰ δίκαια δια[φυ-
[λάττοντας ἀλλάλ]οις· τὰ μὲν φανερὰ πρᾶξα[ι,
[ἐκ δὲ τῶν πραχθέντω]ν ἀποδόμεν, τῶν δὲ ἀρα-
[νέων μὴ ἤμην πρᾶ]ξιν [2].

M. Hitzig, résumant ces premières dispositions, y voit d'abord
l'interdiction du droit de représailles (συλᾶν) et en rapproche
aussitôt deux traités conclus par les Étoliens, l'un avec Mytilène,
l'autre avec Kéos [3]. Le premier des deux est le plus complet et
le plus instructif [4]. En voici le début :

---

1. *Bull. de corr. hellén.*, XXVII, 1903, p. 219 et suiv. L'inscription provient des fouilles de J. Demargne à Lato.

2. J'ai complété et modifié sur différents points le texte donné par
Demargne. A la l. 5-6, le premier éditeur lisait διαλ[λάττοντας. La copie
porte en effet un trait oblique qui peut être la moitié gauche du premier
lambda. Si l'on garde διαλ[λάττοντας, on pourra restituer : σπόνδανς ἄγεν
[κὰτ τὰ ... ...] α αἰεὶ καὶ τὰ δίκαια διαλ[λάττοντας ἀλλάλ]οις.

3. Hitzig, *Altgr. Staatsvertr.*, n. 39, p. 27.

4. Ch. Michel, n° 25 ; *Inscr. gr.*, XII, 2 (1899), n° 15. J'ai introduit dans
le texte les corrections proposées par Ad. Wilhelm, *Götting. gel. Anzeig.*,

> ῎Ε]δοξε τοῖς Αἰτωλοῖς· ποτὶ τοὺς Μυτιληναίους
> [τ]ὰν φιλίαν τὰν ὑπάρχουσαν διαφυλάσσειν καὶ μηθ[έ-
> να ἄγειν Αἰτωλῶν μηδὲ τῶν ἐν Αἰτωλίαι πολιτευόν-
> των πρὸς Μυτιληναίο(υ)ς μηδαμόθεν ὁρμώμενον
> 5. μήτε ποτ’ Ἀμφικτυονικὸν μήτε ποτ’ ἄλλο ἔγκλημα
> μηθέν· εἰ δέ τίς κα ῥυσιάζῃ ἢ ἄγῃ, τὰ μὲν ἐμφανέα ἀν[α-
> πράσσειν τὸν στροταγὸν ἀεὶ τὸν ἔναρχον ὄντα
> καὶ ἀποδιδόμεν τοῖς Μυτιληναίοις, τῶν δὲ ἀφανέων
> καταδικάζοντας τοὺς συνέδρους κατὰ τῶν ἀγόν-
> 10. των καὶ ῥυσιαζόντων ζαμίαν ἄν κα δοκιμάζωντι
> [κ]υρίους εἶμεν.

La distinction entre les biens apparents et les biens non apparents et l'emploi du verbe ἀποδόμεν dans le traité crétois ont, je le
crains, trompé M. Hitzig. Il est exact que le décret étolien défend
aux Étoliens d'user de représailles contre les Mytiléniens
(hommes ou biens) : « Si, est-il ajouté, [un Étolien] use de
représailles contre la personne ou les biens [d'un Mytilénien],
les biens apparents [qu'aura saisis l'Étolien] seront recouvrés
par le stratège [étolien] qui sera en charge et restitués par lui
au Mytilénien ; pour les biens non apparents, les synèdres [éto-
liens] auront le droit de condamner ceux qui auront usé de représailles à une amende dont le montant sera laissé à leur appréciation [1]. » Tout autre est l'article premier du traité crétois :
« On poursuivra le recouvrement sur les biens apparents, et
c'est sur ces biens qu'aura lieu le paiement ; on ne recouvrera
pas sur les biens non apparents. » Il est donc bien entendu que
la πρᾶξις est autorisée, mais qu'elle est limitée aux biens apparents. On devine à quels abus pouvait donner lieu l'exécution

1898, p. 206-207. Voy. aussi le second décret étolien pour les Mytiléniens
(*Inscr. gr.*, XII, 2, n° 16), tel que l'a restitué Ad. Wilhelm, Ἀρχαιολογικὴ
Ἐφημερίς, 1914, p. 84 et suiv. Sur l'importante série de décrets étoliens,
à laquelle appartiennent les n°ˢ 15 et 16, voy. les observations du même
savant (*loc. cit.*, p. 85-87).

1. Le décret des Étoliens pour Magnésie du Méandre (Dittenberger,
Sylloge[2], n° 923) est plus complet et nous y voyons que les synèdres auront
le droit de recouvrer l'amende par eux prononcée et de la remettre aux
victimes de la violence :

> 14.   — τῶν δὲ ἀφανέων τοὺς συνέδρους κατα-
> 15.   δικάζοντας ζαμίαν ἄν κα δοκιμάζωντι ὡς τὰ κοινὰ
> 16.   βλαπτόντων καὶ ἐκπράσσοντας τὰς καταδίκας καὶ ἀποδι-
> 17.   δόντας τοῖς ἀδικουμένοις κυρίο(υ)ς εἶμεν.

d'un jugement, et ce n'est pas sans raison que les deux cités
contractantes règlent tout d'abord cette procédure.

La suite du traité crétois est malheureusement trop mutilée
pour qu'on en puisse tenter la restitution. Voici, d'après Demargne,
la fin de la l. 8 et la l. 9 :

αἰ δέ τις ἀδιχɛ̃σθα[ι

.....διχαστὰ]νς· ἐλέσθω ὁ ἀδιχιόμενος

Je proposerais, au commencement de la l. 9, un verbe tel que
φωνίοι, « si quelqu'un prétend avoir subi un tort », et j'accepte-
rais difficilement [διχαστά]νς, mais encore une fois mieux vaut
s'abstenir. De quel tort s'agit-il ici ? Peut-être du tort subi lors
de la poursuite en recouvrement.

Des lignes qui suivent nous ne retiendrons que deux :

15. [πρ]αττόντω[ν] ὁ χόσμο[ς

18. ἀποδόντων τ[ῶι ν]ιχάσαν[τι,

d'où il résulte que le cosme était chargé du recouvrement, à la
suite du procès mentionné aux l. 8 et 9, et remettait à la partie
gagnante le montant de l'amende ou des dommages-intérêts
fixé par le jugement [1].

Pour Delphes, nous avons admis que les condamnations étaient
notifiées par la partie gagnante aux « ἄρχοντες » des deux cités,
Delphes et Pellana (n° II B, l. 18) ; mais nous avons dit aussi
(p. 46) que les détails de la procédure d'exécution nous échap-
paient. Le délai même est inconnu [2] ; il est dit simplement que
les poursuites auront lieu conformément au σύμβολον, ou encore
« conformément aux lois de la cité », ἀ πόλις πρασσέσθω νόμοις
τοῖς αὐτ[ᾶς]. Ces lois, nous les ignorons.

---

1. L. 25, p. 221, lire probablement : [αἰ δὲ μὴ πρά]ξαιεν, ὑ[π]όδιχοι ἔστωσαν...
2. Peut-être trente jours. Cf. J. Demargne, p. 220, l. 17 : [ὁ χό]σμος τᾶν
τριάχοντα [ἀμεράν.

CHAPITRE IV

Suspension des tribunaux.

§ 1. *A Athènes.* — § 2. *En dehors d'Athènes : Asie Mineure,
Thessalie, Béotie.* — § 3. *A Delphes.*

Un paragraphe déjà cité du traité de Delphes nous fournit,
sur la suspension des tribunaux en temps de guerre et sur l'ajournement des procès, des renseignements d'autant plus précieux
que cette question de droit public est mal connue. Le *Dictionnaire
des antiquités* ne l'a pas abordée : dans l'article *Justitium* [1], la
Grèce est laissée de côté. Le texte de Delphes nous aidera à
combler cette lacune.

J'en donnerai d'abord la traduction :

II B, 1. 19-25. « Les instances seront annoncées aux gens de
Pellana et aux gens de Delphes au temps de... Elles seront
introduites [devant les tribunaux] en tout temps.

§. Pour tous les griefs [antérieurs qui n'ont pas encore été
réglés], il sera procédé au règlement dans le délai de trois ans à
partir de la conclusion du présent traité, à moins que, une
guerre étant survenue, les deux tiers des citoyens ne fassent
campagne hors des frontières... ou qu'une des parties ne soit
tenue éloignée de la ville par le service militaire ou par une
ambassade... ; [en ce cas] le délai commencera à courir du jour
où sera revenue [ladite partie]... [Tout retard exposerait le...] à
une amende de deux mille drachmes. »

Que le cours de la justice ait été parfois suspendu — plus ou
moins complètement — en Grèce, nous le savions déjà de source

---

1. L'article, paru en 1890, est de M. Édouard Cuq, l'auteur de l'ouvrage
classique intitulé : *Les institutions juridiques des Romains*, 2e édit., I,
1904 ; II, 1908.

sûre, et il ne sera pas sans intérêt de joindre à l'inscription de
Delphes les textes qui nous l'apprenaient. Le nombre s'en est
accru depuis qu'en 1819 M.-H.-E. Meier énumérait, dans une
note d'une dissertation souvent citée [1], les textes athéniens.
Ceux-ci sont les plus nombreux.

§ 1. *A Athènes.*

Vᵉ SIÈCLE. — *415/4. Thucydide*, VI, 91, 7. Vers la fin du discours qu'il prononce à Sparte pour engager les Lacédémoniens
à occuper et fortifier Décélie, Alcibiade résume en ces termes
les dommages principaux qui résulteront pour Athènes de cette
opération : καὶ τὰς τοῦ Λαυρείου τῶν ἀργυρείων μετάλλων προσόδους
καὶ ὅσα ἀπὸ γῆς καὶ δικαστηρίων νῦν ὠφελοῦνται εὐθὺς ἀποστερήσονται.
Le scholiaste, qui avait ce même texte sous les yeux, entend par
revenus tirés des tribunaux les amendes : « les Athéniens,
ajoute-t-il, allaient en être privés, l'établissement de l'ennemi
sur leur territoire ne leur laissant pas le loisir de plaider [2]. »
L'explication du scholiaste est à corriger et à compléter. Alcibiade fait, semble-t-il, allusion à la diminution du nombre des
procès, actions civiles aussi bien qu'actions publiques, demandes
présentées par des citoyens, des étrangers ou des tributaires.
De plus l'État athénien ne bénéficiait pas seulement des amendes.
Mais la suspension des tribunaux n'est qu'une hypothèse et rien
ne la justifie [3]. On a fait remarquer avec raison [4] que rien dans
Aristophane, par exemple, n'autorise à croire que le cours de la
justice ait été interrompu pendant la guerre du Péloponnèse, et
le texte suivant d'Isée dit exactement le contraire.

Isée, V (Succession de Dikaiogénès), 7 : ἐπειδὴ δὲ ἐνείμαντο τὸν

---

1. *De bonis damnatorum et fiscalium debitorum*, Berlin, 1819, p. 190,
note 110.

2. Schol. ad loc. : ταύτης οὖν τῆς πάσης προσόδου στερήσεσθαι ἔμελλον οἱ Ἀθηναῖοι, πολεμίων αὐτοῖς ἱδρυμένων ἐν τῇ χώρᾳ καὶ σχολὴν οὐ παρεχόντων δικάζεσθαι.

3. Meineke a tort aussi de corriger δικαστηρίων en δεκατευτηρίων que J.-H.
Lipsius me semble accepter trop facilement (*Der attische Process²*, p. 188,
note 119). Nous avons dit que δικαστηρίων était la leçon de l'exemplaire
que le scholiaste avait sous les yeux.

4. J.-H. Lipsius, *op. loc. cit.*

κλῆρον, ὁμόσαντες μὴ παραβήσεσθαι τὰ ὡμολογημένα, ἐκέκτητο ἕκαστος δώδεκα ἔτη ἃ ἔλαχε καὶ ἐν τοσούτῳ χρόνῳ οὐσῶν δικῶν οὐδεὶς αὐτῶν ἠξίωσε τὰ πεπραγμένα εἰπεῖν ἀδίκως πεπρᾶχθαι, πρὶν δυστυχησάσης τῆς πόλεως καὶ στάσεως γενομένης Δικαιογένης οὑτοσί... ἠμφεσβήτει ἡμῖν ἅπαντος τοῦ κλήρου. Le partage de succession dont il est parlé ici eut lieu après la mort de Dikaiogénès II, qui était tombé à Cnide en 411 [1]. Comme il n'y a pas de raison de contester le chiffre de douze ans, c'est après le renversement des Trente et le rétablissement de la démocratie, ou plutôt sous l'archontat de Xénainétos (401/0) [2], que le client d'Isée fut attaqué et dépossédé. Ses adversaires disposèrent-ils vraiment de douze ans pour faire valoir leurs revendications ? A la vérité, l'expression οὐσῶν δικῶν (« alors qu'on pouvait plaider ») ne peut s'appliquer ni au régime des Trente (404/3), ni même aux archontats d'Euclide et de Mikon (403-401); elle convient au contraire à la plus longue période qui s'étend de 411 à la fin de la guerre du Péloponnèse [3]. On pouvait donc plaider pendant la guerre du Péloponnèse, même après l'occupation de Décélie.

SOUS LES TRENTE. — *Lysias*, XVII (Δημοσίων ἀδικημάτων). Le grand-père des plaideurs a prêté deux talents à Ératon, fils d'Érasiphon. Sa vie durant, Ératon a régulièrement versé les intérêts et rempli ses obligations. Lui mort, ses fils s'en dispensent : 3 ἐν μὲν οὖν τῷ πολέμῳ, διότι οὐκ ἦσαν δίκαι, οὐ δυνατοὶ ἦμεν παρ' αὐτῶν ἃ ὤφειλεν πράξασθαι· ἐπειδὴ δὲ εἰρήνη ἐγένετο, ὅτε περ πρῶτον αἱ ἀστικαὶ δίκαι ἐδικάζοντο, λαχὼν ὁ πατὴρ παντὸς τοῦ συμβολαίου Ἐρασιστράτῳ, ὅσπερ μόνος τῶν ἀδελφῶν ἐπεδήμει, κατεδικάσατο ἐπὶ Ξεναινέτου ἄρχοντος (401/0). Ératon est donc mort tout à fait à la fin de la guerre du Péloponnèse, peu avant la prise d'Athènes par Lysandre et l'établissement des Trente qui suspendirent les tribunaux.

Isocrate, XXI (πρὸς Εὐθύνουν ἀμάρτυρος). Après l'établissement

----

1. Voyez Isée, V, 6; 42. Cf. W. Wyse, *The Speeches of Isaeus*, p. 411-412.

2. Cf. Lysias, XVII, 3. Le texte est cité plus bas.

3. Il est surprenant que S.-A. Naber ait proposé de corriger le texte, si clair et — nous l'allons voir — si conforme à l'usage attique, d'Isée. Au lieu de : ἐν τοσούτῳ χρόνῳ οὐσῶν δικῶν, il faut lire, dit-il : [πολλῶν] οὐσῶν δικῶν, comme on lit, VIII, 4 : πολλῶν δὲ δικῶν ἐν τῇ πόλει γενομένων (*Adnotationes criticae ad Isaei orationes*, *Mnemosyne*, V, 1877, p. 402). Maintenons en toute sûreté οὐσῶν δικῶν.

des Trente, Nicias, ne se sentant plus en sûreté à Athènes, met
ses affaires en ordre et va vivre à la campagne. Entre autres
mesures de précaution, il avait déposé trois talents chez son
cousin Euthynous, sans témoin, sans contrat. Voulant s'éloigner
encore, il réclame son dépôt ; Euthynous lui remet deux talents
et nie en avoir reçu un troisième. Nicias n'a d'autre ressource que
d'aller conter l'affaire à ses familiers et de se plaindre : 7 ἀκα-
ταστάτως ἐχόντων τῶν ἐν τῇ πόλει καὶ δικῶν οὐκ οὐσῶν τῷ μὲν οὐδὲν
πλέον ἦν ἐγκαλοῦντι, τῷ δὲ οὐδὲν ἦν δέος ἀποστεροῦντι. Ὥστε τὸν μὲν
οὐδὲν ἦν θαυμαστόν, ὅτε καὶ οἱ μετὰ μαρτύρων δανεισάμενοι ἐξηρνοῦντο,
τότε ἃ μόνος παρὰ μόνου ἔλαβεν ἀποστερῆσαι· τὸν δ'οὐκ εἰκός, ὅτε οὐδ'
οἷς δικαίως ὠφείλετο οἷόν τ'. ἦν πράττεσθαι, τότε ἀδίκως ἐγκαλοῦντα
οἴεσθαι τι λήψεσθαι.

IVe SIÈCLE. — Après 368. [*Démosthène*] XLV (contre Stéphanos I). Au retour d'une triérarchie, en 368, Apollodoros trouve
sa mère mariée à Phormion, qui détenait en outre la grande
fortune laissée par Pasion à son fils. Apollodoros eût volontiers
plaidé, mais la guerre ayant interrompu le cours des affaires
civiles, il intenta contre l'ancien affranchi de son père l'action
publique d'outrage : 3 et suiv. πολλ' ἀγανακτήσας καὶ χαλεπῶς ἐνεγ-
κών, δίκην μὲν οὐχ οἷός τ' ἦν ἰδίαν λαχεῖν (οὐ γὰρ ἦσαν ἐν τῷ τότε
καιρῷ δίκαι, ἀλλ' ἀνεβάλλεσθ' ὑμεῖς διὰ τὸν πόλεμον ¹), γραφὴν δ'ὕβρεως

1. Les Athéniens n'usaient pas d'un terme spécial pour désigner ces
actions remises, sans doute parce que les remises étaient rares. L'adjectif
ἀναβόλιμος ne nous est connu que par la glose d'Hésychius : Ἀναβόλιμοι
δίκαι, αἳ διὰ περίστασιν εἰς ὑπέρθεσιν ἐμπίπτουσιν, mais des inscriptions thessa-
liennes, récemment découvertes à Gonnoi par M. A. S. Arvanitopoullos,
nous ont fourni deux termes qu'il en faut rapprocher : βόλιμοι (δίκαι) et βολι-
μοδικοσταί (Ἀρχαιολογικὴ Ἐφημερίς, 1911, p. 129 et suiv.). M. Arvanitopoullos, abandonnant la première explication qu'il avait tentée du mot βόλιμοι
(δίκαι ἀπὸ συμβόλων, p. 130), s'est rallié à celle que nous avions proposée,
chacun de notre côté, M. Ad. Wilhelm et moi (Ad. Wilhelm, dans l'Ἀρχ.
Ἐφημ., 1912, p. 253 — Bernard Haussoullier, dans une communication à
l'Académie des Inscriptions, séance du 2 août 1912, *Comptes rendus*, p. 371
et dans une lettre à M. Arvanitopoullos, Ἀρχ. Ἐφημ., 1914, p. 173). Les
βόλιμοι δίκαι sont les actions qui ont été remises διὰ περίστασιν, « par suite
des circonstances », comme le dit Hésychius. Elles sont assez nombreuses
à Gonnoi, au iie siècle avant notre ère, pour qu'on fasse venir à plusieurs
reprises des juges étrangers, qu'on désigne plus exactement sous le nom
de βολιμοδικασταί.
    Aux βόλιμοι δίκαι s'opposent, à Gonnoi, les εὐθεῖαι δίκαι, c'est-à-dire les
actions qui sont jugées dès que la demande est formée, dans les délais

γράφομαι πρὸς τοὺς θεσμοθέτας αὐτόν. (4) Χρόνου δὲ γιγνομένου, καὶ τῆς μὲν γραφῆς ἐκκρουομένης, δικῶν δ'οὐκ οὐσῶν, γίγνονται παῖδες ἐκ τούτου τῇ μητρί. La guerre dont parle Apollodoros est celle où Athènes était engagée contre les Thébains. La suspension des tribunaux datait peut-être de cette même année 368 où les Athéniens envoyèrent en Thessalie, au secours d'Alexandre de Phères, une escadre de trente vaisseaux et mille hoplites, sous le commandement du stratège Autoklès [1].

En 348. — *Démosthène*, XXXIX (contre Béotos I). Mantithéos, fils légitime de Mantias, conteste à Béotos, fils adoptif, le droit que celui-ci s'est fait reconnaître par les démotes de Thorikos, de porter le nom de Mantithéos. Il insiste sur les inconvénients et les dangers d'une confusion perpétuelle entre les deux frères : (16) καὶ γὰρ νῦν, ὅτ' εἰς Ταμύνας παρῆλθον οἱ ἄλλοι, ἐνθάδε τοὺς Χοᾶς ἄγων ἀπελείφθη καὶ τοῖς Διονυσίοις καταμείνας ἐχόρευεν, ὡς ἅπαντες ἑωρᾶθ' οἱ ἐπιδημοῦντες. (17) Ἀπελθόντων δ' ἐξ Εὐβοίας τῶν στρατιωτῶν, λιποταξίου προσεκλήθη, κἀγὼ ταξιαρχῶν τῆς φυλῆς ἠναγκαζόμην κατὰ τουνόματος τοῦ ἐμαυτοῦ πατρόθεν δέχεσθαι τὴν λῆξιν· καὶ εἰ μισθὸς ἐπορίσθη τοῖς δικαστηρίοις, εἰσῆγον ἂν δῆλον ὅτι. Il s'agit de la guerre « sans gloire et coûteuse [2] » que les Athéniens entreprirent inutilement pour recouvrer l'Eubée (349/8).

En somme, l'interruption du cours de la justice à Athènes se présente sous deux aspects : tantôt elle est l'œuvre d'un tyran ; tantôt la pénurie du trésor public l'impose à la démocratie même. Si nous nous en tenons à la période classique, les seuls tyrans qui aient suspendu l'action des tribunaux sont les Trente : c'étaient des citoyens athéniens, mais ils n'ont pu se maintenir qu'avec l'appui, les subsides et la garnison des Lacédémoniens [3].

ordinaires, sans retard ni remise (cf. Hésychius, s. v. Εὐθύ où, entre autres significations, est mentionnée celle-ci : παραχρῆμα). Même pour les εὐθεῖαι δίκαι, il arrive qu'on doive faire appel à des juges étrangers (Ἀρχ. Ἐφημ., 1911, p. 134, nº 69, l. 14-15. Cf. p. 130).

Enfin le Papyrus de Halle nous permet d'ajouter un terme à cette série : ὑπερβόλιμοι (δίκαι), *Dikaiomata*, l. 139 ; 150 ; 155. Sur les circonstances de la remise de ces procès à Alexandrie, voy. plus loin, ch. iv, § 3, p. 111, note 2.

1. Diodore, XV, 71, 4.

2. Démosthène, V, *sur la Paix*, 5 : πόλεμον ἄδοξον καὶ δαπανηρόν.

3. Il suffira de renvoyer aux chap. 35-38 de l' Ἀθηναίων πολιτεία d'Aristote. On sait que Pisistrate et les Pisistratides avaient maintenu les tribunaux athéniens (Thucydide, VI, 55, 6 ; Aristote, Ἀθην. πολ., 16, 8). A

Pour la démocratie, on comprend qu'elle n'ait eu recours à cette
mesure que sous la contrainte de difficultés financières insurmon-
tables. L'administration de la justice n'était pas seulement une
des conditions de la vie normale, c'était avant tout un des droits
essentiels du citoyen. Quand Aristote donne du citoyen la définition bien connue : « celui qui a sa part du pouvoir délibératif et
du pouvoir judiciaire[1] », il a manifestement Athènes en vue.
Pour suspendre l'exercice de ce droit, il fallait, encore une fois,
des raisons invincibles. Encore Athènes n'a-t-elle jamais interrompu le cours des actions publiques, mais seulement celui des
actions civiles.

On voit maintenant pourquoi nous avons évité de prononcer
le mot de *justitium* ; il a le double avantage d'être très simple
et très connu, mais ne serait pas exact. M.-H.-E. Meier, qui
écrivait en latin, l'a employé dans la dissertation citée plus
haut, et après lui Schœmann et Lipsius[2], mais qu'on relise
dans le *Dictionnaire des antiquités* l'excellent article *Justitium*,
dû à M. Édouard Cuq, et l'on comprendra mieux encore comment
cette mesure exceptionnelle, décrétée à Rome quand la patrie
était en danger, pour faciliter la levée en masse des citoyens,
n'a rien de commun avec l'interruption du cours de la justice à
Athènes[3]. A Rome, c'est une mesure positive; à Athènes, c'est
en quelque sorte une mesure négative que les circonstances
imposent. Dès que le *justitium* est décrété à Rome, on ferme le
trésor public ; quand on ne plaide plus à Athènes, c'est que le
trésor est vide et ne peut fournir le salaire des héliastes. Il est
vrai que c'est généralement la guerre qui vide le trésor athénien,

l'autre extrémité de l'histoire d'Athènes en quelque sorte, au temps de
Mithridate, en 88, le tyran Athénion, qui était Athénien lui-même, ne
supprima pas les tribunaux ; il leur laissait, à vrai dire, peu de liberté, et
savait se passer d'eux pour mettre des citoyens à mort, mais les tribunaux
fonctionnaient. Voy. Poseidonios, cité par Athénée : *Fragmenta historico-
rum graecorum*, III, fr. 41, p. 269 : καὶ ἀκρίτους ἀπώλλυε, προσβασανίσας καὶ
στρεβλώσας· πολλοῖς δὲ καὶ προδοσίας δίκας ἐπῆγεν, ὡς τοῖς φυγάσι περὶ καθόδου
συνεργοῦσιν, ὧν οἱ μὲν διὰ τὸν φόβον πρὸ τῆς κρίσεως ἔφευγον, οἱ δ'ἐν τοῖς δικαστηρίοις κατεδικάζοντο, αὐτοῦ τὰς ψήφους φέροντος.

1. *Politique*, III, 1275 *b*, 18 : ᾧ.. ἐξουσία κοινωνεῖν ἀρχῆς βουλευτικῆς καὶ
κριτικῆς.

2. *Der attische Process*², p. 188, note 119.

3. Cf. Th. Reinach, *De l'état de siège et des institutions de salut public à
Rome, en France et dans les législations étrangères* (Thèse de doctorat en
droit), 1885, p. 53 et suiv.

et que c'est en temps de guerre (guerre étrangère ou guerre
civile) que le *justitium* est décrété à Rome, mais les ressemblances se bornent à ces circonstances extérieures. Athènes n'a
jamais connu l'état d'agitation et de trouble que le *justitium*
faisait naître à Rome [1], et Plutarque, embarrassé pour traduire
le mot latin, se sert d'un à peu près, d'un pluriel rare : αἱ ἀπρα-
ξίαι [2].

§ 2. *En dehors d'Athènes : Asie Mineure, Thessalie, Béotie.*

Comme je l'ai dit plus haut, M.-H.-E. Meier s'était borné dans
sa dissertation à citer les témoignages athéniens qui sont tous
empruntés aux auteurs : en dehors d'Athènes, nous trouvons
des textes littéraires et des inscriptions.

Asie Mineure. — *Téos*, fin du ive siècle. La lettre d'Antigone
à Téos est depuis longtemps connue ; elle a été plusieurs fois
publiée, mais il s'en faut que toutes les difficultés soient éluci-
dées ou même que le texte en soit partout établi avec sûreté [3].
Les paragraphes suivants, dont je n'hésite pas à donner le texte
et la traduction, gagneront à être rapprochés du texte delphique.

L. 24 et suiv. :

(§ 6) Τὰ δὲ ἐγκλήματα καὶ τὰ συμβόλαια [τὰ ὑπάρχοντα ἑκατέ-]
25. ροις αὐτοὺς πρὸς αὐτοὺς διαλυθῆναι ἢ διακριθῆναι [κατὰ τοὺς ἑκα-
τέρων]
[ν]όμους καὶ τὸ παρ' ἡμῶν διάγραμμα ἐν δυσὶν ἔτεσι ἀφ' οὗ ἂ[ν τὸ
διάγραμμα προ-]
[τ]εθῆι·

§ 6. — « Toutes demandes, toutes actions fondées sur des contrats, existant actuellement entre personnes de chacun des deux
groupes (Téos et Lébédos), seront terminées dans chaque groupe
par arbitrage ou par jugement d'après les lois de ce groupe et
d'après le règlement émané de nous, dans un délai de deux ans
à partir de la promulgation dudit règlement. »

---

1. Cicéron, *de haruspicum responsis*, 26, 55 : justitium edici oportere,
jurisdictionem intermitti, claudi aerarium, judicia tolli.
2. *Vie de Sylla*. 8.
3. Ch. Michel, n° 34 ; Dittenberger, *Sylloge*[2], n° 177.

27. Ὅσα δέ ἔστιν (ὑμῖν) πρὸς τοὺς Λεβεδίους ἢ τοῖς Λεβεδίοις π[ρὸς
ὑμᾶς, ποεῖν ἀμφοτέ-]
[ρ]ους συνθήκην, γράψασθαι δὲ τὴν συνθήκην, καὶ ἄν τι ἀντιλ[έγηται
πρὸς τὴν]
[σ]υνθήκην, ἐπικριθῆναι ἐν τῆι ἐκκλήτωι ἐξαμήνωι· ἔκκλητον [δὲ
πόλιν ἑλέσθαι]
30. ἀμφότεροι συνωμολόγησαν Μιτυλήνην.

« Quant aux procès que vous avez contre les Lébédiens ou que
les Lébédiens ont contre vous, vous ferez entré vous et eux une
convention qui sera rédigée par écrit et, s'il y a quelque opposition à cette convention, la décision sera rendue par la ville
arbitre dans les six mois. Les deux groupes se sont entendus
pour désigner Mitylène comme ville arbitre. »

30.   Τὰ μὲν οὖν ἄλλα ὑπ[ολαμ-
βάνομεν ἐπὶ τοιούτοις]
[γ]ράφειν τοὺς συνθηκογράφους, οἷς ἄν ποτε γινώσκωσιν· ἐπεί [δὲ
τοσαῦτα τὸ πλῆθος ἀκ-]
ούομεν εἶναι τὰ συναλλάγματα καὶ τὰ ἐγκλήματα ὥστε, ἄν τῶι [νόμωι
διακριθῆι διὰ παν-]
τὸς τοῦ χρόνου ¹, μηθένα ἄν δύνασθαι ὑπομεῖναι — καὶ γὰρ ἕως τοῦδε
οὐ δοκεῖ προκοπὴν εἰ-]
ληφέναι ταῦτα < ἄπερ > οὐδὲ αἱ συν[θῆκ]αι συντετελέσθαι διὰ τὸ
ἐ[κ] πολλοῦ ἄκυρα]
35. εἶναι ὑμῖν τὰ συναλλάγματα — καὶ ἄν προστιθῶνται οἱ τόκοι πα[ρ’
ἕκαστον ἔτος, μηθενὶ]
[δ]υνατὸν εἶναι ἀποτεῖσαι, οἰόμεθα δὲ δεῖν, ἄμ μὲν ἑκόντες ἀπο[τεί-
σωσιν οἱ ὀφείλο-]
ντες, γράφειν τοὺς συνθηκογράφους μὴ πλεῖον διπλασίου ἀπο(δ)[οῦναι
τοῦ χρέους],
38. ἄν δὲ εἰς δίκην ἐλθόντες ὀφείλωσι, τριπλάσιον.

« Nous admettons que les ‚rédacteurs de la convention la
rédigent comme ils l'entendent. Toutefois comme la quantité de
ces obligations est telle, paraît-il, que si le jugement s'en faisait
d'après la loi, *sans aucune interruption des tribunaux*, personne
ne pourrait le supporter — car jusqu'à ce jour le règlement de

---

1. Je maintiens la ponctuation donnée par Ch. Michel. C'est à tort,
semble-t-il, que Dittenberger met la virgule avant διὰ παντὸς τοῦ χρόνου.

ces affaires n'a guère avancé, ni les contrats n'ont reçu leur exécution, parce que les obligations sont depuis longtemps sans
valeur — et que, si les intérêts sont ajoutés chaque année, personne ne pourra payer, nous décidons en conséquence ce qui
suit : si les débiteurs consentent à payer, les rédacteurs de la
convention écriront qu'il ne sera pas payé d'intérêts au delà du
double ; s'ils préfèrent plaider et qu'ils soient reconnus débiteurs,
ils paieront le triple. »

38.   (§ 7) Ὅταν δὲ ἡ συνθήκ[η
                                    ἐπικυρωθῆι, γρά-]
ψασθαι τὰς δίκας καὶ ἐγδικάσασθαι ἐν ἐνιαυτῶι. Ὅσοι δ' ἂν μὴ γρά-
                                ψων[ται ἢ ἐγδικάσων-]
40. [τα]ι ἐν τῶι γεγραμμένωι χρόνωι, δικῶν οὐσῶν, μηκέτι εἶναι γρά-
                            ψασθαι μηδ' [ἐγδικάσασθαι. Ἐὰν δέ τι-]
ς τῶν ὑμετέρων ἢ τῶν Λεβεδίων μὴ ἐπιδημῆι ἐν ταῖς προθεσμίαις,
                            ἐξ[έστω τῶι δικαζομένωι πρ-]
οσκαλέσασθαι ἀπὸ τοῦ ἀρχείου καὶ ἀπὸ τῆς οἰκίας, δηλοῦντα τῶι
                            [ἄρχοντι ὅτι προσκαλεῖται]
ἢ ἐναντίον κ(λη)τό(ρ)ων δύ[ο] ἀξιό[χ]ρεων. Εἰς δὲ τὸ λοιπὸν καὶ
                            διδόναι [καὶ λαμβάνειν δίκας κατὰ νό-]
μους οὓς ἂν ὑπολαμβάνοιτε ἴσους ἀμφοτέροις εἶναι.

§7. — « Quand la convention aura été ratifiée, les actions seront
inscrites et jugées dans l'année. Ceux qui, ayant des actions, ne
les auront fait ni inscrire ni juger dans le temps prescrit, si les
tribunaux ne sont pas suspendus, ne pourront plus les faire inscrire ni juger.

Si quelqu'un des vôtres ou des Lébédiens se trouve absent
pendant le délai dont il s'agit, le demandeur pourra l'assigner
soit au lieu où siègent les magistrats, soit à domicile, en justi-
fiant de la formalité devant le magistrat ou en présence de deux
recors solvables.

A l'avenir, vous plaiderez, comme demandeurs ou comme
défendeurs, conformément aux lois qui vous paraîtront justes
pour les uns comme pour les autres. »

Il faut insister, à la l. 40, sur l'expression δικῶν οὐσῶν et lui
donner tout son sens en la rapprochant d'abord des mots διὰ
παντὸς τοῦ χρόνου (l. 32) que nous avons soulignés dans notre

traduction, puis et surtout des orateurs attiques cités plus haut. La signification n'en est pas douteuse. Le roi Antigone ou plus exactement la chancellerie royale, formée en très grande partie de Grecs, prévoit le cas où le cours de la justice sera interrompu à Téos : le cas s'était donc déjà présenté à Téos comme à Lébédos.

Aux noms de Téos et de Lébédos, nous pouvons joindre en Asie Mineure ceux de *Priène* et de *Phocée*. Pour Priène, j'étudierai plus loin, au § 3 du même chapitre, l'inscription sur laquelle je me fonde ; pour Phocée, le texte des *Économiques* cité plus haut (p. 88, note 1) nous prouve amplement que, du fait de la guerre, les tribunaux étaient restés longtemps sans y siéger.

THESSALIE. — Voir les inscriptions de *Gonnoi* citées plus haut, p. 99, note 1. Bien que la venue, à Gonnoi, de juges étrangers, notamment de βολιμοδικασταί, atteste autant l'impuissance que l'inaction des tribunaux de la cité, il n'est pas téméraire de supposer que l'impuissance même de ces tribunaux aboutissait promptement à la suspension. Les plaideurs défiants renonçaient eux-mêmes à demander des juges à leur cité : force était, à la longue, d'en faire venir de l'étranger.

BÉOTIE. — Fin du IIIe siècle et commencement du IIe. Deux textes de Polybe, le premier surtout, nous fournissent le commentaire le plus précis de l'article du traité delphique cité en tête de ce chapitre. Au livre XX, qui se rapporte à l'Olympiade 147, 1 (192 av. J.-C.), Polybe décrit l'état lamentable où en était réduite la Béotie, depuis de longues années déjà. Oublieux de la gloire de leurs ancêtres, de cette προγονικὴ δόξα qui pesait lourdement sur tant de cités grecques et qui devait encore leur rendre service [1], les Béotiens se laissaient aller à la ruine, à l'anéantissement, largement encouragés par des chefs qui trouvaient leur compte à ce désordre. Il faut citer et traduire la première partie du ch. 6 :

XX, 6, 1. Τὰ δὲ κοινὰ τῶν Βοιωτῶν εἰς τοσαύτην παραγεγόνει κακεξίαν ὥστε σχεδὸν εἴκοσι καὶ πέντ' ἐτῶν τὸ δίκαιον μὴ διεξῆχθαι παρ' αὐτοῖς

---

1. Voy. Polybe, XX, 5, 4, où l'auteur parle des Béotiens : βραχέος (δ') αἰθύγματος ἐγκαταλειπομένου τῆς προγονικῆς δόξης et cf. le mot profond — et toujours vrai — de César aux Athéniens : Ποσάκις ὑμᾶς ὑπὸ σφῶν αὐτῶν ἀπολλυμένους ἡ δόξα τῶν προγόνων περισώσει ; (Appien, *Bell. civil.*, II, 88).

μήτε περὶ τῶν ἰδιωτικῶν συμβολαίων μήτε περὶ τῶν κοινῶν ἐγκλημάτων,
(2) ἀλλ' οἱ μὲν φρουρὰς παραγγέλλοντες τῶν ἀρχόντων, οἱ δὲ στρατείας
κοινάς, ἐξέκοπτον ἀεὶ τὴν δικαιοδοσίαν· ἔνιοι δὲ τῶν στρατηγῶν καὶ μισθο-
δοσίας ἐποίουν ἐκ τῶν κοινῶν τοῖς ἀπόροις τῶν ἀνθρώπων. (3) Ἐξ ὧν ἐδι-
δάχθη τὰ πλήθη τούτοις προσέχειν καὶ τούτοις περιποιεῖν τὰς ἀρχάς, δι'
ὧν ἔμελλε τῶν μὲν ἀδικημάτων καὶ τῶν ὀφειλημάτων οὐχ ὑφέξειν δίκας,
προσλήψεσθαι (δὲ) τῶν κοινῶν αἰεί τι διὰ τὴν τῶν ἀρχόντων χάριν.

« La Béotie en était venue à une telle perversion que depuis
près de vingt-cinq ans on n'y rendait plus la justice, ni pour les
actions fondées sur des contrats particuliers, ni pour les actions
publiques ; les magistrats s'arrangeaient en effet pour interrompre
constamment le cours de la justice, en ordonnant tantôt un service de place, tantôt une sortie en masse. Quelques stratèges
même allaient jusqu'à distribuer, sur les deniers publics, un
salaire aux citoyens pauvres. La multitude prit ainsi l'habitude
de s'attacher à ces hommes et de leur réserver les magistratures ;
la complaisance de ces chefs la mettait à l'abri de tout procès
pour délits et pour dettes et lui assurait de plus de nouvelles
parts des deniers publics. »

Quand les Romains eurent fait la paix avec Antiochus, les
Béotiens comprirent les dangers d'un pareil état de choses et
voulurent y remédier. Polybe, toujours bien informé, consacre
aux affaires de Béotie un nouveau chapitre, malheureusement
mal conservé et incomplet : XXII, 4, 2 (Ol. 147, 4). Διὸ καὶ
τῆς δικαιοδοσίας ἑλκομένης παρ' αὐτοῖς σχεδὸν ἐξ εἴκοσι καὶ πέντ' ἐτῶν,
τότε λόγοι διεδίδοντο κατὰ τὰς πόλεις, φασκόντων τινῶν διότι δεῖ γίνεσθαι
διέξοδον καὶ συντέλειαν τῶν πρὸς ἀλλήλους [1]. Πολλῆς δὲ περὶ τούτων
ἀμφισβητήσεως ὑπαρχούσης διὰ τὸ πλείους εἶναι τοὺς καχέκτας τῶν
εὐπόρων... « Aussi, comme le cours de la justice était suspendu
depuis près de vingt-cinq ans, ce fut l'objet de conversations
dans les cités : d'aucuns avançaient qu'il fallait en sortir et terminer tous les procès pendants. L'accord était loin de se faire,
les partisans du trouble étant plus nombreux que les riches... »

Sur ces entrefaites, le Sénat demanda aux Béotiens de laisser
rentrer Zeuxippos et ses partisans qu'ils avaient bannis. C'était
installer en Béotie un ami de Rome·et compromettre du même

----

1. Cf. les l. 34-35 du rescrit d'Antigone, citées plus haut, p. 103 : οὐδὲ αἱ
συν[θῆκ]αι συντετελέσθαι διὰ τὸ ἐ[κ πολλοῦ ἄκυρα] εἶναι ὑμῖν τὰ συναλλάγματα.

coup les bonnes relations avec le roi de Macédoine. Les Béotiens
font diligence et, reprenant d'anciennes accusations déposées
contre Zeuxippos, réunissent un tribunal qui le condamne : XXII,
4, 6. Βουλόμενοι κατακτρυχθῆναι τὰς κρίσεις τὰς κατὰ τῶν περὶ τὸν Ζεύ-
ξιππον, ἃς ἦσαν πρότερον αὐτοῖς ἐπιγεγραμμένοι (7) καὶ τούτῳ τῷ πρόπῳ
τῶν δικῶν μίαν μὲν αὐτῶν κατεδίκασαν ἱεροσυλίας, διότι λεπίσαιεν τὴν τοῦ
Διὸς τράπεζαν ἀργυρᾶν οὖσαν, μίαν δὲ θανάτου διὰ τὸν Βραχύλλου φόνον.
« Voulant [prendre les devants] en publiant le jugement des
actions qu'ils avaient [reçues et] inscrites précédemment contre
Zeuxippos et consorts, [ils réunirent le tribunal] qui les condamna
pour sacrilège, pour avoir enlevé le revêtement d'argent de la
table de Zeus, et pour meurtre, pour avoir tué Brachyllès. »

Rome, avertie par Zeuxippos lui-même, donna l'ordre aux
Étoliens et aux Achéens de ramener les bannis en Béotie. Les
Achéens s'efforcent de négocier : XXII, 4, 10-11. Οἱ δ' Ἀχαιοὶ τοῦ
μὲν (διὰ) στρατοπέδων ποιεῖσθαι τὴν ἔφοδον ἀπέσχον, πρεσβευτὰς δὲ προε-
χειρίσαντο πέμπειν τοὺς παρακαλέσοντας τοὺς Βοιωτοὺς τοῖς λεγομένοις
ὑπὸ τῶν Ῥωμαίων πειθαρχεῖν καὶ τὴν δικαιοδοσίαν, καθάπερ καὶ τὴν ἐν
αὐτοῖς, οὕτω καὶ τὴν πρὸς αὐτοὺς ἐπὶ τέλος ἀγαγεῖν. Συνέβαινε γὰρ καὶ
τὰ πρὸς τούτους συναλλάγματα παρέλκεσθαι πολὺν ἤδη χρόνον. « Les
Achéens, ne voulant pas recourir aux armes, décidèrent d'envoyer d'abord des ambassadeurs aux Béotiens, pour les engager
à obéir aux ordres des Romains, et, puisqu'ils avaient recom-
mencé à rendre la justice entre eux, ils leur demandèrent de
mettre également fin aux procès pendants entre Achéens et Béotiens. Il y avait en effet longtemps que l'exécution des contrats
consentis par les deux peuples était ajournée. »

Les Béotiens promirent, mais ne tinrent pas. Terminons ce
tableau de mœurs judiciaires par un dernier trait qui n'est pas
déplacé dans le commentaire de notre traité. Las d'attendre le
paiement de leurs créances, un certain nombre d'Achéens obtinrent
de Philopémen, alors stratège de la ligue, l'autorisation d'user
du droit de représailles contre les Béotiens. D'où saisie de troupeaux, conflit armé, menace de guerre [1]. Il est permis de supposer que, si les Achéens avaient préféré d'abord l'envoi d'une

---

1. Polybe, XXII, 4, 13 : διόπερ ὁ Φιλοποίμην..... ἀπέδωκε τοῖς αἰτουμένοις τὰ
ῥύσια κατὰ τῶν Βοιωτῶν; 17 : οἵ τε Μεγαρεῖς ἐπέσχον τὰ ῥύσια. Il est parlé de
représailles (ῥύσια) dans un décret delphique, de la fin du iiie siècle, dont
on me saura peut-être gré de citer et de traduire un fragment (Ch. Michel,

ambassade à une expédition militaire, ce n'était pas seulement pour échapper à une guerre, mais avec l'espoir de rétablir des relations normales et des tribunaux, pour aboutir enfin au règlement de tous les procès pendants. Les ambassadeurs achéens ne s'en cachent pas, et ceux de leurs nationaux qui étaient créanciers des Béotiens n'ont pas été étrangers à la rédaction de leurs instructions. Que Béotiens et Achéens fussent liés par un σύμβολον, la chose n'est pas douteuse non plus.

Est-il besoin de dire, à l'honneur d'Athènes, qu'elle n'a jamais connu pareille anarchie ? Fidèle à ses principes et à son idéal, la démocratie athénienne n'est jamais tombée si bas. Elle a dû, à de rares intervalles, suspendre les actions civiles; mais les actions publiques ont toujours suivi leur cours. La Béotie n'a pas pu s'arrêter sur la pente. Notons pourtant que, malgré l'impunité dont ils étaient assurés par la complicité du plus grand nombre,

---

n° 268 ; Dittenberger, *Sylloge*[2], n° 466). Le décret est rendu en l'honneur du Delphien Philistion et de ses descendants. C'est en réalité une transaction : au prix de certains privilèges (exemption de la χοραγία et du ἰατρικόν), Philistion donne décharge à la ville. L. 5 et suiv. : ἀπολελύσθαι δὲ τὰν πόλιν ἀπὸ τῶν ῥυσίων πάντων ὧν ἐπεκάλει Φιλ[ιστί]ων ὑπὲρ τὰν πόλιν, ἃ προτέτειχεν ὑφ' ὧν ἔφατο [διό]τι ἐρρυσίαστat ὑπὲρ τὰν πόλιν. « La ville sera déchargée de toutes les représailles que faisait valoir Philistion par droit de recours contre elle, en remboursement des avances par lui faites à ceux par qui il prétendait avoir été saisi aux lieu et place de la ville. » Le texte grec est encore plus gauche qu'obscur. La phrase est embarrassée, le premier ὑπὲρ τὰν πόλιν où le datif ταῖ πόλει eût suffi, est plus maladroit qu'incorrect, mais le sens peut être tenu pour certain. Des étrangers. créanciers de Delphes, ont saisi Philistion et se sont fait payer par lui. Philistion se retourne contre la ville, qui transige. Voy. R. Dareste, *Du droit de représailles principalement chez les anciens Grecs*, dans la *Revue des Études grecques*, II, 1889, p. 305 et suiv. Dareste a montré (p. 317) comment l'usage des représailles s'était perpétué jusqu'à nos jours et comment il se retrouve chez un peuple moderne, les Kabyles. Aux exemples qu'il a cités je me permettrai d'en ajouter un qui n'est peut-être pas déplacé dans le commentaire du décret en l'honneur de Philistion. Je l'emprunte au livre de E. Dejean, *Un prélat indépendant au XVIIe siècle, Nicolas Pavillon*, 1909, p. 97, note 1. Dejean lui-même l'empruntait à un article de M. Joseph Armagnac paru dans la *Revue d'histoire et d'archéologie du Roussillon*, IV, 1903. « La communauté de Caudiès étant trop pauvre pour payer les droits dus à Louis XIV pour son avènement, le commis à la levée de l'impôt trouva plus simple de saisir le cheval d'un paisible habitant de Caudiès qui se trouvait pour ses affaires à Limoux, « au logis où pend l'enseigne le Chapeau Rouge ». Ce fut à ce dernier, Jean Bernard Coste d'el Bouilh, à plaider pour essayer de se faire rembourser par la communauté. » Philistion eût fait de même à Delphes, si la ville n'avait transigé.

les magistrats béotiens voulaient donner une apparence de légalité à leurs mesures révolutionnaires : ils envoyaient des détachements tenir garnison dans des places, ils ordonnaient une expédition en masse ou tout au moins une levée de toutes les classes. Aux plaideurs impatients, aux créanciers bafoués qui se seraient avisés de protester contre la suspension des tribunaux, ils auraient répondu que les citoyens n'étaient pas en nombre.

§ 3. *A Delphes.*

Le σύμβολον nouveau nous fait connaître deux règles concernant la tenue des tribunaux de Delphes [1].

1° Les tribunaux delphiques ne se réunissent pas quand les deux tiers des citoyens sont retenus par le service militaire hors des frontières ;

2° Les délais prescrits pour la liquidation des procès sont prolongés au cas où l'une des deux parties est absente pour service public, expédition militaire ou ambassade.

Ces deux règles sont également applicables à Pellana.

Pour la première, je laisse de côté toute recherche sur le chiffre de la population libre à Delphes. Les textes sur lesquels s'appuient ceux qui ont abordé ce difficile problème sont peu nombreux et peu probants. Le plus précieux est la loi de Kadys, déjà plusieurs fois citée [2]. On y lit; dans l'intitulé, qu'elle a été adoptée [ἐν] ἀγορᾶι τελείω[ι]... [σὺμ ψά]φοις τετρακατί[α]ις πεντήκοντα τετόρε[σσι]. Il va de soi, puisque la loi a été promulguée, que le quorum (les ἔννομοι ψᾶφοι) a été atteint ; nous pouvons même affirmer qu'il a été dépassé, mais dans quelle mesure, de combien de voix ? Nous l'ignorons absolument. Gardons la sage

---

1. Je ne parle, bien entendu, que des tribunaux civils de Delphes, laissant de côté les Amphictyons qui formaient un tribunal et furent si souvent empêchés par les guerres de tenir leurs audiences. Pour le IIIe siècle, voy. les décrets amphictyoniques publiés par M. Pomtow (*Götting. gel. Anzeigen*, 1913, p. 171, n° 3 et surtout p. 174, n° 6). J'ai pareillement laissé de côté dans ce chapitre le tribunal fédéral crétois (τὸ κοινοδίκιον) mentionné dans une inscription que j'ai étudiée plus haut, p. 81, l. 58 : ἀφ' ὦ τὸ κοινοδίκιον ἀπέλιπε χρόνω. Cf. J. Demargne, *Bull. de corr. hellén.*, XXVII, 1903, p. 225 et Herwerden, *Lexicon graecum*[2], s. v. κοινοδίκιον.

2. *Fouilles de Delphes* III, I, p. 156, n° 294.

réserve du meilleur juge en pareille matière, M. Bourguet. Il nous inspire d'autant plus de confiance qu'il écarte les rigueurs d'un vain calcul de proportion. Si l'on s'en tenait au rapport connu entre le nombre des citoyens athéniens (20.000) et celui des membres du Conseil (500), le chiffre de la population libre à Delphes, calculé sur le nombre des membres de la βουλά (40), atteindrait 1600. Or M. Bourguet écrit : « Sans pouvoir apporter un argument décisif, je crois qu'on ne se trompera guère en estimant à 700 au plus le nombre des citoyens [1]. » Ajoutons aujourd'hui que les tribunaux institués par le σύμβολον pour juger les procès entre gens de Pellana et de Delphes ne comprennent que 11 ou 15 juges : nous voilà de nouveau bien loin d'Athènes.

Voici qui nous y ramène. L'éphébie existait à Pellana, où elle était peut-être d'institution très ancienne [2]. On sait qu'à Athènes les éphèbes faisaient pendant deux ans le service de place ; ils ne pouvaient, pendant toute la durée de leur instruction, ester en justice ni comme défendeurs, ni comme demandeurs, sauf pour revendiquer une succession, une épiclère ou un sacerdoce de famille [3]. Bien qu'admis dans les dèmes et inscrits sur les listes civiques, avant d'être incorporés dans la milice éphébique, ils n'étaient pas encore des citoyens *optimo jure*. A Pellana, ils ne faisaient pas encore partie de la cité, puisque Pausanias dit expressément : οὐδὲ ἐς τὴν πολιτείαν ἐγγραφῆναι πρότερον καθέστηκεν οὐδενὶ πρὶν ἂν ἐφηβεύσωσιν. A Athènes l'inscription sur les listes civiques précédait l'éphébie et l'éphèbe pouvait exercer quelques-uns de ses droits de citoyen ; à Pellana, l'inscription suivait l'éphébie et l'éphèbe n'avait pas l'accès des tribunaux.

L'absence pour service public (expédition militaire ou ambassade) est un motif bien connu de remise (ἀναβολή) et il me suffira de renvoyer aux plaidoyers athéniens contre Stéphanos et contre Olympiodoros.

---

1. *Administration financière du sanctuaire pythique au IV° siècle avant J.-C.*, p. 44-49. Les lignes citées sont empruntées à la p. 45. Il n'y a absolument rien à tirer du mémoire de W. Buchheim, *Beiträge zur Geschichte des delphischen Staatswesens*, Freiberg, 1898.

2. Pausanias, VII, 27, 5. Voir plus loin, Troisième partie, p. 142.

3. Aristote, Ἀθην. πολ., 42,5 : καὶ δίκην οὔτε διδόασιν οὔτε λαμβάνουσιν, ἵνα μὴ πρόφασις ᾖ τοῦ ἀπιέναι, πλὴν περὶ κλήρου καὶ ἐπικλήρου, κἄν τινι κατὰ τὸ γένος ἱερωσύνη γένηται.

[Démosthène], XLV (*contre Stéphanos* I), 3 : Ἐγὼ γὰρ.. πολλῶν χρημάτων ὑπὸ τοῦ πατρὸς καταλειφθέντων μοι, καὶ ταῦτα Φορμίωνος ἔχοντος, κἄτι πρὸς τούτοις τὴν μητέρα γήμαντος τὴν ἐμὴν ἀποδημοῦντος ἐμοῦ δημοσίᾳ τριηραρχοῦντος ὑμῖν. La suite a été citée plus haut, p. 99.

[Id.], XLVIII (*contre Olympiodoros*), 24 : Καὶ κατὰ τύχην τινὰ καὶ δαίμονα ὑμεῖς ἐπείσθητε ὑπὸ τῶν ῥητόρων εἰς Ἀκαρνανίαν στρατιώτας ἐκπέμπειν, καὶ ἔδει καὶ τουτονὶ Ὀλυμπιόδωρον στρατεύεσθαι, καὶ ᾤχετο μετὰ τῶν ἄλλων στρατευόμενος. Καὶ συνεβεβήκει, ὡς ᾠόμεθα ἡμεῖς, αὕτη καλλίστη ἀναβολὴ δημοσίᾳ τούτου ἀποδημοῦντος στρατευομένου.

L'expression est consacrée par l'usage, à Athènes : δημοσίᾳ ἀποδημεῖν ; la remise, régulièrement accordée, sauf en cas de doute et d'intrigue [1].

A Delphes et à Pellana l'affaire est remise *sine die*. Le délai prescrit par le traité partira du jour où la partie absente sera rentrée dans ses foyers [2].

---

1. Il fallait, pour obtenir la remise, que le défendeur prêtât serment (ὑπομόσασθαι ὑπωμοσία). Dans le procès rapporté plus haut (*contre Olympiodoros*, 24), le serment fut prêté par le beau-frère d'Olympiodoros, Kallistratos, qui avait partie liée avec lui : ses adversaires firent opposition sous la foi du serment (ἀνθυπωμόσαντο), les juges décidèrent qu'Olympiodoros était absent en vue du procès et non pour un service public et l'archonte raya sa demande du rôle. *C. Olympiodoros*, 25 : ἐπειδὴ δ' ἐκάλει ὁ ἄρχων εἰς τὸ δικαστήριον ἅπαντας τοὺς ἀμφισβητοῦντας κατὰ τὸν νόμον, ὑπωμοσάμεθα ἡμεῖς τουτονὶ Ὀλυμπιόδωρον δημοσίᾳ ἀπεῖναι στρατευόμενον. Ὑπομοθέντος δὲ τούτου ἀνθυπωμόσαντο οἱ ἀντίδικοι, καὶ διαβάλλοντες Ὀλυμπιόδωρον τουτονί, ὕστεροι ἡμῶν λέγοντες, ἔπεισαν τοὺς δικαστὰς ψηφίσασθαι τῆς δίκης ἕνεχ' ἀπεῖναι τουτονὶ καὶ οὐ δημοσίᾳ. 26. Ψηφισαμένων δὲ ταῦτα τῶν δικαστῶν διέγραψεν ὁ ἄρχων Πυθόδοτος κατὰ τὸν νόμον τὴν τουτουὶ Ὀλυμπιοδώρου ἀμφισβήτησιν. Pythodotos était archonte en 343/2
De l'expression δημοσίᾳ ἀποδημεῖν, on rapprochera : *rei publicae causa abesse* (Ulpien, *Dig*. IV, 6, 38 pr.). Cf. les ordonnances royales, en vigueur à Alexandrie, qui sont citées dans la note suivante.
2. Il faut rapprocher de ces dispositions plusieurs paragraphes du Papyrus de Halle, auquels nous avons déjà fait allusion plus haut en traitant de la consignation (p. 90). Ils font partie d'un des chapitres les plus obscurs du recueil et l'obscurité tient plus à notre ignorance qu'à l'embarras et à la gaucherie de la rédaction : nous ne savons presque rien des envoyés du roi (οἱ ἀπεσταλμένοι ὑπὸ τοῦ βασιλέως), nous ignorons tout des personnes désignées par les mots οἱ ἐν τῇ ἀποσκευῇ ὄντες (*Dikaiomata*, p. 84). Trois paragraphes nous intéressent particulièrement, §§ 3 ; 5 ; 6. On nous permettra de ne pas suivre l'ordre dans lequel ils se présentent et de citer d'abord le plus clair, le § 5 :
Ἐὰν δέ τινες γραψάμενοι δίκας ἀποστέλλωνται ὑ[π]ὸ τοῦ βασιλέως πρὸ τοῦ εἰσαχθῆνα[ι] αὐτοῖς τὰς δίκας, τὰ μὲν ἐπιδέκατα ἢ ἐπιπεντεκαιδέκατα, ἐὰν βούλωνται, ἀναιρε[ί]σθω-

A la dernière ligne du fragment n° II B, l. 25, est mentionnée une amende très élevée, puisqu'elle monte à deux mille drachmes. Elle menace très vraisemblablement ceux qui seront cause d'un retard dans l'exécution, devenue possible, du traité ; un décret de Priène qualifie, sans plus, de οἱ αἴτιοι les fonctionnaires qui se seront rendus coupables de pareil abus et leur inflige une amende de mille drachmes.

Ce décret de Priène, qu'il faut rapprocher des σύμβολα [1], assure, entre autres avantages, aux gens de la ville thrace de Maroneia, qui sont établis ou de passage à Priène, une prompte justice. Il est malheureusement mal conservé et je n'en reproduirai que les dernières lignes. Tout Maronite qui a à se plaindre soit d'un Priénien, soit d'un étranger domicilié ou de passage à Priène, doit déclarer devant les magistrats (ἐπαγγεῖλαι) le tort qui lui a été fait. L'affaire doit être jugée dans les trois jours ([ἐν ἡ]μέραις τρισὶν, ὅσ[α]ι τ[ῶν μὴ ἀφεσίμων εἰσί] [2]).

σαν, αἱ δὲ δίκαι ὑπερβόλιμοι ἔστ[ω]σαν, [ἕ]ως [ἂ]ν παραγέν[ω]νται· [μ]ὴ εἰσαγέ[σθω]σα[ν δὲ πρὶν ἢ πάλιν τὰ ἐπιδέκατα] ἢ ἐπιπεντε[καιδέκατα θῶσιν οἳ ἂν ὦσιν κεκο]μισμένοι. — « Toute personne qui, ayant fait inscrire une action, aura reçu une mission du roi avant que son procès soit introduit devant le tribunal, aura le droit de retirer le dixième ou le quinzième [c'est-à-dire la somme qu'elle a consignée] et l'action sera remise et renvoyée à son retour ; l'action ne pourra être introduite qu'après que ladite personne aura de nouveau versé le dixième ou le quinzième, qu'elle a repris. » Il n'y a là aucune difficulté : le demandeur s'absente pour le service du roi, il a droit à une remise et son procès, qui n'a pas encore été appelé devant le tribunal, sera plaidé à son retour à Alexandrie.

Aucune difficulté non plus dans le § 6, où il est question d'autres envoyés du roi, qui sont également demandeurs au moment où ils reçoivent l'ordre royal. La restitution du début est trop incertaine pour que je doive la citer, mais il n'y a pas de doute sur les motifs de la remise. Notons seulement à la l. 156 l'emploi d'un verbe différent : ἕως ἂν ἐπανέλθωσιν au lieu de ἕως ἂν παραγένωνται.

Le § 3 est de rédaction très embarrassée. Il y est encore question de procès remis jusqu'au retour de personnes absentes pour service public, et l'on y apprend que la consignation du dixième ou du quinzième était à la charge *des deux parties*, mais cette dernière règle était-elle générale et s'appliquait-elle à tous les procès ?

1. Hiller von Gaertringen, *Inschriften von Priene*, 1906, n° 10 ; Hitzig, *Allgr. Staatsvertr.*, n° 29, p. 20. L'inscription est du IVe siècle.

2. L. 24-25. Je ne propose cette restitution de la l. 25, fondée sur Aristote, Ἀθην. πολ., 43, 3, qu'à titre d'indication.

Sur ce délai de trois jours, voy. dans le σύμβολον de Delphes, le n° III A, l. 4 et Platon, *Lois*, 914 E: dans les procès en revendication de meubles, le jugement doit être rendu dans les trois jours, ἐντὸς τριῶν ἡμιρῶν.

L. 27.   [ἦν δέ τινος ἐ-]
         [π]αγγείλαντος οἱ τιμοῦχοι μ[ὴ προγράφωσι τὰς δί-]
         κας μηδὲ κρίνωσι ἐν ταῖς τρισὶ [ν ἡμέρα]ις, ἢ[μ μὴ]
30.   [τ]ῶν ἀρχείων τι κωλύσηι γίνεσθαι [τὰς κρίσ]ε[ις ἐν]
         [τ]ῶι χρόνωι τῶι εἰρημένωι, ὀφείλειν τοὺς αἰτίο[υς]
32.   δραχμὰς χιλίας·

« Si, après déclaration faite, les magistrats [n'affichent] pas
l'affaire et ne la font pas juger dans les trois jours — à moins
qu'un collège ne s'oppose à ce que le jugement ait lieu dans
ledit délai —, ceux qui sont responsables seront tenus d'une
amende de mille drachmes. »

32.   εἶναι δὲ τοῖς αἰτίοις δικάσα[σθαι]
         καὶ τῶι Μαρωνίτηι καὶ Πριηνέων τῶι βουλομέ[νωι]
         κατομόσαντα κατὰ τὸν νόμον ὡς βλάπτο[υσι]
35.   τὴμ πόλιν [1], τὴν δὲ καταδίκην γίνεσθαι τοῦ [Μαρωνί-]
         τεω·

« Une action contre ceux qui sont responsables sera ouverte
au Maronite (c'est-à-dire au demandeur) et au Priénien qui le
voudra, à la condition que ce dernier affirme, sous la foi du serment, conformément à la loi, qu'ils portent préjudice à la cité.
Le montant de la condamnation appartiendra au Maronite. »

Les lignes 36-37 n'ont pas été restituées par l'éditeur. Je propose avec hésitation de lire :

         καὶ ἄν τις ἀφικνῆται Μαρωνιτ[έ]ων, [δίκας μὴ]
         ποιούντων Πριηνέω[ν]...

« Si un Maronite arrive (à Priène) en un temps où les gens
de Priène ne rendent pas la justice... »

Ce dernier paragraphe vise-t-il une suspension des tribunaux
ou plus simplement une vacance due à quelque fête ? Nous l'i-
gnorons. Le texte des paragraphes précédents est plus sûr. Le
montant de l'amende, encore qu'il soit moins élevé qu'à
Delphes, dit assez combien il importe à Priène que ses magis-

---

1. On notera cette formule : ὡς βλάπτο[υσι] τὴμ πόλιν, qui nous est connue
par des décrets étoliens (Dittenberger, *Sylloge*[2], nᵒ 923, l. 15-16 : ὡς τὰ
κοινὰ βλαπτόντων et Ad. Wilhelm, Ἀρχ. Ἐφημ. 1914, p. 8, l. 6-7 : ὡς τὰ
κοινὰ τῶν [Αἰτωλ]ῶν β[λάπτον]τας). Mais les décrets étoliens sont de la dernière partie du iiiᵉ s. et l'inscription de Priène nous fournit un exemple
beaucoup plus ancien.

trats observent le délai prescrit pour le jugement des procès. Toutefois le décret reconnaît à un bureau, à un collège le droit d'imposer un ajournement. Quelles raisons pouvait invoquer ce collège ? Voulait-il un supplément d'enquête et d'instruction ? Mais l'affaire n'était pas de sa compétence puisqu'il n'était pas appelé à la juger lui-même. Il est probable qu'il intervenait pour la bonne administration de la justice, dans l'intérêt des plaideurs en instance que retardait encore le tour de faveur accordé au Maronite.

L'action publique est ouverte soit contre les τιμοῦχοι, s'ils sont seuls responsables de l'inobservance du délai, soit contre le collège qui les a empêchés de rendre justice. Elle est donnée soit au Maronite, c'est-à-dire au demandeur, soit à un Priénien de bonne volonté, mais c'est au Maronite qu'est attribué, dans l'un ou l'autre cas, le montant de la condamnation.

CHAPITRE V

Quelques procédures particulières.

§ 1. *Vol et reciperatio.* — § 2. *Vol manifeste.* Ἀπαγωγά. —
§ 3. *Vol non manifeste. Recours en garantie :* Ἀναγωγά. — § 4.
Revendication d'esclaves fugitifs. — § 5. *Vol de deniers publics :*
Μαστροί et μαστρικὸς νόμος.

§ 1. *Vol et reciperatio.*

Si l'on en excepte le chapitre sur les tribunaux, les chapitres
sur le vol sont, dans ce qui nous reste du σύμβολον delphique,
les plus complets et les plus détaillés. Deux chapitres portent
ce même titre : « Voleur », deux chapitres qui ne se font pas
suite l'un à l'autre. Nous avons renoncé, dès le début de ce
commentaire, à rechercher quel pouvait être l'ordre des différents titres du traité. L'état des fragments nous imposait cette
règle de prudence, et d'autre part l'expérience des inscriptions
juridiques nous mettait en garde contre l'hypothèse d'une disposition savamment ordonnée, qui n'est pas dans les habitudes
des rédacteurs anciens [1]. Nous nous bornerons à dire plus loin
dans quelle partie du traité se trouvent les deux chapitres sur
le vol et comment ils sont encadrés l'un et l'autre.

Que le vol et par suite la *reciperatio* aient tenu dans les traités de ce genre une très grande place, il n'y a pas lieu d'en
être surpris. La *reciperatio* n'est-elle pas l'objet principal des
σύμβολα [2] et la définition de Festus ne leur convient-elle pas ?

1. Voyez les justes observations de R. Dareste sur la composition de certain chapitre des *Lois* de Platon, par exemple (*La Science du droit en
Grèce*, p. 87).

2. Harpocration, s. v. Σύμβολα· τὰς συνθήκας, ἃς ἂν αἱ πόλεις ἀλλήλαις θέμε-
ναι τάττωσι τοῖς πολίταις ὥστε διδόναι καὶ λαμβάνειν τὰ δίκαια. « Conventions con-

Reciperatio est cum inter populum et reges nationesque et civitates peregrinas lex convenit quomodo per reciperatores reddantur res reciperenturque, resque privatas inter se persequantur[1]. Du texte de Festus il faut rapprocher, comme n'a pas manqué de le faire M. Édouard Cuq[2], l'article suivant du traité de Rome avec Antiochus de Syrie en 189 : *si quae pecuniae debentur, earum exactio esto ; si quid ablatum est, id conquirendi, cognoscendi repetendique jus esto*[3], « les créanciers auront le droit de poursuivre le recouvrement des sommes qui leur sont dues ; pour tout objet mobilier qui a été enlevé, on aura le droit de le rechercher, de faire procéder à l'enquête, de le redemander en justice ». Encore une fois il est très naturel que la procédure de revendication tienne dans le nouveau σύμβολον une grande place.

Le premier chapitre (1 B, l. 8 et suiv.) fait suite à des articles relatifs à la saisie (saisie d'hommes libres, de bétail, d'esclaves). Il est lui-même incomplet. En voici la traduction :

« Du vol.

§. — Si quelqu'un est pris en flagrant délit de vol, celui qui l'aura pris le traînera, chargé de liens, à Delphes devant le Conseil à l'intérieur du sanctuaire, et là il se fera constituer une caution solvable devant le ... à Delphes ; — à Pellana, il se rendra aussitôt devant les théares, leur donnera connaissance des articles du traité (en vertu desquels il agit) et fera inscrire le nom de la caution (sur les registres des théares).

§. — Si le voleur ne constitue pas de caution, le Conseil le fera charger de liens et emprisonner.

§. — Dans les trente jours, s'ils le veulent, et si l'auteur de l'arrestation est condamné, les magistrats exigeront de lui, sous caution, l'engagement de payer lui-même le montant de la condamnation prononcée par les juges ou de s'en reconnaître le débiteur.

clues entre des cités pour assurer bonne justice à leurs concitoyens, soit comme défendeurs, soit comme demandeurs. » Cf. la très brève et très heureuse définition de Tite Live : commercium juris praebendi repetendique (XLI, 24, 16).

1. Festus, s. v. Cf. les justes observations de Hitzig dans l'article déjà cité : *Zeitschr. der Sav. Stift.*, Rom. Abt., 1907, p. 226.

2. *Institutions juridiques des Romains*, I[2], 1904, p. 19 ; cf. p. 135-136.

3. Tite Live, XXXVIII, 38, 11-12.

§. — Si les magistrats n'exigent pas de caution, ils useront contre lui des lois concernant [les débiteurs?].

§. — Si le Conseil est saisi d'une demande, les magistrats, en même temps qu'ils prendront des cautions, exigeront le dépôt d'un gage suffisant. »

Le second chapitre (II A, l. 13-23) fait suite à un article sur la παραγραφή, sorte d'exception et de fin de non recevoir, opposée ici à une action publique. Il est suivi lui-même d'un article sur les esclaves fugitifs : arrestation par un tiers et revendication par le maître. On peut reconnaître un lien entre la revendication d'un objet volé et celle d'un esclave qui s'est enfui ; il est difficile d'en découvrir un entre la παραγραφή et le vol. Voici la traduction de ce second chapitre :

« Du vol.

§. — Si quelqu'un vole à l'intérieur (d'une maison), il paiera le double du prix d'estimation de l'objet volé.

§ — Si le vol a été commis en dehors (de la maison) par un Delphien chez un homme de Pellana ou par un homme de Pellana chez un Delphien, un recours en garantie est ouvert au détenteur, à la condition qu'il fournisse au revendiquant, devant le magistrat qui introduira l'affaire, une caution qui sera un citoyen capable d'ester en justice et solvable. (Le détenteur affirme qu') il a justement acquis et dans les formes légales ce qu'il possède à Delphes ou à Pellana.

Le revendiquant est libre de ne pas accepter le recours en garantie, à la condition de se dire prêt à reconnaître qu'il est dans son droit en revendiquant ; le détenteur est reçu à prouver que son recours en garantie est fondé sur son droit de propriété.

§. — Si le détenteur n'exerce pas le recours dans les délais prescrits, le recours est nul et sans effet.

§. — Si le détenteur ne fournit pas la caution (exigée), le revendiquant a le droit de vendre jusqu'à concurrence du montant de la valeur (de l'objet revendiqué) et des dommages-intérêts.

Si la vente ne produit pas cette somme, le détenteur devra au revendiquant le double de la valeur et des dommages-intérêts ; il lui paiera en outre, à titre de frais et débours et d'amende, la somme de cinq cents drachmes, conformément au chapitre du traité concernant les...

Si le revendiquant vend au delà (du montant de la valeur et des dommages-intérêts), c'est lui qui sera inscrit comme débiteur du double (du surplus). »

En somme le traité distingue le vol manifeste du vol non manifeste. C'est une distinction très ancienne et très générale et il me suffira de renvoyer le lecteur aux pénétrantes observations de R. Dareste [1]. Ajoutons que Platon, tout pénétré de la législation et des mœurs athéniennes, s'en tient à la peine du double dans ses *Lois*. Il ne sera pas sans intérêt de citer et de traduire le court chapitre qu'il a consacré au vol.

Lois 857 A, B: Κλέπτῃ δέ, ἐάν τε μέγα ἐάν τε σμικρὸν κλέπτῃ τις, εἷς αὖ νόμος κείσθω καὶ μία δίκης τιμωρία ξύμπασι· τὸ μὲν γὰρ κλαπὲν δὴ χρεὼν διπλάσιον πρῶτον ἐκτίνειν, ἐὰν ὄφλῃ τις τὴν τοιαύτην δίκην καὶ ἱκανὴν ἔχῃ τὴν ἄλλην οὐσίαν ἀποτίνειν ὑπὲρ τὸν κλῆρον, ἐὰν δὲ μή, δεδέσθαι ἕως ἂν ἐκτίσῃ ἢ πείσῃ τὸν καταδικασάμενον. Ἐὰν δέ τις ὄφλῃ κλοπῆς δημοσίᾳ δίκην, πείσας τὴν πόλιν ἢ τὸ κλέμμα ἐκτίσας διπλοῦν ἀπαλλαττέσθω τῶν δεσμῶν.

« Pour le voleur, si grande ou si petite que soit la valeur de l'objet volé, il n'y aura pour tous les cas qu'une loi et qu'une peine en justice : celui qui encourt une condamnation pour vol et qui possède d'ailleurs une fortune suffisante, en dehors de son lot, pour payer, devra la restitution au double ; s'il ne paye pas, il sera mis aux fers jusqu'à ce qu'il ait payé ou transigé avec celui qui l'a fait condamner.

Celui qui encourt une condamnation pour vol dans une action publique ne sera mis en liberté qu'après avoir transigé avec la cité ou payé le double. »

Pour ce dernier paragraphe, j'entends que l'action publique est donnée par Platon contre ceux qui ont commis un vol au préjudice de la cité: C'est en effet la cité qui devra transiger avec le voleur et tel me paraît être le sens des mots ὄφλῃ δημοσίᾳ δίκην κλοπῆς.

§ 2. *Vol manifeste.* Ἀπαγωγά.

L'expression ἐπ' αὐτοφώρωι, bien connue par l'usage athénien, se retrouve à Delphes (I B, l. 8) et dans le σύμβολον conclu entre

1. *Études d'histoire du droit*, 1889, p. 299 et suiv.

Athènes et Trézène [1]. Si mutilé que soit ce dernier traité, on a cru y reconnaître qu'il y était aussi question du vol manifeste commis par un esclave : la peine de trente coups de fouet ([μασ-τιγού]σθω τριά[κοντα πληγάς]) ne convient en effet qu'à un esclave [2]. Il est vrai que la restitution est loin d'être sûre : [δικαζέ]σθω τριά[κοντα ἡμερῶν], par exemple, ne serait ni moins admissible, ni moins incertain [3]. En tout cas, dans la partie conservée du traité de Delphes, il n'est parlé que d'hommes libres, citoyens de Delphes ou de Pellana.

Le voleur pris en flagrant délit est d'abord chargé de liens par celui qui l'a pris, puis traîné devant les magistrats, à Delphes devant le Conseil, à Pellana devant les théares [4]. Il n'est remis en liberté que s'il fournit une caution, séance tenante, devant les magistrats.

S'il ne fournit pas de caution, c'est le Conseil de Delphes qui le fait charger de liens et conduire en prison. Puisqu'il est mis aux fers par le Conseil, nous en conclurons qu'entre le moment où il a été amené enchaîné devant la Βουλά et celui où il a été conduit en prison, il a été dégagé de ses liens et traité en homme libre.

Rien jusque là, ni dans la procédure, ni dans le vocabulaire juridique (ἀπάγειν, δεῖν, εἴργειν) ne nous paraît digne de remarque. Notons pourtant que le texte nouveau fournit un argument de plus aux auteurs du *Procès attique* contre M. J. Partsch [5]. Ce dernier n'admet pas que le cautionnement prenne place dans la procédure athénienne de l'ἀπαγωγή quand elle est appliquée aux malfaiteurs (κακοῦργοι). Il ne lui paraît pas vraisemblable que l'inculpé obtienne, moyennant caution, sa mise en liberté jusqu'au jour du jugement. C'est écarter trop vite les passages des orateurs attiques cités par ses devanciers et auxquels il faut joindre maintenant le σύμβολον de Delphes.

1. *Inscr. gr.*, vol. II et III, ed. minor, pars I (1913), n° 46, fragm. *n*, l. 72 : [ἐπ' αὐτ]οφώρω[ι]
2. Voy. G. Glotz, *Les esclaves et la peine du fouet en droit grec*, dans les *Comptes rendus de l'Académie des Inscriptions et Belles-Lettres*, 1908, p. 571 et suiv.
3. Le délai de trente jours se retrouve au fragment *o*, l. 57.
4. Sur la *manus injectio* dans l'ancien droit romain, voy. E. Cuq, *ouvr. cité*, I², p. 109, note 5. Cf. *Der attische Process*², p. 776.
5. J. Partsch, *Griechisches Bürgschaftsrecht*, I, p. 381-382. *Der attische Process*², loc. cit.

Remis en liberté ou conduit en prison, le voleur sera jugé dans un délai que nous ignorons. L'issue du procès qui s'engage est si incertaine que le traité prévoit le cas où la condamnation frappera τὸν ἀπά[γον]τα, c'est-à-dire celui qui a traîné devant les magistrats le prétendu voleur[1].

Si l'auteur de l'arrestation est condamné, il a, semble-t-il, trente jours pour payer l'amende que les juges lui auront infligée. Dans ces trente jours, les magistrats ont le droit, s'ils le veulent, d'exiger de lui une caution *judicatum solvi ;* s'ils n'usent pas de leurs droits, ils lui appliqueront les lois concernant [les débiteurs].

Ainsi la caution *judicio sistendi causa* est exigée du voleur pris en flagrant délit ; la caution *judicatum solvi* ne l'est pas nécessairement de l'auteur de l'arrestation quand c'est lui qui est condamné.

Dans ce dernier cas le traité s'en rapporte aux magistrats de Delphes ou de Pellana. Ceux-ci tiendront compte non seulement du crédit et de la solvabilité du condamné, mais aussi de sa nationalité : le Delphien condamné à Delphes sera plus aisément dispensé de fournir une caution que le Delphien condamné à Pellana. Il va de soi, en tout cas, que les deux cautions *judicio sis-*

1. Citons à ce sujet un article très confus de Suidas, s. v. Ἀμφιορκία · ἐπειδὰν ὅ τε διώκων καὶ ὁ φεύγων ὀμνύωσι, κλοπῆς ἔγκλημά τισιν ἐπιφέροντες. Τοῦτο δὲ πολλάκις ὤφθη μάτην γινόμενον. Ἔθεντο οὖν Ἀθηναῖοι νόμον κατὰ τῶν ἀπαγόντων εἰς δεσμωτήριόν τινας ἐπὶ δίκῃ κλοπῆς, χιλίας διδόναι δραχμὰς τοὺς ἁλόντας. Il y a deux parties mal soudées dans cet article. La première, jusqu'au mot ἐπιφέροντες, veut être une définition du mot ἀμφιορκία et nous la pouvons rattacher à d'autres gloses, par exemple Pollux, VIII, 122 ; Bekker, *Anecd. gr.,* 184, 9 ; 311, 23. La seconde partie, relative à l'ἀπαγωγή en cas de vol, mentionne une prétendue loi des Athéniens dont le texte même a été corrigé : Samuel Petit (*Leges atticae,* édit. de P. Wesseling, 1742, p. 638), Toup et Gaisford (dans son édition de Suidas, 1834) maintiennent τοὺς ἁλόντας ; Saumaise (*de modo usurarum,* p. 777) et Kuster (dans son édition de Suidas, 1705) préféreraient : τοὺς μὴ ἁλίσκοντας. Samuel Petit a raison, mais la loi athénienne n'en a pas moins été forgée par un compilateur ignorant. Les mille drachmes, c'est l'amende bien connue à laquelle s'exposait l'accusateur qui n'obtenait pas le cinquième des suffrages, la *poena temere litigantis.* Samuel Petit, dans son commentaire de l'article de Suidas, n'a pas manqué de citer le passage bien connu du plaidoyer contre Androtion (Démosthène, XXII, 26 et suiv.). Énumérant les diverses manières de procéder à raison d'un même fait, Démosthène prend le vol pour exemple : ἔρξωσαι καὶ σαυτῷ πιστεύεις · ἄπαγε · ἐν χιλίαις δ'ὁ κίνδυνος. C'est manifestement ce passage, ce lieu commun qui a donné naissance à la prétendue loi rapportée par Suidas dans un article incomplet et confus.

tendi causa et *judicatum solvi* sont des Delphiens, si l'affaire est jugée à Delphes, des Pellanéens, si elle l'est à Pellana.

Nous sommes si mal renseignés sur le cautionnement dans les σύμβολα que ces données précises seront les bienvenues [1].

Je terminerai par un simple rapprochement. Que la caution *judicatum solvi* fût pratiquée en dehors d'Athènes, nous le savions depuis longtemps [2], mais le texte suivant de Nicolas de Damas mérite d'être cité parce qu'il se rapporte à une grande ville du Péloponnèse, voisine de Pellana, Corinthe. Nicolas de Damas raconte comment, au milieu du viie siècle, Kypsélos sut s'y rendre populaire, au détriment de la famille des Bacchiadai, en exerçant les fonctions de polémarque.

Fragm. 58, 5 et suiv. : Νόμος καθεστήκει Κορινθίοις τοὺς ἐν δικαστηρίῳ ἁλισκομένους ἀπάγεσθαι πρὸς τὸν πολέμαρχον καὶ καθείργνυσθαι τῶν ἐπιτιμίων ἕνεκα, ὧν καὶ αὐτῷ μέρος τι ἦν. Ὁ δὲ οὔτε καθεῖρξέ τινα πολίτην, οὔτε ἔδησεν, ἀλλὰ τοὺς μὲν ἀπέλυε δεχόμενος (6) ἐγγυητάς, τῶν δὲ καὶ αὐτὸς ἐγένετο, πᾶσι δὲ ἡρίει τὸ αὐτοῦ μέρος· ἐξ ὧν μάλιστα ἐν τῷ πλήθει ἐστέργετο.

Les amendes étaient un des revenus principaux de l'oligarchie des Bacchiadai et c'est pour en mieux assurer le recouvrement que la loi accordait une sorte de prime au polémarque. Kypsélos ne se borne pas à faire remise de sa part ; il introduit ou favorise le cautionnement, il se porte lui-même caution, il fera mentir le proverbe : ἐγγύα, παρά δ' ἄτα [3].

1. Voy. Hitzig, *Altgr. Staatsvertr.*, p. 57-58. Rappelons que M. Hitzig a proposé le sens de caution pour le mot προστάτας dans la loi locrienne relative à la colonie de Naupacte (C. D. Buck, n° 55, Z, l. 34 ; Hitzig, *mém. cité*, p. 50-51). Les auteurs des *Inscriptions juridiques grecques* avaient envisagé cette interprétation et l'avaient écartée (I, 1891-1894, p. 190). La lumière n'est pas encore faite sur cet article de la loi locrienne, mais je n'en tiens pas moins à signaler l'essai d'explication tenté par M. Hitzig. Il n'a pas manqué d'ailleurs de rappeler les inscriptions béotiennes, du iiie siècle, où προστάτας a certainement le sens de caution (Thespies, *Bull. de corr. hellén.*, XXI, 1897, p. 554 et suiv. et les observations de l'éditeur, G. Colin, p. 564 ; *Inscr. gr.*, VII, 1892, n° 1739 et Bernard Haussoullier, *Revue de philologie*, XXII, 1898, p. 361 et suiv.). On sait qu'à Delphes προστάτας a souvent le même sens que βεβαιωτήρ (*Griech. Dialekt-Inschr.*, IV, 1901, *Wortregister*, s. v.).

2. Lécrivain, *Le cautionnement dans le droit grec classique*, extrait des *Mémoires de l'Académie des Sciences, Inscriptions et Belles-Lettres de Toulouse*, 9e série, VI, 1894, p. 25 du tirage à part ; T. W. Beasley, *Le cautionnement dans l'ancien droit grec*, 143e fascicule de la Bibliothèque de l'École des Hautes-Études, 1902, p. 59 et suiv.

3. Sur ce proverbe, voy. Lécrivain, *art. cité*, p. 27.

§ 3. *Vol non manifeste. Recours en garantie* : Ἀναγωγά.

L'intérêt principal de ce chapitre, où — je le répète — les restitutions tiennent une grande place, réside dans les paragraphes consacrés au recours en garantie.

Cette procédure est mal connue. Ce qu'on a écrit de plus exact et de plus pénétrant sur ce difficile sujet, c'est encore la page de R. Dareste dans son livre de *La Science du droit en Grèce* (1893)[1]. Sans parler de quelques phrases dans les orateurs attiques et les lexicographes, il n'avait à sa disposition que deux textes un peu détaillés : le passage des *Lois* de Platon cité plus haut et dont on trouvera ci-dessous la traduction, et quelques lignes d'un papyrus du Musée de Turin, extraites du jugement rendu dans l'affaire d'Hermias. C'est à R. Dareste que revient le mérite d'avoir bien compris et interprété ce dernier texte; pour nous, c'est à la lumière des *Lois* de Platon, du procès d'Hermias et des observations de R. Dareste que nous nous sommes efforcé de lire et de restituer ce chapitre du σύμβολον delphique.

Au commencement du l. XI, Platon traite de la revendication (revendication de meubles, revendication *in libertatem*) et des actions auxquelles elle donne lieu. Le défendeur peut s'y soustraire personnellement par le moyen suivant[2] :

« Si quelqu'un, s'en prétendant le maître, met la main sur un animal ou un objet quelconque ou quelque chose lui appartenant, le détenteur a le droit de recourir à son vendeur ou à celui qui lui a donné ou cédé de quelque manière que ce soit ladite chose, pourvu que [ce garant] soit solvable et capable d'ester en justice.

« Si le garant est un citoyen ou un métèque résidant dans la ville, le recours aura lieu dans les trente jours ; le délai est de cinq mois, si c'est un étranger qui lui a cédé la chose, soit deux mois et demi avant le solstice d'été, deux mois et demi après[3]. »

1. P. 110-111.
2. Le texte a été cité plus haut, p. 33.
3. Nous avons dû développer la dernière phrase de Platon, où il est dit mot à mot que : le milieu [du délai] sera le moment où le soleil d'été se tourne vers le mauvais temps. Entendons les cinq mois où la navigation est le plus aisée.

Le jugement rendu en 117 av. J.-Chr. dans l'affaire d'Hermias contre Horos et consorts analyse, moyen par moyen, argument par argument, les plaidoyers des avocats des deux parties [1]. Celles-ci se disputaient une maison dont Hermias se prétendait propriétaire, qu'Horos et consorts prouvaient avoir achetée. Le seul titre produit par Hermias était une reconnaissance (συγχώρησις), signée par une femme du nom de Lobaïs qui figurait au nombre des neuf vendeurs d'Horos. Lobaïs y déclarait qu'elle n'avait jamais élevé aucune prétention sur la maison. Mais l'avocat d'Horos établit sans peine la mauvaise foi de son adversaire. Voici, sur ce moyen, le résumé de son plaidoyer :

Col. VI, l. 4 et suiv. : καὶ ὄντων τῶν πεπρακότων ἐννέα, καὶ τῶν περὶ τὸν Ὧρον ἐνοικούντων καὶ κρατούντων τῆς οἰκίας, δέον εἶναι πρότερον κατὰ τούτων τὴν ἔντευξιν δοῦναι, ἵν' οὗτοι ἤτοι προεπισκηψάμενοι τοῖς πεπρακόσιν αὐτοῖς, αὐτοὶ καὶ τὴν πρὸς τὸν Ἑρμίαν κρίσιν ἐγδικήσαντες ἐκστήσωσιν αὐτὸν τῆς πρὸς αὐτοὺς ἀντιδικίας, ἢ παραδόντες τοῖς βεβαιωταῖς τὸν περὶ τῆς βεβαιώσεως λόγον συνστήσωνται [2].

« Les vendeurs étaient au nombre de neuf ; d'autre part Horos et consorts habitaient et possédaient la maison. C'était donc contre ces derniers qu'il fallait d'abord donner l'action, et alors : *ou bien* Horos et consorts, après avoir commencé par réserver leur droit d'attaquer leurs vendeurs, se seraient présentés ensuite pour défendre à l'action d'Hermias et l'auraient fait débouter de ses prétentions contre eux-mêmes; *ou bien*, mettant leurs garants en leur lieu et place, auraient invoqué la garantie [3]. »

Je me suis permis, pour serrer le texte de plus près, d'introduire quelques changements de détail dans la traduction donnée par R. Dareste, mais je me suis bien gardé de toucher au fond, c'est-à-dire à la distinction reconnue par lui des deux formes de recours en garantie : garantie simple et garantie formelle. Dans le premier cas, l'acheteur (ou le détenteur) reste en cause, non sans faire intervenir le garant. Cette intervention est assurée par le moyen de l'ἐπίσκηψις. Ce terme nous est connu par la procédure

---

1. R. Dareste, *Nouvelles études d'histoire du droit*, II, 1902, p. 214, traduction. La dernière édition du texte se trouve dans L. Mitteis et U. Wilcken, *Grundzüge und Chrestomathie der Papyruskunde*, II, 2, *Chrestomathie* (L. Mitteis), 1912, nᵒ 31, p. 28 et suiv.

2. Mitteis, p. 36.

3. R. Dareste, p. 223.

athénienne contre les faux témoins. Pour que l'action en faux témoignage soit recevable, à Athènes, il faut qu'elle ait été réservée par l'une ou l'autre partie, ou bien par les deux parties, avant le jugement de l'affaire principale; c'est avant le vote des juges que les deux parties doivent déclarer qu'elles se proposent d'attaquer (ἐπισκήψασθαι) certains témoignages [1]. Pareillement, en Égypte, Horos et consorts ont, avant d'ester en justice, le droit de réserver leur recours contre leurs vendeurs. Dans le cas de garantie formelle, l'acheteur (ou le détenteur) se fait mettre hors de cause : le garant prend le fait et cause du garanti.

Le Procès d'Hermias et les *Lois* de Platon ne nous font connaître qu'une des conditions à remplir pour appeler garant. Il faut observer les délais prévus par la loi, c'est-à-dire, d'après Platon, trente jours à partir de la demande, si le garant est un citoyen ou un métèque; cinq mois, s'il est un étranger qui n'a fait que passer. Nous voyons dans le procès d'Hermias que l'ἐπίσκηψις doit précéder la comparution du défendeur en justice, ce qui revient probablement à dire qu'elle doit avoir lieu dans les trente jours qui suivent la demande. A Delphes le recours en garantie n'est admis que s'il est exercé « dans les délais prescrits » (1. 18-19).

Mais le σύμβολον delphique est plus complet. Il faut encore, pour avoir droit d'appeler en garantie, à Delphes et à Pellana :

1° que le détenteur fournisse une caution au revendiquant ;
2° que le revendiquant accepte le recours en garantie.

Pour la caution, sans tenir compte des restitutions incertaines, voici les faits positifs et sûrs qu'on peut tirer de la partie conservée du texte. D'abord la caution doit être un citoyen capable d'ester en justice et solvable ; ensuite c'est au revendiquant qu'elle est fournie par le détenteur. Quelles sont ses obligations ? De quoi est-elle tenue ? Le droit grec ne nous fournit pas de réponse. Dans le droit athénien, ainsi que l'a constaté M. J. Partsch [2], on ne trouve aucun exemple d'une caution semblable et le seul texte qui puisse être rapproché du σύμβολον delphique se rapporte à la législation de Zaleukos en matière de revendication. C'est un chapitre de Polybe, qui vaut d'être cité et traduit en

---

1. Aristote, ᾽Αθην. πολ., 68, 4 et plus haut p. 66 et suiv.
2. *Griech. Burgschaftsrecht*, I, 1909, p. 294.

grande partie. La scène se passe dans la Grande Grèce, à Locres [1] :

XII, 16, 1 et suiv. Νεανίσκων δυεῖν περί τινος οἰκέτου διαφερομένων συνέβαινε παρὰ μὲν τὸν ἕτερον καὶ πλείω χρόνον γεγονέναι τὸν παῖδα, τὸν δ'ἕτερον ἡμέραις δυσὶ πρότερον εἰς τὸν ἀγρὸν ἐλθόντα μὴ παρόντος τοῦ δεσπότου μετὰ βίας εἰς οἶκον ἀπηχέναι τὸν δοῦλον, κἄπειτα τὸν ἕτερον αἰσθόμενον ἐλθεῖν ἐπὶ τὴν οἰκίαν καὶ λαβόντ'ἀπάγειν ἐπὶ τὴν ἀρχὴν καὶ φάναι δεῖν κύριον αὐτὸν εἶναι διδόντα τοὺς ἐγγυητάς · κελεύειν γὰρ τὸν Ζαλεύκου νόμον, τοῦτον κρατεῖν τῶν ἀμφισβητουμένων ἕως τῆς κρίσεως παρ'οὗ τὴν ἀγωγὴν συμβαίνει γίνεσθαι.

« Deux jeunes gens se disputaient la possession d'un esclave que l'un d'eux (A) avait détenu chez lui plus longtemps. — L'autre (B), étant parti pour la campagne, y avait séjourné deux jours, et, de force, en l'absence du maître (A) avait emmené l'esclave chez lui. — Informé, le maître (A) se rend à la maison où était l'esclave, le reprend et l'emmène devant le magistrat : « c'est à moi qu'il appartient, dit-il, et je fournis les cautions. » La loi de Zaleukos porte en effet que la possession (provisoire) des choses revendiquées en justice appartient, jusqu'au jugement, à la partie sur laquelle la saisie a eu lieu. »

(5) Τοῦ δ'ἑτέρου κατὰ τὸν αὐτὸν νόμον παρ'αὐτοῦ φάσκοντος γεγονέναι τὴν ἀγωγήν — ἐκ γὰρ τῆς οἰκίας τῆς ἐκείνου τὸ σῶμα πρὸς τὴν ἀρχὴν ἥκειν ἀπαγόμενον —, τοὺς προκαθημένους ἄρχοντας διαποροῦντας ὑπὲρ τοῦ πράγματος ἐπισπάσασθαι καὶ συμμεταδοῦναι τῷ κοσμοπόλιδι · τὸν δὲ διαστεί λασθαι τὸν νόμον, φήσαντα παρὰ τούτων τὴν ἀγωγὴν ἀεὶ γίνεσθαι παρ'οἷς ἂν ἔσχατον ἀδήριτον ἢ χρόνον τινὰ γεγονὸς τὸ διαμφισβητούμενον.

« L'autre (B), invoquant la même loi, prétendait que la saisie avait eu lieu chez lui ; c'était en effet de la maison de ce dernier que l'esclave avait été amené devant le magistrat. Embarrassés, les magistrats appellent le cosmopolis et le consultent sur le cas. Interprétant la loi [2], celui-ci déclara qu'elle entendait par partie saisie celle qui avait détenu en dernier lieu, pendant quelque temps et sans contestation, la chose (aujourd'hui) contestée. »

En d'autres termes le cosmopolis déboute B, qui ne peut invoquer qu'une détention entachée de violence. Il attribue à son adversaire A la possession légale ; encore ce dernier doit-il appuyer

---

1. R. Dareste, *Nouvelles études d'histoire du droit*, II, p. 16.
2. Cf. Hésychius : Διεστείλατο · διεσαφήσατο.

sa demande en réintégrande de la constitution des cautions. Par
« les cautions », nous entendons les cautions exigées par la loi :
Delphes n'en exigeait qu'une, Zaleukos plusieurs.

Mais, si précieux que soit ce texte, si vivant que soit ce
tableau, ils ne nous renseignent pas sur les obligations des cautions. M. J. Partsch a très justement invoqué le droit romain
et rapproché des cautions de Locres, — ajoutons maintenant :
de la caution de Delphes et de Pellana, — les *praedes litis et
vindiciarum*.

Les *praedes litis et vindiciarum* ont donné lieu à de longues
discussions qui ne sont pas closes [1]. Ces cautions, disent les uns,
s'obligent envers l'État ; envers un particulier, disent les autres
et il faut bien reconnaître que le texte de Gaius est plutôt en
faveur de ceux-ci [2]. Bornons-nous à dire que la caution, à Delphes
et à Pellana, s'engage envers le revendiquant, envers un particulier par conséquent, et apprenons de Gaius [3] qu'elle est tenue
de la restitution de la chose litigieuse et des fruits, au cas où la
partie adverse obtiendrait gain de cause. Il est très vraisemblable
que, dans ce dernier cas, à Delphes et à Pellana, la partie adverse
ne recouvrait pas seulement τὰν ἀξίαν, c'est-à-dire la chose ou la
valeur de la chose, mais qu'elle obtenait aussi τὸ βλάβος, c'est-
à-dire des dommages-intérêts, ainsi que nous le voyons à la l.
20.

En somme il n'y a pas de recours en garantie possible sans la
constitution d'une caution fournie par le détenteur. Cela est tel-
lement vrai que, si le détenteur ne constitue pas de caution (l. 19),
le revendiquant est considéré comme ayant gain de cause, sans
procès : il a droit à la chose (ou à la valeur de la chose) et à des
dommages-intérêts [4].

1. Voy. un exposé très sobre et très net de la question dans Éd. Cuq,
Institutions juridiques des Romains, I², 1904, p. 88 ; plus détaillé dans P.
Viard, *Le Praes*, Dijon, 1907 (Thèse de doctorat), p. 29 et suiv.

2. Gaius, IV, 94 : ideo autem appellata est pro praede litis vindiciarum
stipulatio, quia in locum praedium successit, qui olim, cum lege agebatur,
pro lite et vindiciis, id est pro re et fructibus, a possessore petitori dabun-
tur.

3. Gaius, IV, 16 : postea praetor secundum alterum eorum vindicias dice-
bat, id est rei et fructuum.

4. La non constitution d'une caution équivaut à un désistement, comme
à Stymphalos le non versement de la consignation dans le cas obscur où les
deux parties doivent consigner (voy. plus haut p. 90), comme dans le

La restitution de l'article relatif à la procédure d'exécution est incertaine, mais le traité prévoit le cas d'insuffisance des biens, où le revendiquant ne peut recouvrer, après vente (?), le montant de la chose et des dommages-intérêts. Dans ce cas le détenteur doit : 1° le double desdites sommes ; 2° cinq cents drachmes à titre d'amende et de [σῶσ]τρα. Nous avons donné à ce dernier mot le sens de frais et débours faits par le revendiquant pour rentrer en possession de la chose.

Un dernier article (l. 22-23) vise les excès et abus commis par le revendiquant lors de l'exécution du détenteur [1]. Mais encore une fois le texte de ces passages est trop peu sûr pour nous arrêter longtemps. Retenons seulement que le revendiquant triomphe dans les trois cas suivants :

1° αἴ κα μὴ ἀνάγηι ὁ ἔχων, si une demande en garantie n'est pas formée par le détenteur ;

2° αἴ κα μὴ ἀνάγηι ἐν τῶι χρόνωι τῶι γεγραμμένωι, si la demande n'est pas formée dans le délai prescrit ;

3° αἰ κα μὴ καθιστᾶι τὸν ἔγγυον, si le détenteur ne fournit pas la caution exigée.

Contre l'ἀναγωγά même, le revendiquant n'est pas désarmé. D'abord il est libre de ne pas l'accepter (μὴ δέξασθαι). Qu'est-ce en effet que le recours en garantie? Un moyen de preuve, mais

traité entre Sardes et Éphèse (Dittenberger, *Orientis gr. inscr. sel.*, 1905, n° 437, l. 83 et suiv.) la non comparution devant le μεσιτεύων δῆμος ou la λαχοῦσα πόλις qui représentent les deux instances. Ἔστω κατὰ τὸν [π]αρόντα, est-il dit à la l. 84. Cf. *secundum praesentem judicare*, Cicéron, *Verr.*, II, 17, 41. Le traité est du ʳᵉʳ siècle avant J.-Ch.

Avant de quitter ce difficile sujet, citons un article du Dʳ Schlossmann : *Praes, vas, vindex* dans la *Zeitschr. für Savigny-St.*, Rom. Abt., XXVI, 1905, p. 285 et suiv. A la fin de son mémoire (p. 312), l'auteur établit un rapprochement entre les inscriptions grecques connues sous le nom de Tables d'Héraclée (*Inscr. juridiques gr.*, I, 1892, n° XII, p. 193 et suiv. ; *Gr. Dialekt-Inschr.*, III, 1898, n° 4629 (Richard Meister) ; C. D. Buck, *Gr. Dialects*, 1910, n° 74 (la première table seulement) et le droit romain de la prédiature. Les analogies qu'il constate l'amènent peut-être un peu vite à supposer, presque à admettre que « le droit romain de la prédiature a été emprunté à la procédure grecque et au droit des cités de la Grande Grèce » (p. 314). Mais le rapprochement, que M. P. Viard (*op. cit.*, p. 25) écarte, lui aussi, trop vite, n'en est pas moins intéressant et à noter.

1. Voy. plus haut, p. 94-95 et cf. au n° II B, l. 14 la mention de violences commises par la partie gagnante, p. 44 et 45, note 1.

aussi, dans le cas où le détenteur n'est pas de bonne foi, une exception dilatoire. Et le délai ne peut manquer d'être long, puisque les deux parties sont originaires l'une de Delphes, l'autre de Pellana ; et ce long délai peut encore être prolongé, si le garant appelle un autre en sous-garantie. C'est pour échapper aux lenteurs de cette procédure que le revendiquant refuse le recours en garantie. Son refus s'affirme dans une déclaration (εἰπόντι l. 17) dont les termes ne nous ont pas été conservés; nous connaissons seulement la formule de la très brève réplique de la partie adverse : [ὅτ]ι ἀνάγοι καθότι πέπαται : « Mon recours en garantie est fondé sur mon droit de propriétaire. » Que se passe-t-il alors ? L'incident est-il jugé sommairement et la demande principale est-elle appelée dans les délais ordinaires? Nous l'ignorons. Retenons seulement — c'est le fait important et nouveau — la faculté donnée au revendiquant de refuser le recours en garantie.

Au temps où je m'efforçais de restituer ces articles du traité de Delphes, paraissaient les inscriptions découvertes dans le Delphinion de Milet[1]. Le n° 140 du précieux recueil m'a été d'un grand secours. Il renferme une série de conventions conclues vers le milieu du iiie siècle entre Milet et des cités crétoises. La convention C m'a déjà fourni une restitution sûre pour notre n° I B, l. 6 ; la convention B traite de l'ἀναγωγά et les premières lignes doivent en être traduites.

140 B, l. 40 :

> Ἐάν τις Μιλησίων ἐν Γόρτυνι ἢ Γορτυνίων ἐμ Μιλήτωι
> ἐφάπτηται σώματος ἢ δούλου ἢ ἐλευθέρου, ἂμ μὲν ἀνά-
> γηι ὁ ἔχων πράτορι ἀξιόχρεωι ἢ εἰς πόλιν ἔνδικον[2], ἀποδοὺς
> τὴν τιμὴν τὴν ἀρχα[ί]αν ἀποδότω τὸ σῶμα ὁ ἐφαψάμεν-
> νος· ἂν δὲ μὴ ἀνάγηι, ἀποδότω τὸ σῶμα ὁ ἔχων τῶι ἐφαψα-
> 45. μένωι αὐθήμερον.

---

1. *Milet*, III, **Das Delphinion in Milet**, 1914. L'éditeur des inscriptions est M. Albert Rehm.

2. Ἔνδικος a ici un sens différent de celui que nous avons noté plus haut dans Platon, *Lois*, 915 D, dans notre σύμβολον, II A, l. 16 et dans le σύμβολον conclu entre Athènes et Trézène, *Inscr. gr.*, II et III, ed. minor, n° 46, c, l. 56, où il signifiait : capable d'ester en justice. Ici, ἔνδικος πόλις désigne une ville où la vente était autorisée par convention, où elle a eu lieu par conséquent légalement et a pu être transcrite sur les registres de vente.

« Quand un Milésien à Gortyne ou un Gortynien à Milet mettra la main sur u homme, esclave ou libre, — si le détenteur a recours à un vendeur honorable ou bien à une cité où la vente était autorisée (par une convention), le revendiquant restituera l'homme après avoir payé le prix d'achat antérieur ; — si le détenteur n'appelle pas garant, il sera tenu de remettre l'homme au revendiquant le jour même. »

Je ne sais pourquoi, sous le vain prétexte d'une contradiction entre les conventions A et C d'une part et B de l'autre [1], les commentateurs allemands de ce dernier texte se sont ingéniés à le torturer et à le déformer. MM. J. Partsch et Ziebarth [2], modifiant la ponctuation adoptée plus haut, rapportent les mots ἀποδοὺς τὴν τιμὴν τὴν ἀρχαίαν au détenteur : d'après eux, le recours en garantie ne suffit pas et il faut de plus que le détenteur paye au revendiquant le prix payé antérieurement par ce dernier ! Je suis d'accord avec M. A. Rehm pour rejeter cette interprétation. En droit, le recours en garantie, s'il est fondé, suffit à assurer au détenteur la propriété de l'homme sur lequel le revendiquant a mis la main : on ne comprendrait pas que, fort de son droit, le détenteur eût une indemnité à payer au revendiquant.

M. A. Rehm a proposé lui-même une interprétation qui repose sur une correction violente et, à mon sens, arbitraire [3]. Au lieu de ἀποδοὺς τὴν τιμὴν τὴν ἀρχαίαν, ἀποδότω... (ponctuation adoptée par MM. J. Partsch et Ziebarth), il admet une confusion du lapicide, entraîné par le participe ἀποδούς, et propose de lire : ἀποδοὺς τὴν τιμὴν τὴν ἀρχαίαν [ἐπαγέτω ou ἀπαγέσθω] τὸ σῶμα ὁ ἐφαψάμενος. Il traduit alors : « Quand un Milésien à Gortyne ou un Gortynien à Milet mettra la main sur un homme, esclave ou libre, — si le détenteur a recours à un vendeur honorable ou bien à une cité où la vente était autorisée (par une convention), le revendiquant n'aura le droit d'emmener l'homme qu'après

---

1. J'ai traduit plus haut la première partie du décret C, p. 21. J'ajoute en note la traduction du fragment de A dont j'ai cité le texte au même endroit : « Le Knossien n'achètera pas le Milésien, ni le Milésien n'achètera le Knossien, s'il sait que celui-ci est libre. — S'il l'achète le sachant, il perdra le prix et l'homme sera libre. — S'il l'achète sans le savoir, il rendra l'homme mais se fera rembourser exactement le prix d'achat. »

2. Cités dans le commentaire de M. Rehm, p. 187 (311).

3. *Op. loc. cit.*

avoir payé au détenteur le prix d'achat antérieur. » Je prétends que la correction fausse le sens. Les deux articles de la convention sont symétriques et la répétition des mêmes termes s'impose. Soit A le détenteur d'un homme libre ou d'un esclave, B le revendiquant. B met la main sur l'homme libre ou l'esclave détenu par A. Deux cas sont à prévoir : A usera du recours en garantie ; A n'usera pas du recours en garantie. Dans le premier, le recours en garantie étant fondé, B doit restituer l'homme (ἀποδότω τὸ σῶμα), mais non sans payer des dommages-intérêts dont le montant est égal au prix déboursé antérieurement par A. — Dans le second cas, A doit restituer l'homme le jour même (ἀποδότω τὸ σῶμα). Il y a dans les deux cas une condition à la restitution de l'homme sur lequel B a mis, injustement ou justement, la main : dans le premier, le paiement par B de dommages-intérêts ; dans le second, l'obligation pour A de faire la restitution dans le délai d'un jour. S'il fallait à tout prix introduire une correction dans le texte, je serais disposé à admettre une omission dans le second article où l'on pourrait lire : ἂν δὲ μὴ ἀνάγηι, [ἀποδοὺς τὴν τιμὴν τὴν ἀρχαίαν], ἀποδότω τὸ σῶμα ὃ ἔχων... La partie perdante serait, dans les deux cas, condamnée aux mêmes dommages-intérêts.

Si intéressant que soit le texte milésien, c'est encore une leçon de prudence qu'il nous donne. Sachons attendre d'autres découvertes qui ajouteront de nouveaux traits de lumière à ceux qui nous sont venus du σύμβολον delphique.

§ 4. *Revendication d'esclaves fugitifs.*

II A, 1. 23-27 [Esclaves fugitifs].

« §. — Celui qui arrêtera un esclave fugitif le mènera, à Delphes ou à Pellana, devant les magistrats de la cité. Ceux-ci en prendront livraison, le feront charger de liens, veilleront à le garder et se chargeront d'annoncer la prise aux magistrats [de la ville où vivait l'esclave].

§. — Le maître aura le droit de venir le réclamer...

§ — Le paiement des frais et débours ne pourra être exigé avant le délai de... »

Le chapitre est incomplet. Renvoyant à la première partie où

nous avons cité et traduit les principaux textes déjà connus [1],
nous noterons seulement ici l'emploi du verbe ἀπάγειν. Quiconque
arrête un esclave fugitif est tenu de l'amener devant les magistrats de Delphes ou de Pellana. Ceux-ci le mettront en prison,
le garderont, c'est-à-dire se chargeront aussi de le faire nourrir
et aviseront les magistrats de la cité du maître. Ainsi se passaient les choses à Milet et à Héraclée du Latmos, où toutefois
le verbe ἀνάγειν remplace ἀπάγειν.

Il n'en allait pas de même, semble-t-il, à Stymphalos. L'esclave demeurait chez celui qui l'avait arrêté, mais ce dernier
était tenu de faire inscrire par le magistrat son propre nom et
celui de l'esclave fugitif. Entendons que le magistrat devait
assurer la publicité de cette déclaration en la faisant afficher [2].
Ladite déclaration portait une date sur le registre municipal et
servait ainsi de base au calcul de l'indemnité due à l'auteur de
l'arrestation. L'indemnité ne pouvait s'élever à plus de deux
oboles par jour, soit peut-être une obole pour la nourriture de
l'esclave si nous prenons le tarif de Milet [3], plus une obole pour
frais de séquestre.

1. Voir p. 38 et suiv.

2. Nous avons, semble-t-il, l'exemple de stèles relatives aux δραπετικὰ
σώματα qui sont exposées dans le sanctuaire ou mieux dans l'enceinte d'A-
thanaia Polias à Knosos :. *Griech. Dialekt-Inschr.*, nᵒ 5075, l. 50, d'après la
copie de Chishull et la revision de Comparetti (*Museo italiano*, I, 1885,
p. 149). Blass s'abstient de toute restitution. Qu'on m'en permette une
pour un autre passage du même texte. Aux l. 30-31, il est question du
cosme de Lato qui se rend à Olonte ou vice versa. Comparetti restitue
(p. 147) :   καί κα κοσμίων [ἔλθ]ηι Λά[τιος ἐς 'Ολόντα ἢ 'Ολόντιος
     ἐς Λατών, τ[ό τε συσσί](τ)ιον ἀφφάνω (ἐχέ)τω (κ)αὶ ἑρπέτω ἐς π[ρυτανήιον.
Comparetti croit distinguer la trace du T de συσσίτιον. Je lirais plus
volontiers un Γ et proposerais [καταγώ]γιον. C'est au prytanée que le cosme
sera nourri, c'est ailleurs qu'il sera hébergé et le mot καταγώγιον ne fait
pas double emploi avec πρυτανήιον. Sur le prytanée de Lato, que J. Demargne
croit avoir découvert dans ses fouilles de 1899-1900, voy. *Bull. de corr.
hellén.*, XXVII, 1903, p. 216-218 et fig. 4, et H. Pomtow, dans *Klio*, XII,
1912, p. 301-303.

3. Traité milésien cité plus haut, p. 39, l. 98. Mais gardons-nous d'attacher trop d'importance à ce rapprochement, car la συμβολά de Stymphalos
est plus ancienne que le traité milésien et à l'époque où elle a été rédigée,
c'était, semble-t-il, la monnaie éginétique qui avait cours à Stymphalos (Συμβολά, l. 98 ; cf. le commentaire de Hiller von Gaertringen, p. 80). Sur le prix
de nourriture des esclaves en Grèce, voy. H. Francotte, *L'industrie dans la
Grèce ancienne*, I, 1900, p. 328 et suiv. Cf. G. Glotz, *Les salaires à Délos*,
dans le *Journal des Savants*, 1914, p. 209 et suiv.

§ 5. *Vol de deniers publics :* Μαστροί *et* μαστρικὸς νόμος.

On a vu plus haut que, si le mot φιλατίς était employé dans
le σύμβολον delphique pour désigner le voleur, on y usait du verbe
κλέπτειν pour l'action de voler, du mot κλέμμα pour l'objet volé.
D'autres termes : κλοπά, φωρά nous sont connus par un décret
delphique du milieu du ɪɪᵉ s. av. J.-Chr., relatif à une importante fondation du roi Attale II. Ce décret, que j'ai découvert
et publié jadis et qui a été souvent réédité [1], mérite ici une mention parce qu'on y trouve cités pour la première fois des magistrats delphiens qui ont même nom et mêmes fonctions que des
magistrats de Pellana. Nous en rapprocherons un décret delphique
en l'honneur d'Eumène II, qui a été publié pour la première fois
dans le récent ouvrage de M. Bernhard Laum, un texte d'Aristote
tiré de la Πελληνέων πολιτεία, enfin la συμβολά de Stymphalos.

Delphes. — B. Laum, II, p. 27, n° 28, § 3, l. 19 et suiv. :
εἶμεν τὸ ἀργύριον ποθίερον τοῦ θεοῦ καὶ μὴ ἐξεῖμεν μήτε ἄρχοντ[ι] μήτε
ἰδιώται μηθενὶ εἰς ἄλλο καταχρήσασθαι μηθὲ[ν] μηδὲ καθ᾽ ὁποῖον τρόπον
μήτε κατὰ ψάφισμα μήτε κατ᾽ αἶνον [2]· εἰ δέ τις τούτων τι ποιήσαι ἢ ἄρχων
ἢ ἰδιώτας, κατάμαστρος ἔστω ἱερῶν χρημάτων φωρᾶς καὶ οἱ μαστροὶ κατα-
γραφόντω κατ᾽ αὐτοῦ κατὰ τὸ ψαφισθὲν ἢ ἄλλως μετενεγχθὲν ἀργύριον
ὀκταπλοῦν, καὶ τὸ ψαφισθὲν ἢ διακινεθὲν ἄκυρον καὶ ἀτελὲς ἔστω.

Ibid., p. 29, § 6, l. 52 et suiv. : [λ]όγον ἀποδόντω [ταῖ πόλει ἐν
τῶι.......] μηνί· εἰ δὲ μή, οἱ μαστροί... [ἐνδεικν]υόντω κατ᾽ αὐτῶν κλο-
πᾶς κατὰ τὸμ μ[αστρικὸν νόμ]ον.

« § 3. — La somme sera consacrée au dieu et il ne sera permis

---

1. Ch. Michel, n° 263 ; Dittenberger, *Sylloge²*, n° 306 ; *Gr. Dialekt-Inschr.*,
II, 1899, p. 811, n° 2642 (J. Baunack) ; Bernhard Laum, *Stiftungen in der
griechischen und römischen Antike*. Ein Beitrag zur antiken Kulturges-
chichte, II *Urkunden*, 1914, p. 27 et suiv., n° 28. Tous les textes grecs cités
par Laum sont traduits en allemand.

2. Ni le mot αἶνος, ni plus loin le verbe διαινέω, n'ont encore reçu d'explication satisfaisante. Pour Dittenberger (*op. cit.*, not. 6), ψάφισμα désigne
un décret du peuple, αἶνος un décret du Conseil. Baunack (*op. cit.*, p. 814)
entend par αἶνος l'approbation donnée par le peuple à une question posée
par un magistrat, l'acclamation ; le peuple exprime son approbation, donne
son autorisation sans passer au vote. B. Laum se rallie à cette dernière
interprétation (I, p. 191, note 3) et je fais de même provisoirement, en
attendant que des textes inédits nous éclairent.

ni à un fonctionnaire ni à un particulier quelconque d'en rien
employer à un autre objet, de quelque façon que ce soit, ni en
vertu d'un décret, ni en vertu, d'une autorisation. — Celui qui,
magistrat ou particulier, commettra l'un de ces actes, encourra
l'accusation de vol de deniers sacrés et les μαστροί le poursuivront en paiement de l'octuple de la somme qui aura fait l'objet
du décret ou qui aura été détournée de quelque autre façon. Le
décret ou l'autorisation seront nuls et sans effet.

« § 6. — Les épimélètes rendront leurs comptes au mois de...
Sinon les μαστροί les dénonceront pour vol, conformément à la
loi des μαστροί ».

B. Laum, II, p. 32, n° 29 et p. 211, l. 1 et suiv. : [οἱ] δὲ κατα-
στα[θ]έντες..... λόγον ἀ[ποδιδόντ]ω τοῖς μαστροῖς ἐν τῶι αὐτῶι μηνὶ
ὑπεύθυνοι ὄντες [ὥσ]περ καὶ οἱ τὰ ἄλλα ποθίερα καὶ δαμ[ό]σια [χε]ιρίζον-
τες καὶ ἐν τοῖς αὐτοῖς ἐπιτιμίοις ἔνοχοι ἔστ[ω]σαν κατὰ τὸμ μαστρικὸν
νόμον.

« Les commissaires désignés rendront leurs comptes aux
μαστροί dans le même mois (Héracleios), sous la même responsa-
bilité que les autres administrateurs des deniers sacrés ou publics
et encourront les mêmes amendes, conformément à la loi des
μαστροί. »

Pellana. — Aristote, cité par Harpocration, s. v. μαστῆρες :
Ὑπερίδης ἐν τῷ πρὸς Πάγκαλον· ἔοικεν ἀρχή τις εἶναι ἀποδεδειγμένη ἐπὶ
τὸ ζητεῖν τὰ κοινὰ τοῦ δήμου, ὡς οἱ ζητηταὶ καὶ οἱ ἐν Πελλήνῃ μαστροί,
ὡς Ἀριστοτέλης ἐν τῇ Πελληνέων πολιτείᾳ [1].

Stymphalos. — *Inscr. gr.*, V, 2, n° 357, l. 37 suiv. :

ἐξέστω δὲ τοῖς αἱρεθέντοις [ἄ-]

[ν]δρεσσιν κα[ὶ π]ᾶσαν τὰν [γραφεῖσαν δίκαν ἐξετ]άσαι καὶ μέρος τι

καὶ μηθὲν ἀμάστρευτονῶ-

ν μὴ πὰρ τ[ὰν] γραφεῖσα[ν δίκαν ἴσχει ἐᾶσαι, ἐφ' ὅτωι τ]οὺς τὰς δίκας

ἔχοντας...

---

1. Cf. *Aristotelis* qui ferebantur librorum *fragmenta* collegit V. Rose[3],
1886, p. 350, frag. 567. — Hésychius : μαστήρ· ἐρευνήτης. Μαστῆρες· ζητοῦντες,
ἐρευνῶντες. — Photius, éd. Porson, p. 248, 21 : μαστῆρες· οἱ τὰ φυγαδικὰ χρήματα εἰσπράττοντες, οἱονεὶ ζητηταὶ τῶν φυγαδευτικῶν χρημάτων τῶν ἀειφυγίαν φυγα-
δευθέντων· ἐκλήθησαν δὲ μαστῆρες ἀπό τῶν κυνηγῶν τῶν ἐν τοῖς μαστοῖς τῶν ὁρῶν
ζητούντων τὰ θηρία. — Bekker, *Anecd. gr.*, I, p. 279, 6 : μαστῆρες· ζητηταὶ τῶν
φυγαδικῶν χρημάτων.

« Les commissaires auront le droit d'examiner le texte de la demande, dans l'ensemble et dans le détail, et ne laisseront en dehors de leur enquête rien de ce qui... »

Les restitutions tiennent une très grande place aux l. 38 et 39, mais le mot ἀμάστρευτος se lit en entier. Il est formé d'un verbe μαστρεύειν dont nous n'avons pas encore d'exemple et a le sens de ἀνεξέταστος. L'emploi de cet adjectif nouveau n'implique pas nécessairement, à Stymphalos et dans l'autre cité contractante, l'existence d'un collège de μαστροί, mais la chose est infiniment probable. Nous aurons d'ailleurs à nous demander, dans notre Troisième partie, si cette autre cité n'est pas Pellana même.

Notons déjà que l'institution des μαστροί était répandue dans le Péloponnèse : en Achaïe, en Arcadie, en Élide, en Messénie [1]. D'où venait-elle ? D'où venait, tout au moins, ce nom ?

1. Achaïe : Pellana. — Arcadie : Stymphalos. — Élide : Olympie, Ch. Michel, nº 195, 1. 6-7; *Gr. Dialekt-Inschr.*, I, 1884, nº 1152 ; C. D. Buck, *Greek Dialects*, nº 57 : ζίφυιον ἀποτινέτο ἐν μαστράαι. Cf. Hésychius : μαστρίαι· αἱ τῶν ἀρχόντων εὔθυναι. — Messénie : Andanie, Règlement des mystères, Ch. Michel, nº 694, 1. 51 ; Dittenberger, *Sylloge*², nº 653; *Inscr. gr.*, V, 1 nº 1390.

TROISIÈME PARTIE

PELLANA. RAPPORTS DE DELPHES ET DE PELLANA

Le lecteur n'attend pas que je lui apporte quelque laborieuse
dissertation *de rebus Pellenensium* [1], où je commencerais par
discuter les étymologies rapportées par Pausanias [2], où plus
loin j'étudierais un fragment de papyrus récemment publié, qui
figurera vraisemblablement dans une nouvelle édition des fragments d'Aristote [3]. Mais qu'il n'en ait aucun regret ! Pareille

1. *Pellenensis* est l'ethnique employé par Tite-Live (XXXIV, 29, 14).
Πελλανεύς (Πελληνεύς) est la forme la plus courante en grec, où l'on rencontre
aussi Πελληναῖος, déjà employé par Dicéarque (Cicéron, *ad Attic.*, II, 11, 2)
Il n'y a pas de raison de corriger dans ce dernier texte, qui est cité plus
bas, Πελληναίων en Πελληνέων. *Pellenaeus* se trouve en effet dans Pline
l'Ancien Olyros Pellenaeorum castellum (IV, 12), et Πελλαναῖοι a été justement restitué par Wilamowitz-Moellendorff dans un passage de Zénobios, I, 57, qui sera cité plus loin, p. 165. Le féminin Πελλανίς (Ἱππο-
νίκα Πελλανίς) se lit sur une des stèles d'Épidaure où sont énumérées les
guérisons miraculeuses : (Ch. Michel, *Recueil*, n° 1069, l. 10 ; Dittenberger,
Sylloge[2], 802 ; *Inscr. gr.*, IV, 1902 (Max. Fränkel), n° 951 ; C.-D. Buck,
Greek Dialects, 1910, n° 84). L'inscription est de la seconde moitié du iv⁰
siècle.
  Pour Πελλάνιος, que Max. Fränkel restitue dans une inscription d'Her-
mione, qui remonte peut-être au iv⁰ siècle (*Inscr. gr.*, IV, n° 727 A, l. 7, et
non 717 comme il est imprimé dans l'index), il n'y a aucune raison d'admettre cette forme. Il faut restituer : Πε[λ]λα[νεύς].
  Par contre, dans le σύμβολον au n° III A, l. 2, nous avons restitué : δελφικὰ
εἶμεν ἢ πε[λλανικά]. L'adjectif πελλανικός nous est bien connu par les gloses et
scholies qui mentionnent les πελληνικαὶ χλαῖναι. Voir plus loin, p. 139 et suiv.
  2. VII, 26, 12.
  3. *The Oxyrhynchus Papyri*, X, 1914, n° 1241, col. II, l. 33 et suiv. ;
col. III, l. 1 et suiv. Le nom d'Aristote est d'ailleurs une restitution.

dissertation serait singulièrement vide. Nous n'avons conservé ni la Πελληνέων πολιτεία d'Aristote, ni celle de son disciple Dicéarque. S'il faut en croire Cicéron, l'ouvrage de Dicéarque était particulièrement instructif : Cicéron savait en extraire des monceaux de notes [1]. Il nous apprend en tout cas que l'auteur avait vécu dans le Péloponnèse et le qualifie d'ἱστορικώτατος [2].

Ce que je dois au lecteur tiendra dans deux chapitres : dans le premier je le renseignerai d'une part sur la situation de Pellana, certains de ses monuments et des produits de la région, de l'autre sur les institutions politiques, en insistant sur celles que l'inscription nouvelle nous a permis de connaître ; dans le second, j'étudierai, autant qu'il est possible, les rapports des deux cités, Delphes et Pellana, particulièrement au IIIe siècle, c'est-à-dire à l'époque où fut conclu le σύμβολον. C'est en un mot, après le commentaire juridique présenté plus haut, un complément géographique et historique.

1. *Ad Attic.*, II, 11, 2 : Πελληναίων in manibus tenebam et hercule magnum acervum Dicaearchi mihi ante pedes exstruxeram. O magnum hominem... !
2. *Ad Attic.*, VI, 11, 3.

CHAPITRE PREMIER

§ 1. *Situation, monuments, produits.* — § 2. *Institutions politiques.*

§ 1. Situation, monuments, produits.

Le témoignage de Pausanias est à citer. Il n'est pas douteux en effet que Pausanias ait longé, par la voie de terre et en partant de Patræ, toute la côte de l'Achaïe ; il est certain qu'il s'est arrêté à l'échelle de Pellana, Aristonautæ ; il est infiniment probable qu'il est monté jusqu'à la ville et l'a visitée. C'est la conclusion qui s'impose à tous les lecteurs des deux derniers chapitres du livre VII et M. R. Heberdey la présentait déjà en 1894, dans son mémoire sur les voyages de Pausanias en Grèce[1].

VII, 26, 12. Τῆς δὲ Αἰγειρατῶν ἔχονται Πελληνεῖς· πρὸς Σικυῶνος δὲ οὗτοι καὶ μοίρας τῆς Ἀργολίδος Ἀχαιῶν οἰκοῦσιν ἔσχατοι.

VII, 26, 14. Ἔστι δὲ Ἀριστοναῦται Πελληνεῦσιν ἐπίνειον. Ἐς τοῦτο ἐξ Αἰγείρας τῆς ἐπὶ θαλάσσῃ σταδίων ἐστὶν εἴκοσιν ὁδὸς καὶ ἑκατόν· ταύτης δὲ ἡμίσεια ἐς Πελλήνην ἀπὸ τοῦ ἐπινείου.

Pausanias compte donc 120 stades du port d'Aegeira à Aristonautæ, 60 d'Aristonautæ à Pellana. Ce dernier chiffre se trouve déjà dans Strabon (C 386).

Le chapitre 27 est entièrement consacré à la description de Pellana, qui est située dans la région montagneuse [2], sur la rive occidentale du fleuve Sythas. Je n'ai pas à le transcrire en entier et me bornerai aux extraits suivants.

27, 2. Sur la route qui conduit à la ville est un temple d'A-

---

1. *Die Reisen des Pausanias in Griechenland*, p. 80.
2. Depuis le viᵉ siècle, semble-t-il. Voir le texte de Zénobios cité plus loin, p. 165.

théna, construit en marbre du pays (λίθου ἐπιχωρίου) ; il renferme une statue de la déesse en ivoire et en or, de la main de Phidias. Sur cette statue, l'une des premières œuvres du grand sculpteur, voy. Beulé, M. Collignon, Imhoof-Blumer et Gardner [1]. Comme l'a supposé Beulé, Phidias était sans doute dans l'atelier d'Agéladas d'Argos, quand les Pellanéens s'adressèrent à lui [2].

27, 4. Ὑπὲρ δὲ τὸν ναὸν τῆς Ἀθηνᾶς ἐστιν ἄλσος περιῳκοδομημένον τείχει Σωτείρας ἐπίκλησιν Ἀρτέμιδος, καὶ ὀμνύουσιν ἐπὶ μεγίστοις αὐτήν. Ἔσοδός τε πλὴν τοῖς ἱερεῦσιν ἄλλῳ γε οὐδενὶ ἔστιν ἀνθρώπων. Ἱερεῖς δὲ ἄνδρες τῶν ἐπιχωρίων εἰσὶ κατὰ δόξαν γένους μάλιστα αἱρούμενοι.

27, 4. Ἔστι καὶ Ἀπόλλωνος Θεοξενίου Πελληνεῦσιν ἱερόν, τὸ δὲ ἄγαλμα χαλκοῦ πεποίηται· καὶ ἀγῶνα ἐπιτελοῦσι Θεοξένια τῷ Ἀπόλλωνι, τιθέντες ἀργύριον ἆθλα τῆς νίκης, καὶ ἄνδρες ἀγωνίζονται τῶν ἐπιχωρίων.

27, 5. Sur le gymnase, voy. plus loin, p. 142.

27, 7. Sur le tyran Chairon, voy. plus loin, p. 155.

S'il est permis de rechercher, à travers les textes que je viens de transcrire, l'écho des explications et bavardages que Pausanias a recueillis devant les monuments mêmes de Pellana, je noterai trois observations qui me semblent avoir été complaisamment développées par ses guides ; toutes trois résonnent en quelque sorte dans le même adjectif trois fois répété, ἐπιχώριος. Devant le temple d'Athéna, on a fait savoir tout d'abord à Pausanias qu'il était construit en marbre du pays ; nous tirerons parti plus loin de cette remarque. Devant le mur d'enceinte du bois sacré d'Artémis Soteira, où il lui était interdit de pénétrer puisque les prêtres seuls en avaient l'accès, on lui a dit que ces derniers étaient choisis parmi les familles les plus illustres du pays. Enfin dans le sanctuaire d'Apollon Théoxénios, dont il a vu la statue, on lui a fourni deux renseignements précis sur les

---

1. E. Beulé, *Phidias*, drame antique, Paris, 1863, Introduction : la jeunesse de Phidias, p. 16 (L'Introduction avait paru dans la *Revue des deux mondes* en 1860 et le passage visé se trouve au tome II, p. 458-459). — M. Collignon, *Phidias*, 1886, p. 11. — F. Imhoof-Blumer and P. Gardner, *Numismatic Commentary on Pausanias*, dans *The Journal of hellenic Studies*, VII, 1886, p. 95.

2. Sur les liens qui unissaient Argos et Pellana dans l'antiquité la plus reculée, voy. Pausanias, VII, 26, 12 Cf. la glose d'Hésychius : Πελλήνη· πόλις ἐν Ἄργει.

jeux dits Théoxénia : les prix consistaient en une somme d'argent et seuls les gens du pays étaient admis au concours.

Ces trois observations confirment l'impression qui résulte de la seule lecture du chapitre 27 et prouvent que Pausanias a vraiment visité la ville. La troisième est décisive. Si Pausanias ne s'était pas borné à transcrire ses notes de voyage, s'il avait dû prendre la peine d'ouvrir des livres, de recourir à ses sources que nous connaissons si mal, il n'eût pas manqué de rencontrer deux mots qui nous sont répétés par tant de gloses et de scholies : πελληνικαὶ χλαῖναι. Ses auteurs les plus médiocres lui eussent appris qu'autrefois « les manteaux de Pelléné » étaient donnés en prix à certains jeux de la ville, peut-être aux Théoxénia mêmes ; il eût lui-même ajouté cette remarque à sa description. Tout semble indiquer encore une fois qu'il s'en est tenu aux notes prises chemin faisant.

· Strabon, que je me garderai de comparer à Pausanias, n'a consacré que quelques lignes à Pelléné, mais combien pleines ! On y retrouve « les manteaux de Pelléné, donnés [autrefois] en prix [1] ». L'emploi de l'imparfait ἐτίθεσαν, relevé par Bursian [2], puis par Frazer [3], suffit-il à prouver que l'ancien usage avait disparu ? C'est possible, en tout cas il remontait à une haute antiquité, et c'est à coup sûr Pindare, encore plus qu'Aristophane, qui nous a valu ce monceau de scholies et de gloses. Les plus grands athlètes préludaient d'ordinaire aux triomphes classiques par de moindres couronnes et Pellana doit à quatre des vainqueurs chantés par Pindare l'honneur de quatre citations dans les grandes odes. Les vainqueurs étaient un Rhodien, un Opontien, un Corinthien, un Argien ; est-il besoin de noter que d'Argos et de Corinthe à Pellana la route n'est pas longue.

Dans deux de ces quatre odes, Pindare fait allusion au manteau de laine donné en prix par la ville [4], mais le nom seul de

---

1. C 386. Ἔστι δ' ἡ Πελλήνη στάδια ἑξήκοντα τῆς θαλάττης ὑπερκειμένη, φρούριον ἐρυμνόν. Ἔστι δὲ καὶ κώμη Πελλήνη, ὅθεν καὶ αἱ Πελληνικαὶ χλαῖναι, ἃς καὶ ἆθλα ἐτίθεσαν ἐν τοῖς ἀγῶσι· κεῖται δὲ μεταξὺ Αἰγίου καὶ Πελλήνης.

2. C. Bursian, *Geographie von Griechenland*, II, 1868-1872, p. 342, note1.

3. J.-G. Frazer, *Pausanias's Description of Greece*, translated with a Commentary, IV, 1898, p. 184.

4. Olymp. IX, 146, et Nem. X, 82. A vrai dire, ce n'est pas l'Argien Théæos, chanté dans la Xᵉ Néméenne, qui avait triomphé à Pellana, mais deux de ses cousins maternels, Thrasyclès et Antias (v. 70 et suiv.). Max.

Pellana, dans les deux autres, a mis en mouvement l'érudition facile et douteuse des scholiastes qui se sont donné libre essor. Nous n'essaierons pas de les mettre d'accord et le tableau suivant dira surtout l'incertitude de leurs sources sur le nom du concours célébré à Pellana et sur l'origine du prix.

Schol. ad Olymp. VII, 156 (Bœckh, II, 1819, p. 181). — Les Θεοξένια y sont nommés deux fois, les Ἕρμαια une fois.

Ad Olymp. IX, 146 (Id., p, 227). — Les Ἕρμαια y sont nommés une fois, les Θεοξένια deux, mais l'une de ces dernières scholies, plus conciliante, veut que les Θεοξένια aient été célébrés en l'honneur d'Hermès et d'Apollon. Ils se célébraient en hiver, dit une autre, et c'est pour cela que le prix était un manteau.

Ad Olymp. XIII, 155 (Id., p. 288). — Une scholie nomme les Φιλοξένια.

Ad Nem. X, 82 (Id., p. 505). — Une scholie nomme les Δῖα, en l'honneur de Zeus ; une autre les Θεοξένια. Une autre enfin nous apprend que le climat de Pellana est rigoureux (δυσχείμεροι οἱ τόποι).

Les scholies d'Aristophane (*Oiseaux*, 1421) nous permettent d'allonger encore cette liste. Le sycophante, misérablement vêtu, vient demander des ailes à Peithétairos qui lui répond aussitôt

μῶν εὐθὺ Πελλήνης πέτεσθαι διανοεῖ ;

Suidas (s. v. Πελλήνη) cite une scholie d'Aristophane qui nomme les Ἥραια.

The Scholia on the Aves... (J. Williams White, 1914, p. 259). — La première scholie, la même qu'a citée Suidas, nomme les Ἥραια (Ἡράκλεια dans le ms. M) ; la seconde, les Ἕρμαια.

Parmi les lexicographes, Photius (Λέξεων συναγωγή, éd. Porson, 1822, p. 408, 1) nomme les Ἕρμαια ; Pollux et Hésychius[1] se bornent à rappeler que les manteaux de Pelléné étaient réputés et qu'on en donnait en prix, sans nommer aucune fête.

Le témoignage de Pausanias cité plus haut fait pencher la

Fränkel veut qu'il soit fait allusion à ces deux vainqueurs dans une inscription argienne retrouvée sur l'acropole d'Athènes(*Inscr. gr.*, IV, n° 510). Je n'en suis pas convaincu et me bornerai à noter que l'inscription mentionne des victoires remportées à Némée, Tégée, Kleitor et Pellana (a, l. 2) : elle date de la première partie du vᵉ siècle.

1. Pollux, VIII, 67. — Hésychius, s. v. Πελληνικαὶ χλαῖναι.

balance en faveur des Théoxénia qui se célébraient en l'honneur
d'Apollon Théoxénios. Nous comprenons mieux maintenant le
double renseignement qu'on lui a donné sur ces fêtes. Si ses
guides ont mentionné les prix en argent, dont il y avait tant
d'exemples de son temps, c'est qu'autrefois les prix consistaient
en manteaux de laine ; s'ils ont noté l'exclusion des étrangers,
c'est qu'autrefois ils étaient admis à concourir. Nous ignorons à
quelle époque se produisit ce double changement ; il était peut-
être accompli au temps de Strabon.

Que les Théoxénia fussent célébrés pendant l'hiver ou même
que le climat de Pellana fût rigoureux, nous ne sommes nulle-
ment obligés de l'admettre sur la foi des scholiastes en quête
d'explications ingénieuses. Si Pellana distribuait en prix des
· manteaux de laine, c'est apparemment qu'ils étaient estimés ;
que ses laines étaient de belle qualité et bien travaillées ; c'est
d'abord qu'elle avait de beaux troupeaux. Strabon nous le donne
à entendre dans le passage cité plus haut. Il distingue deux
Pelléné, le φρούριον et la κώμη. La Pelléné d'en haut ne compre-
nait que la forteresse et les habitations et monuments élevés de
chaque côté sur les pentes inférieures ; la κώμη se composait des
fermes et bergeries du territoire occidental, « d'où proviennent
(ὅθεν) les manteaux de Pelléné [1] ». Or dans notre σύμβολον (n° I B,
l. 7) il est parlé de bétail et d'esclaves (τετράποδα καὶ ἀνδράποδα)
que Delphiens et Pellanéens viendraient à s'enlever les uns aux
autres. Quelques lignes plus haut nous avons relevé le mot πλοίων
(l. 4), plus loin ναῦται (l. 15). Il n'y a malheureusement rien à
tirer d'un autre fragment (IV A, l. 2) où se lisent les mots : ἐμ
Πελοπο[ννάσωι]. Ne sommes-nous pas en droit de supposer que les
deux villes exportaient du bétail et que l'enlèvement avait lieu
sur mer ? Ajoutons que Pellanéens et Delphiens pouvaient se
livrer à des razzias sur terre ; nous avons cité plus haut l'exemple
de pareilles violences commises par des Achéens sur le territoire
des Béotiens [2]. La traversée du golfe de Corinthe était chose
aisée.

Aujourd'hui le territoire de l'ancienne Pellana, qu'a traversé

1. Nous verrons plus loin (p. 165) que la κώμη correspondait peut-être à
l'emplacement de l'ancienne Pellana qui fut détruite au vi[e] s. par Clisthène de Sicyone.
2. Voir p. 107.

M. Frazer dans son excursion aux ruines de la ville, est, au moins dans la basse vallée du Sythas, planté de vignes, d'oliviers et de bois de cyprès [1]. La vie s'est retirée des hauteurs pour se rapprocher de la route côtière et du chemin de fer. L'élevage a décru. Cette transformation avait commencé de bonne heure [2]. Pausanias nous rapporte que lors de la fête des Lamptèria, célébrée la nuit en l'honneur de Dionysos Lampter, les gens de Pellana plaçaient dans toute la ville des cratères remplis de vin ; ce vin provenait, à n'en pas douter, de leurs vignes [3].

§ 2. *Institutions politiques.*

La liste des institutions que nous connaissions avant la découverte du nouveau texte est fort courte. Elle tient en deux lignes, plus exactement en deux mots :

l'éphébie (Pausanias, VII, 27,5) ;

les μαστῆρες (voy. le texte cité plus haut, p. 133).

Le passage de Pausanias mérite d'être cité : Γυμνάσιον δὲ ἀρχαῖον ἐς ἐφήβων μάλιστα ἀνεῖται μελέτην· οὐδὲ ἐς τὴν πολιτείαν ἐγγραφῆναι πρότερον καθέστηκεν οὐδενὶ πρὶν ἂν ἐφηβεύσωσιν. Pausanias ajoute que le gymnase renferme une statue de Promachos, fils de Dryon, athlète célèbre, de Pellana.

Que le gymnase et l'éphébie, qui sont inséparables l'un de l'autre, fussent d'institution très ancienne à Pellana, nous n'avons pas de raison d'en douter. Comme il n'est pas douteux non plus que l'établissement de l'éphébie à Athènes ne soit pas antérieur au dernier tiers du IVe siècle [4], Pellana est au nombre des cités qui ont pu fournir un modèle à Athènes. Nous verrons plus loin que les relations des deux cités s'étaient améliorées au cours du IVe siècle, et que, dans un décret de l'année 345/4, Athènes rappelle complaisamment le dévouement et l'amitié de Pellana [5].

---

1. M. Frazer visita les ruines de Pellana au mois d'octobre 1895 (*op. cit.*, IV, p. 180).

2. Voy. P. Guiraud, *La propriété foncière en Grèce*, 1893, p. 513.

3. Pausanias, VII, 27, 3.

4. Voy. Wilamowitz-Moellendorff, *Aristoteles und Athen*, I, 1893, p. 193-194.

5. Voy. plus loin, p. 154.

Pour l'athlète Promachos, que Philostratos II plaçait encore au premier rang, à côté des Milon, des Hipposthénès et des Poulydamas, il triompha de Poulydamas à Olympie, au concours du pancrace de l'Olympiade 94 (404 av. J.-C.) [1], et Pausanias nous apprend qu'il se distingua dans la guerre de Corinthe, où les Pellanéens se rangèrent encore du côté de Sparte [2]. C'était la plus grande gloire de la cité, l'homme dont Pellana était le plus fière.

Le nouveau texte n'enrichit que d'un titre la courte liste dressée plus haut. Nous y apprenons l'existence, à Pellana, de magistrats nommés θεαροί (θεωροί) : au n° I B, l. 10, il est dit que le voleur pris en flagrant délit à Pellana (Delphien pris par un Pellanéen ou Pellanéen pris par un Delphien) doit être mené devant les théares.

Les théares-magistrats étaient inconnus à Pellana, mais s'étaient déjà rencontrés dans d'autres cités grecques. Les principaux textes ont été rassemblés, un peu rapidement, par M. Paul Bœsch dans une dissertation récente ; nous avons intérêt à les reprendre, en y ajoutant, pour commencer, un texte de la *Politique* d'Aristote qui n'avait pas échappé à M. E. Jacobs [3].

Politique, 1310 *b* 20. Parlant de la formation des tyrannies et de l'origine des tyrans, Aristote dit que ceux-ci se recrutent quelquefois parmi les magistrats investis, par voie d'élection, des charges les plus importantes, et il ajoute : τὸ γὰρ ἀρχαῖον οἱ δῆμοι καθίστασαν πολυχρονίους τὰς δημιουργίας καὶ τὰς θεωρίας. « Anciennement le peuple conférait pour une longue durée les charges de démiurge et de théore [4]. »

M. G. Fougères, qui a cité aussi ce texte, entend par théores « les

1. Philostratos, Γυμναστικός, 17 et suiv. — Sur la victoire de Promachos voy. Philostratos, *ibid.*, 25 et suiv., ; Pausanias, VII, 27,6 ; Hugo Förster, *die Sieger in den olympischen Spielen*, Progr. de Zwickau, 1891, p. 22.

2. Pausanias, VII, 27,6.

3. Paul Bœsch, Θεωρός, *Untersuchung zur Epangelie griechischer Feste*, Berlin, 1908, p. 6. L'étude que E. Jacobs a consacrée aux théores en général dans sa dissertation de 1893 (*Thasiaca*, Berlin, 1893, p. 41-48) est la plus complète de toutes. Cf. Boeckh, ad C.I.G. 1756, vol. I, 1828, p. 857 et O. Müller, *Die Dorier*[2], II, 1844, p. 14.

4. Démiurges et théores se rencontrent fréquemment dans le Péloponnèse, en Arcadie, en Achaïe. Voy. par exemple H. Swoboda, dans *Klio*, XII, 1912, p. 41 ; G. Niccolini, *La confederazione achea*, Pavia, 1914, p. 257 ; 246, note 4 et A. Plassart et G. Blum dans le *Bull. de corr. hellén.*, XXXVIII, 1914, p. 473 ; cf. les textes cités ci-dessous.

représentants de l'État aux grands sanctuaires panhelléniques [1]. » Ce sont au contraire des fonctionnaires politiques, tout comme les démiurges, et nous les trouvons nommés les uns à côté des autres dans le traité conclu en 420 entre Athènes d'une part, Argos, Mantinée et Élis de l'autre (Thucydide, V, 47, 9 et suiv. — *Inscr. gr.*, I, supplem. 1 (1877), p. 14-15, n° 46[b]. — R. von Scala, *die Staatsverträge des Altertums,* 1898, n° 87, p. 76 et suiv.). Le serment sera prêté et reçu à Mantinée et à Élis par les fonctionnaires suivants : ἐν δὲ Μαντινείαι οἱ δημιουργοὶ καὶ ἡ βουλὴ καὶ αἱ ἄλλαι ἀρχαί, ἐξορκούντων δὲ οἱ θεωροὶ καὶ οἱ πολέμαρχοι· ἐν δὲ Ἤλίδι οἱ δημιουργοὶ καὶ οἱ ἑξακόσιοι, ἐξορκούντων δὲ οἱ δημιουργοὶ καὶ οἱ θεσμοφύλακες.

Pour les cités où se sont rencontrés des théares, nous nommerons d'abord, dans le Péloponnèse :

Mantinée (texte cité plus haut). Les théares, de concert avec les polémarques, font prêter serment aux démiurges, au Conseil et aux autres fonctionnaires [2].

Tégée (Xénophon, *Hellén.*, VI, 5, 6 et suiv. Année 370). — Le collège des théares tégéates est manifestement le plus important de la cité. On y trouve les chefs des deux grands partis qui se disputent le pouvoir : Stasippos y représentait le parti laconien (VI, 4, 18) Kallibios et Proxénos, le parti démocratique dont l'ambition était de constituer un κοινὸν τῶν Ἀρκάδων. Le récit de Xénophon est très bien mis en valeur par M. G. Fougères (*op. cit.*, p. 435 et suiv.) [3].

Orchomène d'Arcadie. — Inscriptions découvertes au cours des fouilles entreprises en 1913 par l'École française d'Athènes et dirigées par MM. A. Plassart et G. Blum.

369 av. J.-C. Détermination de la frontière d'Orchomène : l'acte est authentiqué par les noms de cinq théares. (*Bull. de corr. hellén.*, XXXIX, 1915, p. 55, l. 20 : θεαροὶ οἵδε. Sur la forme θεαροί, voy. *ibid.*, p. 75, note 2 et 78, note 2.

Décrets de proxénie du iiiᵉ siècle (*Bull.*, XXXVIII, p. 449 et suiv.). Les théares sont nommés dans les nn. 1 ; 2 ; 4 ; 6 ; 8 ; 10 ; 11. Ils forment un collège groupé autour d'un éponyme et assisté d'un

---

1. *Mantinée et l'Arcadie orientale*, 1898, p. 340.
2. Sur la constitution de Mantinée, voy. G. Fougères, *ibid.*, p. 335 et suiv.
3. Sur la suppression éventuelle des θεαροί à Tégée après 370, voy. E. Jacobs, *op. cit.*, p. 44-45.

greflier. Le collège est parfois désigné par les mots οἱ ἄρχοντες, qui reviennent aussi plus d'une fois dans le σύμβολον de Delphes[1].

En dehors du Péloponnèse, nous retrouvons des théares à Naupacte et à Mégare.

Naupacte. — De très nombreux textes épigraphiques nous apprennent l'importance du collège des théares. Ils sont datés tantôt du nom du collège (*Inscr. gr.*, IX, 1 (1897), n° 388); le plus souvent du nom du greffier, γραμματεύοντος θεαροῖς ou plus rarement γραμματεύοντος θεαρῶν (*Inscr. gr.*, ibid., nn. 360 ; 366 ; 373-375 ; 377 ; 379 ; 383-385; Dittenberger, *Sylloge*[2], n° 247 où il faut effacer la fin de la note 5 ; E. Nachmanson, *Ath. Mitt.*, XXXVII, 1907, p. 7 et suiv.). Aucune de ces inscriptions ne semble remonter au delà de la première partie du nᵉ siècle av. J.-C. Voy. E. Nachmanson, *ibid.*, p. 48, note 2 et p. 54 et suiv.

Il n'y a pas de raison d'accorder à Bœckh (ad CIG., n° 1756) que des théares existaient dans chacune des cités de la ligue étolienne.

Mégare. — *Inscr. gr.*, VII (1892), nn. 39 et 40, dédicaces de θεαροί à Apollon προστατήριος ; commencement du niᵉ siècle av. J.-C. Que ces théarès fussent des Mégariens, Dittenberger (ad n. 39) l'a prouvé, puisque l'un d'eux remplit à Mégare la charge de stratège, mais nous ne savons rien de leurs fonctions. Le collège comptait six ou sept membres. Il n'avait certainement pas la même importance que dans les villes nommées ci-dessus et ne fournissait pas l'éponyme, qui était le roi (G. Gilbert, *Griech. Staatsaltertümer*, II, 1885, p. 71).

Dans les îles nous n'avons à citer que Paros et Thasos, et Égine ; la seconde était une colonie de la première.

Paros. — Dittenberger, *Sylloge*[2], 1900, n° 569 ; *Inscr. gr.*, XII, 5 (1903), n° 108; *Gr. Dialekt-Inschr.*, III (F. Bechtel), 1905, n° 5434; L. Ziehen, *Leges Graecorum sacrae*, II, 1906, p. 287 ; n° 10. Règlement religieux de la fin du vᵉ siècle. La partie conservée interdit d'abattre du bois, autrement qu'il n'est permis, dans un domaine sacré. Le premier venu peut dénoncer les délinquants aux

---

1. Dans le commentaire des décrets d'Orchomène, MM. Plassart et Blum insistent avec raison sur l'extrême variété du formulaire « qui paraît indiquer une singulière instabilité dans la constitution » (*Bull.*, 1914, p. 472). L'observation s'applique à plus d'une cité du Péloponnèse et il importe de ne jamais citer une inscription sans s'efforcer de la dater le plus exactement possible.

théores et recevra une prime égale à la moitié de l'amende. Les théores feront prêter au néokore un serment où il s'engagera à leur dénoncer tous contrevenants.

Les théores sont, à n'en pas douter, des fonctionnaires civils. Sur la forme θεορός, cf. Bechtel, *ad loc. cit.*

Il n'est pas sans intérêt de rappeler que Paros avait reçu des colons arcadiens (Callimaque, cité par Étienne de Byzance, s. v.). Le héros qui lui avait donné son nom était fils de Parrhasios, selon Callimaque ; de Parthion, selon d'autres (*Inscr. gr.*, V, 2 (1913), p. vii). Peut-être l'institution des théores pariens est-elle d'origine arcadienne.

Thasos. — Les théores de Thasos nous sont connus par un grand nombre d'inscriptions, dont les plus anciennes remontent au vᵉ siècle, dont la plupart ont été retrouvées par E. Miller et sont aujourd'hui conservées au Musée du Louvre. Miller les avait découvertes à l'entrée d'un édifice qui n'était pas le Théorion, comme le supposait Jacobs (p. 15), mais plutôt le Prytaneion, comme l'ont prouvé les fouilles entreprises de 1911 à 1913 par l'École française d'Athènes (*Comptes rendus de l'Académie des Inscriptions..*, 1914, p. 290 et suiv. et fig. 5). Tout le monde connaît cette riche série de listes de théores que les belles fouilles de M. Ch. Picard et du regretté Ch. Avezou ont déjà accrue. En attendant une publication d'ensemble, citons les très utiles recherches de E. Jacobs, *Thasiaca*, p. 13 et suiv. et *Ath. Mitt.*, XXII, 1897, p. 113 et suiv. Pour les textes, il n'y a pas encore d'édition complète, mais la plus correcte est celle de F. Bechtel, *Gr. Dialekt-Inschr.*, III, 1905, nn. 5465-5482.

Sur les fonctions des théores thasiens qui formaient un collège de trois membres, voy. Jacobs, *Thasiaca*, p. 46-47. Cf. Picard et Avezou, *Comptes rendus..*, 1914, p. 304, note 3.

Égine. — Pindare, célébrant dans la troisième Néméenne la victoire de l'Éginète Aristokleidès, mentionne aux v. 120-121 le σεμνὸν Πυθίου Θεάριον. D'après le scholiaste, le Théarion, situé dans l'enceinte d'Apollon Pythien, était l'édifice où se réunissaient les théores (Bœckh, II, p. 477).

A cette liste il n'y a lieu d'ajouter ni Trézène, ni Oropos, ni même Phasélis.

Trézène possédait un temple d'Apollon Θεάριος (Pausan., II, 31, 6. Cf. Sam Wide, *de sacris Troezeniorum, Hermionensium, Epidauriorum*, Upsala, 1888, p. 21 et suiv.) ; mais on n'en saurait conclure avec O. Müller (*die Dorier*, II², p. 14) à l'existence d'un collège de θεαροί exerçant à Trézène des fonctions civiles.

Oropos. — M. P. Bœsch (*op. loc. cit.*) ne peut faire valoir en faveur de cette cité qu'un minuscule fragment d'inscription (*Inscr. gr.*, VII, n° 424), dont il n'y a vraiment rien à tirer. Le mot θεωροῦ s'y lit à la l. 5, mais, d'après la l. 7 où est employé le participe [ἀρχιτ]-εκτονέοντο[ς], on attendrait plutôt θεωρέοντος pour désigner un fonctionnaire.

Phasélis. — Convention conclue entre Delphes et Phasélis et réglant le tarif du πέλανος, publiée par M. Homolle (*Mélanges Nicole*, 1905, p. 625 et suiv.) qui l'attribue au dernier quart du v⁰ siècle (p. 629).

La date est donnée aux l. 5-6 par les noms et participes suivants : Τιμοδίκο καὶ Ἱστιαί|ο θεαρόντον, Ἐρύλο ἄρχοντος. Admettons avec M. Homolle (p. 627-628) que Delphes est représentée par l'archonte, dont le nom est inconnu d'ailleurs ; Phasélis, par les deux théares. Ces derniers sont-ils des magistrats de Phasélis, font-ils partie d'un collège de θεαροί ou bien sont-ils simplement des Phasélites délégués par leur cité pour offrir un sacrifice et rendre hommage à Apollon Pythien ? Nous l'ignorons absolument. On nous accordera pourtant que, même à défaut de texte décisif, nous devons incliner vers la seconde hypothèse. Il serait surprenant que deux membres d'un collège aussi important que celui des θεαροί pussent s'absenter pour un aussi long voyage, sans compromettre gravement l'administration de la cité, la tenue des assemblées, la réunion des tribunaux. Reconnaissons donc plutôt dans Timodikos et Histiaios deux visiteurs officiels, délégués par Phasélis pour offrir quelque sacrifice et en même temps chargés de régler le tarif du πέλανος. Nous savons que Phasélis a été fondée par des Doriens d'Argos [1], mais cela ne nous donne pas le droit d'y établir un collège de théares. Mieux vaut rappeler avec M. Homolle que sous l'archontat delphique d'Aeschylos, en 364/3, deux Phasélites souscrivent à la reconstruction du temple de Delphes : Damothémis fils d'Euphanès verse 7 drachmes, Ariston 1. Ces deux personnages ne sont-ils pas encore des visiteurs officiels [2] ?

Les théares, nous l'avons dit, sont les seuls magistrats pellanéens dont nous ayons retrouvé la mention dans le σύμβολον

---

1. Étienne de Byzance, s. v. Γέλα. Sur le fondateur Λάκιος, voy. le texte d'Héropythos cité par Athénée VII, 297 E.

2. Homolle, *mém. cité*, p. 630 et suiv. Le compte d'Aeschylos a été publié par M. Bourguet, *Bull. de corr. hellén.*, XXVII, 1903. Voy. p. 16, l. 69 et suiv. Sur ces souscriptions des fidèles, voy. Bourguet, *Administration financière du sanctuaire pythique*, p. 31 et suiv.

nouveau, mais il va de soi que nos gains sont en réalité plus considérables. Il serait surprenant que nous ne pussions tirer qu'un si mince profit d'un texte consacré tout entier à la procédure civile et criminelle.

Nous avons montré plus haut comment le Conseil de Delphes (ἁ βουλά) était mêlé à l'administration de la justice. Le hasard veut que nous ne puissions rapporter en toute certitude à Pellana aucun des passages où est nommé le Conseil, mais on nous accordera sans peine que ce corps existait à Pellana, soit sous le nom de βουλά, soit sous celui de γερουσία que nous avons rencontré à Stymphalos. Quand il est .dit par exemple, au n° IV B, l. 5, que la consignation du dixième de la demande doit avoir lieu : [πὸτ τὰν--]αν τὸ ἐπιδέκατον τᾶ[ς δίκας], nous sommes autorisé à restituer soit : [πὸτ τὰν βουλ]άν en entendant la βουλά de Pellana aussi bien que celle de Delphes, soit : [πὸτ τὰν βουλὰν ἢ τὰν γερουσί]αν, en appliquant à Pellana le dernier mot, à Delphes le premier. Sous l'un de ces deux noms il y avait certainement un Conseil à Pellana.

Pour les tribunaux, nous devons appliquer à Pellana toutes les règles que nous avons relevées plus haut, concernant la délivrance des actions, l'annonce des procès, la formation des tribunaux, la tenue des audiences, la constitution des cautions, la procédure d'exécution, la suspension du cours de la justice, etc. Il va de soi que la convention conclue et acceptée par les deux cités vaut également pour les deux.

Mais ici se pose une question délicate. La procédure que nous retrouvons dans un σύμβολον est-elle nécessairement la procédure suivie tous les jours, pour les procès entre citoyens, dans l'une et l'autre cité ? Les tribunaux que nous fait connaître un σύμβολον sont-ils les tribunaux ordinaires ? En un mot sommes-nous en droit de prétendre qu'un σύμβολον nous renseigne exactement sur les institutions propres à l'une et à l'autre des cités contractantes ? Ainsi posée la question ne peut recevoir qu'une réponse négative [1]. Quand le traité invoque les lois existantes dans l'une et l'autre cité, pour ordonner qu'on s'y conforme, il le dit expressément. Par exemple :

1. Voy. H. F. Hitzig, *Altgriechische Staatsverträge*, 1907, p. 53. Cf. le même dant la *Zeitschr. der Savigny-Stiftung*, Rom. Abt. XXVIII, 1907, p. 216.

N° I A, l. 8 : νομ[ίμωι χρειμένους ὅρκωι].

   I B, l. 13 : χρήσθ[ων] περὶ αὐτοῦ τοῖς νόμοις το[ῖς περὶ τῶν...]

   II B, l. 9 : ἀ πόλις πρχσσέσθω νόμοις τοῖς αὐτ[ᾶς..]

Cf. n° I B, l. 7 où la restitution est vraisemblable : [κατὰ τοὺς

                                 [νόμους τᾶς πόλιος].

Ces lois existantes, Delphiens et Pellanéens jugent inutile de les reproduire, mais les règles qu'ils établissent pour tous les autres cas et qui sont l'objet même et la raison d'être du σύμ-βολον sont nouvelles et inconnues : la publication du traité est destinée à les faire connaître. Comment pourrait-il en être autrement ? Un σύμβολον n'est pas un traité de συμπολιτεία qui mettrait sur le même pied les citoyens des deux villes, et d'autre part, si Pellanéens et Delphiens restent des étrangers les uns pour les autres, ce sont des étrangers qui s'accordent un traitement privilégié [1].

Dans quelle mesure les règles posées par un σύμβολον s'éloignent-elles des lois applicables aux seuls citoyens ? Quelle part est faite à la conciliation de deux procédures qui peuvent être différentes dans l'une et l'autre cité ? Nous l'ignorons absolument. Pour établir une comparaison suffisamment instructive, il nous faudrait connaître les lois de Delphes et celles de Pellana, et nous en sommes loin. Delphes est pourtant plus accessible et certains rapprochements tentés plus haut entre le σύμβολον nouveau et la loi de Kadys, sensiblement plus ancienne, nous ont permis de pénétrer plus avant dans la cité. Dans les deux textes nous avons retrouvé des tribunaux formés d'un petit nombre de juges, tout comme dans des inscriptions locriennes d'époque différente [2]. A la lumière des recherches de M. Bourguet sur le Conseil et l'Assemblée du peuple à Delphes, un autre article du traité nous a donné l'idée d'une très petite ville [3]. Enfin la loi de Kadys et le traité nous ont montré cette petite ville attachée, malgré sa constitution démocratique, à des règles et traditions beaucoup plus anciennes, notamment pour ce qui touche à la formation des tribunaux et à l'instruction

1. Sur la procédure ordinaire entre nationaux et étrangers, voy. l'article cité plus haut de Hitzig, *Das griechische Fremdenprozess im Licht der neueren Inschriftenfunde*, p. 211 et suiv.

2. Voy. plus haut, p. 8.

3. P. 109 et suiv.

devant le magistrat [1]. Tant de rapprochements nous autorisent à considérer le σύμβολον comme une source nouvelle pour l'historien des institutions et des lois de Delphes.

La même conclusion s'impose pour Pellana, mais reconnaissons aussitôt que nos progrès dans la cité achéenne sont d'autant plus difficiles et incertains que les points de comparaison nous manquent avec d'autres textes. Admettons que l'esprit des institutions était le même dans les deux villes et que la démocratie y était également tempérée. Nous n'aurons pas lieu d'en être surpris quand nous aurons rappelé que Maxime de Tyr rapproche les constitutions aristocratiques de Sparte, de la Crète, de Pellana et de la Thessalie [2], quand nous aurons vu au chapitre suivant combien, dans le cours des siècles, Pellana est demeurée attachée à Sparte.

1. P. 69-70.
2. *Philosophumena*, éd. H. Hobein, 1910, XVI, 4 K, p. 203 : ἡ δὲ ταύτης ἐλλειπεστέρα κατ' εὐδαιμονίαν πόλις, ἀριστοκρατίαν ὀνομάζουσα τὴν τῶν ἐν δυνάμει ξυνεληλυθότων ἀρχήν, ἐλάττων μέν ἐστιν βασιλευομένης, κρείττων δὲ δημοκρατουμένης, ἰσχυρὰ μέν τις καὶ πρακτική, κατὰ τὴν Λακωνικήν, ἢ Κρητικήν, ἢ Μαντινικήν, ἢ Πελληνικήν, ἢ Θετταλικὴν πολιτείαν ἱσταμένη, φιλότιμος δὲ ἄγαν καὶ φιλόνεικος, καὶ δύσερις, καὶ πολυπράγμων, καὶ ἰητική, καὶ θαρσαλεά. L'auteur parle ensuite de la démocratie qui n'est en réalité qu'une ochlocratie et cite comme exemples Athènes, Syracuse, Milet.

CHAPITRE II

Rapports de Delphes et de Pellana.

§ 1. *Orientation politique de Pellana de 432 à 207.*
§ 2. *Rapports de Delphes et de Pellana.*

Deux tableaux rempliront ce dernier chapitre.

Dans le premier je grouperai les textes qui nous renseignent sur l'orientation politique de Pellana, depuis le début de la guerre du Péloponnèse jusque vers la fin du iii⁰ siècle avant notre ère ; le plus grand nombre sont des textes littéraires.

Le second, presque entièrement formé de textes épigraphiques, est consacré aux rapports de Delphes et de Pellana.

§ 1. *Orientation politique de Pellana de 432 à 207.*

Il faut distinguer plusieurs périodes dans ce long espace de plus de deux siècles.

La première s'étend depuis le commencement de la guerre du Péloponnèse jusque vers le milieu du iv⁰ siècle. Pellana y reste fidèlement attachée à Sparte et, nous pouvons ajouter, à ses propres institutions aristocratiques [1]. Alliée vaillante sur terre

1. A en croire Polybe, dans un résumé trop rapide pour être complet, le régime démocratique eût été celui de toutes les cités achéennes au sortir de la royauté (II, 41, 5). Il faudrait alors admettre que le régime oligarchique a été introduit en Achaïe par Sparte après la bataille de Mantinée en 418 (*Thuc.*, V, 82, 1 : Λακεδαιμόνιοι τὰ ἐν Ἀχαΐᾳ οὐκ ἐπιτηδείως πρότερον ἔχοντα καθίσταντο. Cf. V, 81, 2). Mais le texte de Thucydide peut-il s'appliquer à Pellana qui s'est déclarée la première pour Sparte ? Il ne faut pas faire fi du texte cité plus haut de Maxime de Tyr, et dans la première partie du iv⁰ siècle nous trouverons Pellana très attachée encore à ses institutions aristocratiques.

et sur mer, Pellana ne cédera qu'à la force et devra suivre les Thébains, mais peu de temps, semble-t-il : elle reprendra presque aussitôt sa place à côté de Sparte.

Dans la seconde période, dont nous ne pouvons fixer exactement le point de départ, Pellana, qui s'est rapprochée d'Athènes en même temps que Sparte — notamment en 362, après la bataille de Mantinée — établit le régime démocratique. Alexandre lui impose un tyran, le seul qu'aient connu les cités de l'Achaïe, mais elle revient à la démocratie.

La troisième période commence à la formation de la ligue achéenne en 281/0 ; il faut y placer la conclusion du σύμβολον entre Delphes et Pellana.

1re Période, de 432 à 350 environ.

432. — Pellana est la première des cités achéennes à sé ranger du côté de Sparte (*Thucyd.*, II, 9, 2 : Πελληνῆς δὲ 'Αχαιῶν μόνοι ξυνεπολέμουν τὸ πρῶτον, ἔπειτα δὲ ὕστερον καὶ ἅπαντες). Pellana lui restera fidèle pendant toute la guerre.

Il n'y a malheureusement rien à tirer de deux textes, également incompréhensibles pour nous, qui se rattachent à cette période. L'un est une scholie des *Oiseaux*, qui furent représentés en 414. Aristophane y parodie aux v. 1072 et suiv. le décret qui mettait Diagoras de Mélos hors la loi pour crime d'impiété, et les scholiastes n'ont garde de laisser passer ce nom. L'un d'eux, qui puisait pourtant à bonne source, s'exprime en ces termes : Μελάνθιος δὲ ἐν τῷ περὶ μυστηρίων προφέρεται τῆς χαλκῆς στήλης ἀντίγραφον, ἐν ᾖ ἐ[ξ]εκήρυξαν καὶ αὐτὸν καὶ τοὺς [μὴ] ἐκδιδόντας Πελλανεῖς, ἐν ᾖ γέγραπται καὶ ταῦτα « ἐὰν δέ τις ἀποκτείνῃ Διαγόραν τὸν Μήλιον, λαμβάνειν ἀργυρίου τάλαντον · ἐὰν δέ τις ζῶντα ἀγάγῃ, λαμβάνειν δύο » (J. Williams White, *Scholia on the Aves*, 1914, p. 200). Nous sommes d'autant moins renseignés sur l'intervention de Pellana dans l'affaire de Diagoras que le texte de la scholie est mal conservé et que nous y avons introduit deux corrections dues, l'une à Wilamowitz (*Aristoteles und Athen*, I, 1893, p. 287, note 37), l'autre à Fritzsche. La négation ajoutée par Fritzsche donne à penser que les Pellanéens s'étaient refusés à livrer Diagoras fugitif, mais comment Diagoras avait-il été amené à se réfugier sur leur territoire ? Nous savons ses relations avec Mantinée et Argos [1]; nul auteur ne nous apprend qu'il soit venu à Pellana. D'autre part nous n'avons pas le droit de suspecter la leçon Πελλανεῖς dans la scholie citée: l'orthographe même, Πελλανεῖς et non Πελληνεῖς, semble une garantie d'authenticité.

Le second texte fait partie d'un vers de *Lysistrata* qui fut représentée en 411. Le héraut lacédémonien qui arrive à Athènes déclare qu'il faut Pellana aux Lacédémoniens: v. 996 Πελλάνας δὲ δεῖ.

413/2. — Pellana contribue à la construction de la flotte de cent vaisseaux qui est armée par Agis. Arcadiens, Pellanéens et Sicyoniens réunis sont tenus d'en fournir dix (*Thucyd.*, VIII, 3, 2: Λακεδαιμόνιοι δὲ τὴν πρόσταξιν ταῖς πόλεσιν ἑκατὸν νεῶν τῆς ναυπηγίας ἐποιοῦντο..., Ἀρκάσι δὲ καὶ Πελληνεῦσι καὶ Σικυωνίοις δέκα).

394. Guerre de Corinthe. — Les Pellanéens prennent part à la bataille de Némée, du côté des Spartiates et s'y distinguent par leur courage (Xénoph., *Hellén.*, IV, 2, 20). Xénophon, dans l'énumération des alliés de Sparte (IV, 2, 16), passe les Pellanéens sous silence et nous ignorons la force de leur contingent. Voir un plan de la bataille dans C. L. Brownson, *Xenophon's Hellenica Selections*, 1908, p. 235 [2].

370/369. Guerre thébaine. — Les Pellanéens défendent Sparte contre les Thébains avec les Phliasiens, les Corinthiens et les Épidauriens (*Hellén.*, VI, 5, 29). Cf. G. Fougères, *Mantinée et l'Arcadie orientale*, p. 443 et suiv.

368/7. — Après que la paix a été conclue entre Sparte et Athènes (*Hellén.*, VII, 1, 1-14), les Pellanéens occupent avec les Spartiates le poste le plus dangereux, à l'entrée du Péloponnèse, et y sont vaincus par les Thébains (VII, 1, 15-16). Pellana et Sicyone sont forcées de suivre les Thébains alliés aux Arcadiens (VII, 2, 11) et marchent contre Phlionte (VII, 2, 11-17). Campagne meurtrière pour les Pellanéens.

367/6. — Les Pellanéens, gagnés par la modération de Phlionte (VII, 2, 16) renouent des relations avec cette fidèle alliée de Sparte (VII, 3, 1 et suiv.) et rentrent eux-mêmes dans l'alliance de Sparte (VII, 4, 17). Entendons en même temps qu'ils abo-

---

1. Sur les relations de Diagoras et de Nikodoros de Mantinée, voy. G. Fougères, *op. cit.*, p. 336, où l'on trouvera traduit le texte d'Élien, *Var. hist.*, II, 22. — Sur ses relations avec Arianthès d'Argos, voy. Philodémos, περὶ εὐσεβείας, Gomperz, *Herkulan. Studien*, II, 1866, p. 85.

2. C'est peut-être à cette bataille que se distingua l'athlète Pellanéen Promachos: Pausanias, VII, 27, 6.

lissent le régime démocratique qui leur avait été imposé par les Thébains (VII, 1, 43 : ἔδοξε Θηβαίοις πέμψαι ἁρμοστὰς εἰς τὰς Ἀχαΐδας πόλεις· οἱ δ' ἐλθόντες τοὺς μὲν βελτίστους σὺν τῷ πλήθει ἐξέβαλον, δημοκρατίας δὲ ἐν τῇ Ἀχαίᾳ κατέστησαν) ; ils rétablissent leur constitution aristocratique.

365. — Les démocrates Pellanéens sont assiégés dans Olouros par les aristocrates, qui, malgré leur petit nombre, emportent la place (VII, 4, 18).

362. — Après la bataille de Mantinée, livrée sous l'archontat de Charikleidès, Athènes, qui avait pris part à la lutte du côté des Spartiates, conclut un traité d'alliance avec les Arcadiens, les Achéens, les Éléens et les Phliasiens (*Inscr. gr.*, II, ed. minor. (1913), n° 112)[1]. Les Pellanéens y sont compris et de ce jour datent de meilleures relations avec Athènes.

2ᵉ Période, de 350 env. à 281/0.

345/4. — Pellana était-elle en possession du régime démocratique en 345/4, quand elle envoya des députés à Athènes ? Nous n'oserions l'affirmer. Dans le décret athénien qui nous apprend cette ambassade, Pellana est qualifiée de ἡ πόλις τῶν Πελλανέων, où l'on attendrait ὁ δῆμος ὁ Πελλανέων. Le décret (*Inscr. gr.*, ed. minor, II, n° 220), voté sous l'archontat d'Euboulos (345/4), dans la neuvième prytanie, ne fut publié que sous l'archontat de Lykiskos (344/3), et nous n'avons conservé en entier que le second, celui qui ordonnait la gravure du premier. Nous ignorons donc les motifs de l'ambassade. On lit aux l. 15 et suiv. :

```
15.                     [ὅπως ἂν ἡ πόλις]
16.     [τῶν Π]ελλα[νέων διατελῆι ἀεὶ φίλ]-
        [η οὖ]σα καὶ ε[ὔνους τῶι δήμωι τῶι Ἀ]-
        [Θην]αίων κα[θάπερ ἐν τῶι πρότερο]-
        [ν χρ]όνωι...
```

1. L'éditeur, J. Kirchner, accepte pour le traité la date proposée par M. Foucart, c'est-à-dire qu'il admet que le traité est postérieur à la bataille de Mantinée. Voy. P. Foucart, *Revue archéologique*, 1898, II, p. 313 et suiv. Cf. E. Nachmanson, *Historische attische Inschr.*, 1913, n° 34 et Hiller von Gaertringen, *Inscr. gr.*, V, 2 (1913), Prolegomena, p. xix.

Les relations amicales des deux villes ne pouvaient guère remonter plus haut que la campagne de Charès en Achaïe (366) [1]. Elle s'étaient surtout nouées en 362, sous l'archontat de Molon ; elles se consolidèrent en juin 342.

342. — Sous l'archontat de Pythodotos, alliance d'Athènes contre Philippe avec les Achéens, Arcadiens de Mantinée, Argiens, Mégalopolitains et Messéniens (*Schol. Esch.* III, 83 ; *Inscr. gr.*, ed. minor, II, n° 225 ; R. von Scala, *Staatsverträge*, n° 209, p. 213).

340/339. — Décret de Delphes en l'honneur du Pellanéen Eképhylos, fils de Charmidas. Voy. plus loin, p. 166.

340-330. — Décret de Delphes en l'honneur d'un Pellanéen dont le nom n'est pas conservé. Voy. plus loin, p. 167.

336/5. — S'il faut en croire l'auteur de la harangue sur le traité avec Alexandre [2], la démocratie était établie à Pellana, comme dans toutes les cités de l'Achaïe, quand Alexandre, en violation de la foi jurée, imposa aux Pellanéens la tyrannie de leur concitoyen Chairon, athlète fameux : 10 Σκέψασθε δ'... ὅτι Ἀχαιοὶ μὲν ἐδημοκρατοῦντο, τούτων δ' ἐν Πελλήνῃ νῦν καταλέλυκε τὸν δῆμον ὁ Μακεδὼν ἐκβαλὼν τῶν πολιτῶν τοὺς πλείστους, τὰ δ'ἐκείνων τοῖς οἰκέταις δέδωκε, Χαίρωνα δὲ τὸν παλαιστὴν τύραννον ἐγκατέστησεν. Nous pouvons

1. Xénophon, *Hellén.*, VII, 2, 18 et suiv. Charès était stratège en 367/6, quand il se porta au secours des Phliasiens et vint à Pellana. — Avant cette date, nous trouvons dans des inventaires athéniens l'offrande d'un Pellanéen : compte des trésoriers d'Athéna et des autres dieux, antérieur à l'archontat d'Euthyclès (398/7), *Inscr. gr.*, II, 5, n° 652ᵇ, l. 6 : Γέλων Τλησωνίδο Πελλη[νεὺς χρυσοῦν στέφανον] ἀνέθηκε θαλλοῦ, σταθμόν τούτου ΔΓ[⊢⊢|||]. Cf. le compte de l'archontat d'Euthyclès, *Inscr. gr.*, II, 2, n° 652, l. 34 = Ch. Michel, n° 814 = Dittenberger, *Sylloge*², 586 ; compte de l'archontat de Démostratos (390/389), *Inscr. gr.*, II, 2, n° 660, l. 15 ; compte de l'archontat de Déxithéos (385/4), *ibid.*, n° 667, l. 33. L'offrande de Gélon fils de Tlésonidès ne peut guère se placer que dans une très courte période : entre la prise d'Athènes par Lysandre au mois d'avril 404 et le début du iv° siècle. Or les mêmes inventaires mentionnent, avant la couronne de Gélon, celle de Lysandre même. L'offrande de Lysandre eut vraisemblablement lieu au lendemain de son entrée dans Athènes et le Pellanéen Gélon, fidèle allié de Sparte, suivit l'exemple du chef.

2. [Démosthène], XVII. Nous acceptons pour ce discours la date à laquelle s'est arrêté Henri Weil, dans son édition des *Harangues de Démosthène*, 1873, p. 464. C'est celle qu'avait proposée K. G. Boehnecke, *Forschungen auf dem Gebiete der attischen Redner und der Geschichte ihrer Zeit*, 1843, p. 628-9, et à laquelle s'est rangé aussi B. Niese, *Gesch. der gr. und makedon. Staaten seit der Schlacht bei Chaeronea*, I, 1893, p. 55, note 6.

accepter ce témoignagne, bien que l'auteur généralise volontiers [1]
Ce qui demeure certain, c'est que Chairon, athlète et philosophe,
s'appuya sur le parti populaire. Le texte, singulièrement précis,
de Démocharès cité par Athénée ne laisse aucun doute à ce sujet ;
la ruine du parti aristocratique est son œuvre [2].

Nous ne savons pas exactement combien de .temps dura la
tyrannie de Chairon. Peut-être jusqu'en l'année 332/1, au temps
de la lutte d'Agis contre Antipatros, puisque les Pellanéens, seuls
parmi les Achéens, ne se rangèrent pas à côté de Sparte contre
le Macédonien (*Eschine*, III, 165. Cf. G. Fougères, *op. cit.*,
p. 472); peut-être même jusqu'en 313, pense B. Niese (*Gesch.
der gr. und makedon. Staaten*, I, p. 287, note 2). Pellana n'aurait
alors été délivrée que par Antigone. En tout cas ce fut le régime
démocratique qui succéda à la tyrannie.

285. — Décrets de Delphes en l'honneur du Pellanéen Phillis
fils d'Agéas et d'un autre dont le nom n'est pas conservé. Voy.
plus loin, p. 167.

3e Période, de 281/0 jusque vers la fin du IIIe siècle.

Nous sommes assez mal renseignés sur l'histoire de Pellana
pendant la période achéenne.

281/0. — Reconstitution de la ligue achéenne (*Polybe*, II, 41,
12). Sur l'état de la Grèce à cette époque, voy. G. Niccolini, *La
confederazione achea*, Pavia, 1914, p. 4 et suiv.

279. — Sur la question de savoir si les Achéens sont venus au
secours des Étoliens et de Delphes lors de l'invasion des Gaulois,
voy. Niccolini, p. 6, note 6.

---

1. Voy. XVII, 15 et la note de Henri Weil aux mots ἐν ταῖς πόλεσιν.

2. Athénée, XI, 509 B : Χαίρων ὁ Πελληνεὺς οὐ μόνον Πλάτωνι ἐσχόλακεν, ἀλλὰ
καὶ Ξενοκράτει. Καὶ οὗτος οὖν τῆς πατρίδος πικρῶς τυραννήσας οὐ μόνον τοὺς ἀρίστους
τῶν πολιτῶν ἐξήλασεν, ἀλλὰ καὶ τοῖς τούτων δούλοις τὰ κτήματα τῶν δεσποτῶν χαρι-
σάμενος καὶ τὰς ἐκείνων γυναῖκας συνῴκισε πρὸς γάμου κοινωνίαν. Cf. Pausanias, VII,
27, 7. Il rapporte également que Chairon reçut la tyrannie des mains
d'Alexandre et énumère les victoires de l'athlète aux grands jeux de la
Grèce. Les dates de ces dernières sont incertaines; H. Förster, *mém. cité*,
I, 1891, p. 26-27, les place dans la période comprise entre l'Olympiade
106 et l'Olympiade 109 (356-344 av. J.-Chr.).

Pausanias a dit ailleurs (VII, 7, 1) que, seule de toutes les villes de
l'Achaïe, Pellana a connu la tyrannie.

Vers le même temps (?), un Pellanéen dont le nom n'a pas été conservé figure dans un catalogue de mercenaires athéniens (*Inscr. gr.*, II, 2, n° 964, 1. 21).

Entre 275 et 273/2, Pellana entre dans la ligue achéenne. La date est incertaine et le fait n'est mentionné par aucun historien. Il faut admettre que l'accession de Pellana ne peut être postérieure à la campagne de Pyrrhus dans le Péloponnèse en 272 (B. Niese, *Geschichte der gr. und makedon. Staaten seit der Schlacht bei Chaèronea*, II, 1899, p. 212 ; J. Beloch, *Griech. Gesch.*, III, I, 1904, p. 594 ; Niccolini, *op. cit.*, p. 7 et suiv. Cf. W. W. Tarn, *Antigonos Gonatas*, 1913, p. 442 : *the World-Position in 273*). Elle est en tout cas postérieure à l'année 275, où Polybe (II, 41, 13) place l'accession d'Aegion, dont l'exemple fut aussitôt suivi par Boura et Kérynneia (*ibid.*, 13-14). Puisque Pellana n'est pas nommée en cet endroit par Polybe, c'est évidemment qu'elle n'adhéra que plus tard à la ligue.

268-265. — Artistes pellanéens vainqueurs à Delphes au concours des Sotèria. Voy. p. 169.

266-262. — Guerre de Chrémonidès. Les Achéens sont nommés parmi les alliés de Sparte avec les Éléens, les Tégéates, les Mantinéens, les Orchoméniens, les Phigaliens, Kaphyens et Crétois, dans le décret proposé en 266 par l'Athénien Chrémonidès (Dittenberger, *Sylloge²*, 214 ; E. Nachmanson, *Historische attische Inschriften*. 1913, n° 51 ; *Inscr. gr.*, ed. minor, II (1913), n° 687. Cf. J. Beloch, *Griech. Gesch.*, III, II, 1904, p. 424 et suiv.).

Entre 262 et 234, Stymphalos conclut une συνϐολά avec une ville voisine dont le nom ne nous a pas été conservé (*Inscr. gr.*, V, 2 (1913), n° 357). Cette ville est peut-être Pellana, d'après Hiller von Gaertringen (*Ath. Mitt.*, XL, 1915, p. 85).

La même hypothèse m'était venue à l'esprit plus haut (p. 134) et je ne pouvais guère l'appuyer que sur la mention très indirecte des μαστροί dans la συνϐολά arcadienne ; nous savions qu'il existait un collège de μαστροί à Pellana. Hiller indique un autre argument qui lui paraît favorable. Il est question dans la συνϐολά de citoyens de Kérynneia qui se sont déplacés et fixés dans une des deux villes contractantes (1. 173-174 : τοὺς δὲ μετοικισ[θέντα]ς Κηρυννεῖς). Kérynneia étant une cité achéenne, entrée dès 275 dans la confédération (voy. plus haut), ces réfugiés n'ont pu s'établir qu'à Stymphalos qui ne fit partie de la ligue qu'en l'année 234. Pellana, cité achéenne, n'aurait pu leur donner asile.

Si séduisante qu'elle soit, l'hypothèse est fragile. On se plairait à voir Pellana conclure, au retour de la paix et de la prospérité, une convention avec Stymphalos, vers le même temps peut-être où un σύμ-6ολον la rapprochait de Delphes, mais la chronologie de ces textes demeure très incertaine. Pour la συν6ολά de Stymphalos, elle est certainement antérieure à l'année 235/4, date de l'entrée de la cité dans la ligue achéenne (voy. Niccolini, *op. cit.*, p. 28-29). Les amendes y sont en effet exprimées en drachmes éginétiques, ce qui n'eût pas été possible dans une convention conclue entre deux cités achéennes, pas plus que l'accueil fait aux réfugiés de Kérynneia. Mais Hiller, à qui l'on doit ces deux dernières observations (ad *Inscr. gr.*, V, 2, n° 357, p. 80 et *Ath. Mitt.*, 1915, p. 85) est disposé à trop abaisser la date des décrets de Stymphalos et de la συν6ολά qu'il faut rapprocher davantage de la fin de la guerre de Chrémonidès et du milieu du iii° siècle. Voyez à ce sujet les justes observations de A. Plassart et G. Blum, dans le *Bull. de corr. hellén.*, XXXVIII, 1914, p. 453-454.

Vers le même temps (?) la ville d'Épidaure confère la proxénie à deux Pellanéens (*Inscr. gr.*, IV (1902), n° 925, 1, 42 et 56, avec les corrections de P. Kavvadias dans l'Ἐφημερὶς ἀρχαιολογική, 1901, p. 58 et suiv. Voy. *Inscr. gr.*, IV, *Add. et corrig.*, p. 383). Le nom du premier n'a pas été conservé. Le second, Pausanias, fils d'Andrion, est nommé aussi théarodoque d'Apollon et d'Asklapios ; il reçoit ces honneurs en même temps qu'un Lacédémonien et un Messénien. Sur les théarodoques d'Épidaure, voy. P. Kavvadias, *ibid.*, p. 74 et suiv. ; P. Bœsch, Θεωρός, 1908, p. 118 et suiv.

L'inscription ne peut être datée avec précision. Les deux éditeurs sont d'accord pour l'attribuer au iii° siècle, mais nous ignorons sur quelle période se répartissent les dix-sept décrets qui y sont résumés. Voir à ce sujet les justes observations de Kavvadias, p. 67, note 1. Les décrets nommant les Pellanéens ne sont pas, à en juger d'après leur rang, parmi les plus anciens.

Avant 241 (?). — Décret d'Orchomène d'Arcadie en l'honneur du Pellanéen Néoclès, fils de Thorsylochos (*Bull. de corr. hellén.*, 1914, p. 464-465, n° 8) :

Θεοί. Τύχα ἀγαθά.
Ἔδοξε Ἐρχομενί[οις]
Νεοχλέα Θορσυλ[ό]-
χου Πελλανέα

5.   προξενον και ευεργέ-
     ταν ἦναι Ὀρχομενίων
     αὐτὸν καὶ γένος.
     Θεαροὶ οἱ περὶ Ἀγχ[ι...],
     διαστάτας
10. νης, γραμμ[ατεὺς τῶν]
     Θεαρῶν Καλλι...,
     Ἀρτέμιδος ἱερεὺς
     Αἰγυπιός· Ἀρτέμιδος
     Μεσοπολίτιος
15. ἱερόν.

La stèle est ornée d'une sorte d'étoile au-dessus du texte, et les éditeurs y voient le parasème de la patrie du proxène (p. 465).

La série des parasèmes de Pellana devient presque trop riche à notre gré, si nous acceptons toutes les interprétations proposées.

310/39. — Décret de Delphes en l'honneur de Pellanéen Eképhylos. Dans le fronton : dauphins ; sous la dernière ligne : bouclier rond. — Avant 241 (?). Décret d'Orchomène d'Arcadie : étoile.

M. Homolle n'admet pas que les dauphins soient « les armoiries parlantes de Delphes », comme l'avait proposé M. Perdrizet [1] ; il y reconnaît l'emblème de Pellana, qui avait un port [2]. Pour le bouclier rond, où M. Perdrizet voyait une « allusion probable aux talents militaires d'Éképhylos [3] », MM. Plassart et Blum le considèrent comme le parasème de Pellana [4], le troisième !

241. — Sac de Pellana par les Étoliens [5]. Aratos, bien qu'appuyé par Agis, s'est refusé à leur barrer le passage de l'isthme de Corinthe (Plutarque, *Aratos*, 31-32 ; *Agis*, 15). Il les surprend pendant le pillage de la ville et leur tue sept cents hommes.

Ce dernier chiffre est emprunté par Plutarque (32) aux mémoires d'Aratos, mais Plutarque ne s'en tient pas là. Il trace un tableau pittoresque de l'enlèvement des Pellanéennes que chefs et capitaines étoliens marquent en les coiffant de leur propre casque (31). L'apparition de la

1. *Bull. de corr. hellén.*, XXIII, 1899, p. 350.
2. *Ibid.*, p. 377-378.
3. *Ibid.*, p. 350.
4. *Bull.*, XXXVIII, 1914, p. 465-466.
5. Sur l'alliance des Étoliens avec Antigonos Gonatas et le projet commun d'un partage de l'Achaïe, voy. Polybe, II, 43, 10 ; IX, 34, 6. Cf. W. W. Tarn, *Antigonos Gonatas*, 1913, p. 400 ; G. Niccolini, *op. cit.*, p. 20.

fille d'Épigèthès, coiffée d'un casque à triple aigrette et la sortie de la
prêtresse portant devant elle la terrifiante image d'Artémis (32) font à
l'intervention divine la part qui convenait en pareille délivrance. C'est,
toutes proportions gardées, le renouvellement du miracle delphique
de 279, mais cette fois les Étoliens en furent les victimes. Aratos,
soucieux de sa gloire, n'en avait pas soufflé mot dans son livre [1].

Quand les Étoliens faisaient subir à Pellana cet inamical traitement, il y avait beau temps que le σύμβολον avait été conclu. Aussi
passerons-nous rapidement sur deux épisodes postérieurs de
l'histoire de Pellana, qui sont relatés par les historiens.

225. — Le roi de Sparte Cléomène occupe Pellana, après en
avoir chassé la garnison achéenne et le stratège Timoxénos
(*Polybe*, II, 52, 2 ; Plutarque, *Arat.*, 39. Cf. Niccolini, *op. cit.*,
p. 51).

226. — Les Étoliens, vainqueurs à Kaphyæ, attaquent en vain
Pellana et regagnent l'Étolie après avoir ravagé le territoire de
Sicyone (*Polybe*, IV, 13, 5 ; Plutarque, *Arat.*, 47). La guerre
sociale allait commencer. Cf. Niccolini, p. 66 et suiv.

Il ne me reste plus à citer qu'un dernier texte qui semble, au
premier abord, contenir un renseignement intéressant sur l'orientation politique de Pellana dans les dernières années du IIIe siècle.
C'est un décret de Mégalopolis, retrouvé à Magnésie du Méandre.
Je n'ai pas à dire ici l'histoire de la fondation du temple d'Artémis Leukophryéné. Admettons comme établi, d'après l'inscription n° 16 du recueil d'Otto Kern [2], que, quatorze ans après

---

1. Les traits ne manquaient pas aux compilateurs de basse époque pour
peindre le sac de Pellana : Sac de Pellana par Clisthène et les Sicyoniens,
dans la première partie du VIe siècle (Papyrus d'Oxyrhynchus déjà cité, X,
1914, p. 103, n° 1241, col. III, l. 2 et suiv.) et Zénobios, I, 57, édit. E. L.
von Leutsch et F. G. Schneidewin, 1839, p. 22-23, d'après le texte du
Bodleianus 207, cité en note. Voy. plus loin, p. 165. — Mauvais traitements
infligés par le tyran Chairon aux aristocrates de Pellana, à leurs femmes et
filles (voy. plus haut le texte d'Athénée). — Sac de Pellana par les Étoliens.
D'après le papyrus d'Oxyrhynchus, Aristote (?) affirmait que Pellana avait
été la première des cités grecques à être saccagée. D'autres auteurs étaient
exactement renseignés sur le sort de la malheureuse ville : col. III, l. 5 et
suiv. Τίνες δὲ οὐ μόνον [ἐξανδρα]ποδισθῆναί φασιν τ[ὴν Πελλή]νην ὑπὸ Κλεισθέν[ους
ὅτ' ἐ]στράτευσεν μετὰ Σικ[υωνί]ων, ἀλλὰ καὶ τὰς γυναῖ[κα]ς αὐ]τῶν καὶ τὰς θυγατέρα[ς
αἰχμα]λωτισθείσας κατα[πορνευθῆ]ναι. Nous verrons plus loin (p. 165) qu'à la
suite de ce désastre et de cette ruine les Pellanéens déplacèrent leur ville.
2. Otto Kern. *die Inschriften von Magnesia am Maeander*, Berlin, 1900.
Cf. *Id.*, *Magnetische Studien*, dans *Hermes*, XXXVI, 1901, p. 491 et suiv. Le
n° 16 du recueil de Kern a été inséré par Dittenberger dans sa *Sylloge*[2]
sous le n° 256.

l'oracle de Delphes rendu en 221/0 [1], Magnésie commença d'envoyer des ambassadeurs dans tout le monde grec pour faire reconnaître les jeux qu'elle instituait en l'honneur de la déesse et aussi l'inviolabilité de son territoire. Les premières ambassades partirent donc en 206/5 [2].

Elles reçurent partout bon accueil, à en juger par les réponses qui nous ont été conservées : réponse favorable du κοινόν des Achéens et, sur la même pierre, mention de l'acceptation des Éléens [3]. — Réponse favorable de Mégalopolis et, sur la même pierre, mention de l'acceptation des « autres Arcadiens », au milieu desquels figurent les Pellanéens [4].

Que conclure de ce dernier texte, si ce n'est que vers la fin du IIIe siècle, en 207/6, selon Dittenberger [5], c'est-à-dire avant l'arrivée des ambassadeurs de Magnésie, Pellana et nombre de cités, parmi lesquelles d'autres villes notoirement achéennes, avaient abandonné la ligue achéenne pour se joindre à la ligue arcadienne reformée ?

N'était-ce pas aller trop vite et trop loin ? Quand, au mois de mars 1894, Kekulé avait présenté un premier rapport sur cette série des inscriptions de Magnésie [6], il y distinguait trois mains et trois époques : les plus anciens décrets, entre autres celui de Mégalopolis et du κοινόν arcadien, celui des Achéens-Éléens, se rapportaient à la fête de l'année 194. La date était acceptée par Hiller en 1895 dans son article *Arcadia* de l'Encyclopédie de

---

1. Voy. *Magnetische Studien*, p. 494 et la note 1 ; 495 et suiv.

2. Id., *ibid*.

3. *Inschriften von Magnesia...*, n° 39. A la fin, l. 48-49, on lit : ὁμοίως δὲ ἀπεδέξαντο καὶ | Ἠλεῖοι.

4. *Ibid.*, n° 38. A la fin, l. 58 et suiv., on lit :

Ἀκολούθως δὲ ἔδοξεν ψηφίσασθαι
καὶ τοῖς ἄλλοις   Ἀρκάσιν.

60.	Τεγεάταις	Ὀρχομενίοις
	Μεθυδριεῦσιν	Καφυιεῦσιν
	Στυμφαλίοις	Φλεασίοις
	Κλειτορίοις	Φενεάταις
	Πελλανεῦσιν	Φιαλεῦσιν
65.	Ἡραιεῦσιν	Ἀλεάταις
	Ψωφιδίοις	Κυναιθεῦσιν
	Θελφουσίοις	Καρυννεῦσιν
	Λουσιάταις	Τριταιεῦσιν.

5. *Sylloge*[2], 1898, n° 258, note 2.

6. *Jahrbuch des k. d. arch. Instituts*, IX, 1894, *Arch. Anzeiger*, p. 78.

Pauly-Wissowa (p. 1134), et il l'appuyait d'excellentes raisons qui n'ont rien perdu de leur force. Le groupement nouveau, que semblait révéler le décret de Mégalopolis ou plus exactement la liste jointe au décret, n'avait pu se former qu'après le départ de Flamininus, au printemps de 194, quand les Grecs furent abandonnés à eux-mêmes.

Le mérite d'avoir retrouvé le droit chemin revient à l'historien B. Niese. Il ne s'est pas borné, dans un court et substantiel article[1], à montrer que la date proposée par Dittenberger pour la formation de la nouvelle ligue arcadienne était absolument inadmissible ; il a prouvé qu'on ne pouvait rien faire valoir en faveur de l'existence de la prétendue confédération. Le mot κοινόν ne se trouve nulle part, ni dans le décret de Mégalopolis, ni dans la liste qui suit. Cette liste même n'a été composée que par le scribe de Magnésie qui, sous la rubrique : ἀκολούθως δὲ ἔδοξεν ψηφίσασθαι καὶ τοῖς ἄλλοις Ἀρκάσιν, a mêlé des noms manifestement arcadiens et d'autres manifestement achéens. Il lui a plu ou convenu de les grouper ainsi, comme il s'était avisé de mentionner l'acceptation des Éléens à la suite du décret des Achéens. Or les Éléens n'étaient pas plus achéens en 205, ni en 194 que les Pellanéens n'étaient arcadiens ; les Éléens n'entrèrent dans la ligue achéenne qu'en 191[2]. Faisons donc l'économie d'une ligue arcadienne que ses parrains eux-mêmes, en la présentant, avaient condamnée à une brève durée.

Otto Kern l'a très vite jetée par-dessus bord[3] et semble disposé à reconnaître que la première grande fête pentétérique des Leukophryéna fut célébrée vers 200[4]. Hiller, plus fidèle aux données de l'inscription n° 16, continue à placer vers 205 le décret de Mégalopolis[5]. C'est un problème qui ne touche pas à l'histoire de Pellana ; il suffit que nous ayons dégagé notre cité de cette dernière aventure arcadienne.

---

1. *Hermes*, XXXIV, 1899, p. 549 et suiv. Cf. G. Niccolini, *op. cit.*, p. 286, note 2.

2. Tite Live, XXXVI, 35,7. L'année d'avant, en 192, Antiochus avait envoyé de Chalcis à Élis une garnison de 1000 hommes : Polybe, XX, 3, 7 ; Tite Live, XXXVI, 5, 2. Cf. B. Niese, *Gesch. der gr. und makedon. Staaten*, II, p. 711, et G. Niccolini, *op. cit.*, p. 143.

3. *Hermes*, XXXVI, 1901, p. 505.

4. *Ibid.*, p. 513. Cf. p. 499.

5. Ad *Inscr. gr.*, V, 2, *Prolegomena*, p. xxv.

Et pourtant ne rejetons pas toute idée d'une influence arcadienne sur Pellana, et retenons deux faits : d'abord l'existence de θεαροί à Pellana, comme en plusieurs cités arcadiennes ; puis la mention faite par Pausanias d'un Pellanéen vainqueur à Olympie, qui se qualifie de Ἀζὰν ἐκ Πελλάνας [1]. On a retrouvé à Olympie la base de sa statue et l'épigramme a toute la saveur arcadienne désirée [2] : il y est présenté comme Πελασγός et c'est sur l'Arcadie que rejaillit l'honneur de sa victoire. Malheureusement nous ignorons à quelle Olympiade elle remonte. Acceptons provisoirement la date proposée par Hiller : vers 300 ; c'est celle qui semblait le plus probable aux premiers éditeurs de l'inscription, d'après la forme des lettres [3].

En résumé notre σύμβολον conclu dans la première moitié du IIIe siècle, au cours d'une période dont nous nous efforcerons de déterminer les limites dans le § suivant, est postérieur à l'entrée de Pellana dans la confédération achéenne. Mais la conclusion d'une convention de ce genre n'était pas incompatible avec le statut fédéral, qui respectait l'autonomie des cités [4]. Dira-t-on que les Pellanéens avaient dû solliciter l'autorisation du κοινόν et que nous en retrouverions peut-être la mention dans une partie perdue du texte, dans l'intitulé par exemple, mais nous voyons que, dans les parties conservées, les Pellanéens se désignent couramment par οἱ Πελλανεῖς et non par Ἀχαιοὶ ἐκ Πελλάνας, et nous savons que les cités confédérées avaient le droit de rendre la justice comme elles avaient le droit de faire des lois [5]. Or un σύμβολον — nous l'avons vu — n'avait d'autre objet que d'assurer plus prompte et plus exacte justice aux citoyens des deux villes qui le concluaient. L'existence même

---

1. VI, 8, 5 : καὶ Ἀζὰν ἐκ Πελλάνας Φίλιππος κρατήσας πυγμῇ παῖδας. Cf. *Inscr. gr.*, V, 2, *Prolegomena*, p. VIII, 8.

2. W. Dittenberger und K. Purgold, *Inschriften* [*von Olympia*], 1896, n° 174.

3. Hiller, ad *Inscr. gr.*, V, 2, *Prolegomena*, p. XXI. Cf. Hugo Förster, *Die Sieger in den olympischen Spielen* II, 1892, p. 4, n° 222[a] ; G. Niccolini, *op. cit.*, p. 286, note 2.

4. Voy. H. Swoboda, *Studien zu den griechischen Bünden : die Städte im achäischen Bunde*, dans *Klio*, XII, 1912, p. 17 et suiv.

5. Voy. H. Swoboda, p. 23-24, sur la nécessité d'une autorisation pour les relations d'ordre exclusivement politique ; p. 28-29, sur le droit qu'avaient les cités de rendre la justice. Cf. G. Niccolini, *op. cit.*, p 247 et suiv.

d'un σύμβολον consenti par une cité achéenne, pendant la période achéenne, confirme la définition que nous avons empruntée plus haut à Harpocration [1].

§ 2. *Rapports de Delphes et de Pellana.*

Le tableau qui clôt le chapitre et notre mémoire sera malheureusement très court.

A l'exception de deux textes littéraires, nos sources sont exclusivement des inscriptions delphiques.

Textes littéraires.

1. — Pausanias mentionne à Pellana le sanctuaire d'Apollon Théoxénios et la fête des Théoxénia célébrée en l'honneur d'Apollon [2]. Or le calendrier de Delphes contient un mois Théoxénios, le neuvième de l'année, dans lequel on célébrait, également en l'honneur d'Apollon, les Théoxénia [3] ; la fête des Théoxénia est nommée, dans le statut de la phratrie des Labyades, parmi les frairies prescrites par la loi [4]. Bien que nous ne sachions rien ni de l'origine ni des usages de la fête pellanéenne et que nous ne soyons guère renseignés sur le banquet delphique auquel étaient conviés Pindare et, après lui ses descendants [5], le rapprochement entre les deux villes s'impose d'autant plus qu'elles avaient, nous l'allons voir, des relations fort anciennes.

Ajoutons que les monnaies de Pellana confirment l'importance du culte d'Apollon dans la ville : le type des monnaies de Pellana est une tête d'Apollon [6].

1. Voy. p. 115.
2. VII, 27, 4. Le texte a été cité plus haut, p. 138.
3. Voy. Aug. Mommsen, *Delphika*, 1878, p. 299, où l'on trouvera réunis tous les textes. Cf. le calendrier delphique dressé par Homolle, *Bull. de corr. hellén.*, XIX, 1895, p. 63. Les Théoxénia se célébraient au printemps.
4. Ch. Michel, *Recueil*, n° 995 D, 1. 9 ; Dittenberger, *Sylloge*[2], 438 ; C. D. Buck, *Greek Dialects*, n° 51.
5. Aug. Mommsen, p. 301 et suiv. ; Homolle, *Bull.*, 1895, p. 68.
6. Barclay V. Head, *Historia numorum*, 2° édit., 1911, p. 415 ; E. Babelon, *Traité des monnaies grecques et romaines*, Deuxième partie, Description historique, tome III, 1914, p. 551-2.

2. — Une heureuse correction de Wilamowitz-Moellendorff, présentée en 1909, confirmée en 1914 par la publication d'un papyrus d'Oxyrhynchus, a permis de restituer à l'histoire de Pellana un texte intéressant de Zénobios.

Ζηνοβίου ἐπιτομή, I, 57, p. 22 et 23 du tome I de l'édition des *Paroemiographi graeci* publiée en 1839, à Göttingen, par E. L. von Leutsch et F. G. Schneidewin. Le *Parisinus*, suivi par les éditeurs, donne du proverbe : Ἄκρον λαβὲ καὶ μέσον ἕξεις une explication qui le rapporte à l'histoire d'Égine ; mais le *Bodleianus* 207, cité en note de l'édition de Göttingen (p. 23), l'interprète ainsi qu'il suit : Απελλαιοι περισωθέντες ἀπὸ τοῦ περὶ Κλεισθένην πολέμου ἐπυνθάνοντο τοῦ θεοῦ πότερον τὴν προτέραν αὐτῶν ἀνοικήσειαν πόλιν ἢ ἑτέραν ποιήσουσιν. Ἀπεκρίνατο δὲ ἡ Πυθία « πείθου ἐμοῖσι λόγοισιν· ἄκρον λαβὲ καὶ μέσον ἕξεις » καὶ ἄκραν ἔχουσαν τὴν πόλιν ᾤκησαν καταλαβόμενοι. Ἡ ἱστορία παρὰ Ἀλεξάνδρωι ἐν πρώτωι περὶ τῶν συληθέντων ἐν Δελφοῖς ἀναθημάτων.

Wilamowitz (*Hermes*, XLIV, 1909, p. 474) ne se borne pas à corriger περὶ Κλεισθένην en πρὸς Κ., et Ἀλεξάνδρωι en Ἀναξανδρίδηι. Il donne au texte toute sa valeur en remplaçant Απελλαιοι par Πελλαναῖοι, qui lui est suggéré par la description de Pausanias, VII, 27, 1 : Πελληνεῦσι δὲ ἡ πόλις ἐστὶν ἐπὶ λόφου κατὰ ἄκραν τὴν κορυφὴν ἐς ὀξὺ ἀνεστηκότος... · οὐ συνεχὴς ἡ πόλις, ἐς δὲ μοίρας γενεμημένη δύο ὑπὸ τῆς ἄκρας μεταξὺ ἀνεχούσης. Le papyrus 1241 d'Oxyrhynchus (X, 1914, p. 103) a fait de la conjecture une certitude : Pelléné y est nommée en toutes lettres dans une médiocre Chrestomathie que j'ai citée plus haut (p. 160, note 1).

Ainsi c'est à la suite d'une guerre désastreuse contre Clisthène de Sicyone, dans la première partie du vie siècle, que les Pellanéens ont consulté l'oracle de Delphes sur l'emplacement de leur ville qu'ils avaient à reconstruire. Dociles au conseil du dieu, ils l'ont transportée plus loin du rivage et de la plaine et l'ont groupée des deux côtés du promontoire rocheux que Strabon appelle le φρούριον (C 386). L'ancienne Pellana devint sans doute le centre de la κώμη que mentionne Strabon et qu'il place entre Aegion et Pellana (*ibid.*). Le texte de Strabon a été cité plus haut (p. 139, n. 1).

Pellana ne se borna pas à consulter l'oracle de Delphes. Elle fit une offrande au dieu, sans doute après l'achèvement de la ville nouvelle. L'offrande était mentionnée dans l'ouvrage d'A-

naxandridès περὶ τῶν συληθέντων ἐν Δελφοῖς ἀναθημάτων, au premier
livre ; ce dernier détail nous donne à penser qu'elle remontait
à une époque fort ancienne, puisque selon toute vraisemblance
Anaxandridès suivait l'ordre chronologique. En tout cas c'est à
lui que Zénobios a emprunté le récit dont nous venons de tirer
parti : il y avait donc un rapport entre l'offrande et l'oracle,
entre l'offrande et l'exécution de l'ordre du dieu.

Inscriptions.

A *Décrets*. — B *Listes de vainqueurs aux Sotèria.* —
C *Épitaphe.*

A. *Décrets*. — Nº 1. Décret de 340/39 (archontat d'Aristony-
mos) en l'honneur d'Ἐχέφυλος Χαρμίδα Πελλανεύς.

Inventaire, nº 2630. Trouvé en 1895, publié en partie une première
fois par P. Perdrizet dans le *Bull. de corr. hellén.*, XXI, 1897,
p. 557-578, d'après une copie de G. Colin. La photographie reproduite à la pl. XIX donne les dix premières lignes. Publié en entier par
P. Perdrizet, *Bull. de corr. hellén.*, XXIII, 1899, p. 349. — Baunack
(*Griech. Dialekt-Inschr.*, II, 1899, nº 2843) donne seulement la première partie. — « Stèle en marbre blanc », est-il dit *Bull.*, 1897,
p. 577. Au-dessus du fronton, deux dauphins (voir la photographie) ;
au-dessous de l'inscription, bouclier rond.

Θεός. Δελφοὶ ἔδωκα-
ν Ἐχεφύλωι Χαρμί-
δα Πελλανεῖ αὐτῶι
καὶ ἐκγόνοις πολιτ-
5. είαν, προξενίαν, πρ-
ομαντείαν, ·προδι-
[κί]αν, εὐεργεσίαν, ἀ-
·[τέλ]ειαν, ἐπιτιμ[ὰν]
[καθά]περ Δελφ[οῖς, ἄρ]-
10. χοντος Ἀριστ[ωνύμου],
βουλευόν[των Ἀρίσ]-
τωνος, Πλ[ειστέα],
Τελεσάρχ[ου].

L. 3 : Πελλανεῖ est gravé en surcharge. Sur la confusion possible entre Pellana et Palé, voy. *Bull.*, 1897, p. 578, note 2. Palé dans l'île de Céphallénie avait le dauphin pour emblème.

Nº 2. — Fragment de décret non daté mais que la forme προμαντηίαν permet d'attribuer à la seconde moitié du ıvᵉ siècle (vers .340-330). Le nom du proxène n'est pas conservé.

Inv. n⁰ 3075. Publié par Homolle d'après une copie de Bourguet, revue sur un estampage. *Bull.*, XXIII, 1899, p. 375. — Plaque de marbre blanc. Στοιχηδόν.

<pre>
       . . . .
       . ι Πελλαν-
       εῖ Δελφοὶ
       ἔδωκαν πρ-
       ομαντηία-
       ν, ἀτέλει[α]-
       . . . .
       [ν]
</pre>

Nᵒˢ 3-4. — Deux décrets de l'année 285/4 (archontat d'Ornichidas II), en l'honneur de Φίλλις Ἀγέα Πελλανεύς et d'un autre Pellanéen dont le nom n'est pas conservé.

« Stèle de marbre », dont il reste trois fragments (Inv. nᵒˢ 1576, 3911, 943). Les deux décrets étaient gravés côte à côte et séparés par une rainure verticale (Observation de Bourguet, *Bull.*, XXIII, 1899, p. 490, note 1). Publiés par Homolle d'après des copies, revues sur estampages, de Bourguet et Fournier pour le décret n⁰ 3, de Couve pour le n⁰ 4. — Στοιχηδόν.

<pre>
N⁰ 3.   [Θ ε ο] ί.
         [Δελφοὶ] ἔδωκ-
         [αν Φί]λλι Ἀγέ-
         [α Πε]λλανεῖ α-
   5.   [υτ]ῶι καὶ ἐγγ-
         [ό]νοις προξε-
         [ν]ίαν, προμαν-
         τείαν, προεδ-
         ρίαν, προδικ-
  10.   ίαν ποτὶ Δελ-
         φούς, ἀσυλία-
         [ν] πάντων καὶ
         τἄλλα ὅσα κα-
         [ὶ] τοῖς ἄλλοι-
</pre>

> 15 . [ς] προ[ξ]ένοις
>   [καὶ εὐε]ργέ[τ-
>   αις, ἄρχοντο-
>   ς Ὀρνιχίδα, β-
>   ουλευόντων
> 20 . Ἱππάρχου, Κα-
>   λλικράτευς,
>   Χαριξένου·
>   Πε(λλανέων).

L. 8. L'epsilon de προεδ a été gravé en surcharge sur un η encore très visible. — L. 23. Le pi, dans le sigle Πε, est notablement plus grand que l'epsilon. Le sigle même nous était connu par des monnaies de Pellana.

> N° 4 . . . .[π]-
>   ροξένοις κα-
>   ὶ εὐεργέται-
>   ς, ἄρχοντος Ὀ-
>   ρνιχίδα, βου-
> 5 . λευόντων Ἱπ-
>   άρχου, Καλλι-
>   κράτευς, Χαρ-
>   ιξένου·
>   Πε(λλανέων).

Sur les différences de gravure relevées dans la série des décrets de l'année d'Ornichidas II, voy. H. Pomtow, *Delphische Chronologie*, 1901, p. 36 du tirage à part de l'Encyclopédie de Pauly-Wissowa, et surtout les très justes observations de P. Perdrizet dans le *Bull. de corr. hellén.*, XXIII, 1899, p. 351.

Nous retrouvons dans le σύμβολον nouveau une des formes de lettre les plus caractéristiques des décrets n°s 3 et 4, celle de l'oméga dont les deux pointes de l'arc descendent plus bas que les barrettes horizontales; mais à la différence des décrets 3 et 4 où cette forme est la seule employée, le graveur du σύμβολον use concurremment d'autres, notamment de l'oméga ordinaire, assez ouvert, où les barrettes horizontales arrêtent à angle droit les deux pointes de l'arc. L'oméga d'Ornichidas — si l'on me permet cette dénomination — était déjà en faveur tout au commencement du iiie siècle, à en juger par la dédicace des Phocidiens

(*Bull.*, 1897, p. 388) où on le retrouve mêlé à l'oméga ordinaire.

Pour le σύμβολον, qui n'est pas gravé στοιχηδόν, il offre plus de ressemblances avec les nos 3 et 4 qu'avec le décret en l'honneur de Théodoros de Mégare (*Bull.*, XXI, 1897, p. 416 (316) et Baunack, *op. cit.*, n° 2834). Les trois décrets datent de l'année d'Ornichidas II, mais on sait quelle apparence archaïque a gardée le dernier cité, notamment avec le xi barré ⵂ. Les décrets 3 et 4 et le σύμβολον usent du Ξ.

B. *Listes de vainqueurs aux Sotèria.* — N° 5. — Année 268/7 (archontat d'Aristagoras II)[1]. Baunack, *op. cit.*, n° 2563, l. 12-13 :

κιθαρισταί·

Καλλίας Πολυξένου Πελληνεύς.

N° 6. — Année 267/6 (archontat d'Emménidas). Baunack, n° 2564, l. 14-16 :

αὐλη[ταί]·

Ἀνδ[ρ]ων Πολυξένου Πελληνεύς.

N° 7. — Année 265/4 (archontat de Kléondas). Baunack, n° 2566, l. 11 et l. 15 :

11.   κιθαρισταί· Κα[λ]λίας Πολυξένου Πελληνεύς·
15.   αὐληταί· Ἄνδρων Πολυξένου Πελληνεύς.

Kallias et Andron sont, à n'en pas douter, deux frères.

La forme Πελληνεύς, contraire à l'usage constant de Delphes où nous avons toujours rencontré Πελλανεύς, est un argument de plus en faveur de la thèse de Fr. Poland, acceptée par Pomtow : d'après Poland, ce fut le κοινὸν τῶν τεχνιτῶν τῶν ἐξ Ἰσθμοῦ καὶ Νεμέας qui fut chargé de l'organisation des Sotéria *annuels* dans l'Olympiade 128 (268-264), et c'est par ses soins que furent gravées les listes de vainqueurs[2].

C. *Épitaphe.*

Εὔγνωτος
Ἐχφάντου
Πελλανεύς.

---

1. Sur cette date et celles qui suivent, et sur la célébration en 268 de la première fête annuelle des Sotèria, voy. H. Pomtow, *Götting. gel. Anzeigen*, 1913, p. 181 et 183.

2. Fr. Poland, *de collegiis artificum Dionysiacorum*, Dresden, 1895, p. 15. Cf. Id., *Geschichte des griechischen Vereinswesens*, Leipzig, 1909, p. 133 et suiv. ; H. Pomtow, *art. cité*, p. 180, note 1, et p. 181.

Invent. n° 3084. Inédit. De la seconde moitié du III⁰ siècle, d'après la forme des lettres. Je n'ai à ma disposition qu'une copie en caractères courants.

On notera le retour de la forme classique Πελλανεύς. Le nom propre Ἔχφαντος (Ἔκφαντος) n'est pas fréquent. Il s'est rencontré dans deux inscriptions archaïques bien connues : l'une de Mélos (marbre Nani), l'autre d'Athènes, où se lit la signature de Kritios et Nésiotès [1]. Il est porté par un très ancien peintre Corinthien (Pline, *hist. nat.*, XXXV, 16). Enfin Démosthène, dans le plaidoyer contre Leptine (XX, 474, 59), cite un Thasien de même nom qui livra Thasos aux Athéniens vers la fin de la guerre du Péloponnèse.

En somme, si rares que soient ces témoignages, on peut affirmer sans exagération que les relations de Delphes et de Pellana n'ont pour ainsi dire pas cessé depuis le VIᵉ siècle ; nous les suivons surtout depuis le milieu du IVᵉ siècle environ jusque vers le milieu du IIIᵉ. Plus tard même, l'épitaphe d'Eugnotos nous montre qu'il y avait des Pellanéens domiciliés à Delphes. Des quatre décrets cités, deux se rapportent au IVᵉ siècle, deux à l'année 285. M. Homolle, qui admettait que le n° 2 était plus voisin de l'année 285, s'étonnait « de voir réunis en peu de temps à Delphes un nombre de documents hors de proportion, semble-t-il, avec l'importance de la ville intéressée », et il ajoutait : « Il serait curieux de rechercher les causes les plus vraisemblables de ces rapports multiples [2]. » La seule existence d'un σύμβολον ne suffit-elle pas à nous apprendre que ces relations étaient surtout des relations commerciales ?

Où l'étonnement redouble, c'est en regard des constatations que nous imposent les tableaux qui précèdent. Quand fut conclu le σύμβολον, Pellana faisait partie de la ligue achéenne et les Étoliens étaient les maîtres de Delphes. Que le σύμβολον soit postérieur à l'année 273/2, peut-être même à l'Olympiade 128 et aux premières listes des Sotéria, c'est ce qu'admettent les maîtres de l'épigraphie delphique, ceux dont le jugement se fonde sur la plus longue pratique des fouilles et des textes. Nous sommes ainsi amené à chercher le *terminus post quem* aux environs de la guerre de Chrémonidès (266-262) et très vraisemblablement

---

1. Le marbre Nani est aujourd'hui au Musée de Berlin : *Inscr. gr.*, XII, 3, n° 1065. Pour l'inscription d'Athènes, voy. *Inscr. gr.*, I, n° 374.
2. *Bull. de corr. hellén.*, XXIII, 1899, p. 378.

au lendemain même de cette guerre. Les Achéens — nous l'avons vu — s'étaient rangés du côté de Sparte et d'Athènes contre Antigonos Gonatas, mais ils n'ont vraisemblablement ni supporté le poids de la lutte, ni subi les conséquences de la défaite. Au lendemain de la guerre, les cités achéennes reprirent leur vie active[1]. Pour le *terminus ante quem*, je doute qu'on puisse le fixer au delà de l'année 251, c'est-à-dire au delà de l'annexion de Sicyone à la ligue[2]. Quelque progrès qu'aient pu faire auparavant les Achéens sous l'impulsion de Margos de Kérynneia, seul stratège en 255[3], l'adjonction de Sicyone fut vraiment le premier signe de leur puissance et la première menace pour les autres groupements, dont la ligue étolienne était le plus considérable. Tant que Pellana resta la dernière, la plus orientale des cités achéennes, tant qu'elle ne fut pas encadrée entre deux villes confédérées — Aegeira à l'Ouest, Sicyone à l'Est, — il lui fut manifestement plus facile de garder une certaine indépendance. Rien ne l'empêchait, avant 251, de continuer ou de reprendre ses relations avec Delphes, de les consolider même par la conclusion d'un σύμβολον. C'est donc entre la fin de la guerre de Chrémonidès et l'annexion de Sicyone, entre 262 et 251, que je propose de placer la rédaction de notre traité, en nous tenant toutefois plus près de 262 que de 251.

Aussitôt conclu, le σύμβολον fut gravé et exposé à Delphes, vraisemblablement aussi à Pellana. On sait que les fragments publiés plus haut proviennent de l'exemplaire de Delphes, mais nous avons pris soin de noter[4] que la plaque n'était pas en pierre de Delphes : « marbre à gros grains, des îles », écrit M. Bourguet ; « marbre du Péloponnèse », affirment MM. Pomtow et Bulle ; marbre de Pellana, dirons-nous à notre tour en reprenant l'expression citée plus haut de Pausanias (ἐπιχώριος λίθος[5]). Puisque les Pellanéens ont fourni la plaque exposée à Delphes, n'est-il pas vraisemblable qu'ils ont également fait les frais de la gravure ? Le décret delphique qui autorisait la conclusion d'un

---

1. Voy. B. Niese, *Gesch. der griech. und makedon. Staaten...*, II, p. 243 ; G. Niccolini, *op. cit.*, p. 8-9.

2. Polybe II, 43, 3 ; B. Niese, *ibid.*, p. 245 ; G. Niccolini, *ibid.*, p. 10 et suiv.

3. Polybe, II, 43, 2 ; B. Niese, *ibid.*, p. 243.

4. P. 1.

5. Pausanias, VII, 27, 2.

σύμβολον entre les deux cités avait sans doute mis la double dépense de la stèle et de la gravure au compte de Pellana : dépense suffisamment élevée, si l'on considère que la stèle était gravée sur les deux faces et d'assez grandes dimensions. Admettons donc que l'exemplaire delphique fut taillé et gravé à Pellana, puis transporté à Delphes. Sans parler des pierres et marbres destinés à la construction des temples ou autres édifices [1], les inscriptions se déplaçaient aisément dans la Grèce antique, et, pour ne citer qu'un exemple, la lourde stèle tégéate où se lit le règlement concernant le retour des bannis en 324 — l'une des plus belles trouvailles de M. Bourguet — a été vraisemblablement apportée toute gravée à Delphes [2]. La route était singulièrement plus longue et la pierre plus pesante, à en juger par les seules dimensions que nous puissions comparer : l'épaisseur de la plaque de Pellana varie de 0.035 à 0.047 ; celle du bloc de Tégée, de 0.21 à 0.225.

Aussi bien les observations que nous devons à M. Bourguet sur la forme des lettres gardent-elles toute leur valeur. Ce n'est pas au IIIe siècle que l'alphabet de Pellana diffère de celui de Delphes et nous avons noté plus haut le même oméga, d'apparence caractéristique, dans des décrets delphiques sûrement gravés à Delphes, dans une dédicace des Phocidiens et dans le σύμβολον gravé à Pellana. Ce sont formes communes, c'est une sorte de κοινή (γραμματική) qu'on ne peut étudier nulle part mieux qu'à Delphes.

1. Il me suffira de citer les comptes de la construction de la Tholos d'Épidaure : *Inscr. gr.*, IV, n° 1485. On y voit que des pierres sont apportées d'Argos (A, l. 15, par exemple), de Corinthe et Kenchreæ (A, l. 10 et suiv. ; B, l. 40 et caet.), du Pentélique et du Pirée (B, l. 36 ; 46, 66 et caet.).
2. *Bull. de corr. hellén.*, XXXVIII, 1914, p. 101, note 1.

CONCLUSION

DE QUELQUES SOURCES DU DROIT DE DELPHES

Je me suis engagé, dans l'Introduction, à terminer ce mémoire par quelques indications sur les sources du droit de Delphes. Au terme de cette étude, ce projet, si modeste qu'il se soit annoncé, me semble trop ambitieux encore et les difficultés m'en apparaissent plus grandes. Je me bornerai donc à noter quelques termes de droit, plus instructifs que d'autres, plus propres à nous guider dans cette délicate recherche des origines.

DE QUELQUES TERMES DU DROIT DE DELPHES

§ 1. Παρίσκεσις. — § 2. Ἐπιπαματίς. — § 3. Τίμασις.

§ 1. Παρίσκεσις.

Nous avons suffisamment justifié la restitution du mot παρίσκεσις et le sens que nous lui avons attribué pour qu'il soit inutile d'en reprendre l'examen [1]. Je rappellerai seulement que les seules lettres restituées sont les trois dernières, que le mot ne peut être que du genre féminin et qu'une syllabe commence

1. Voy. plus haut, p. 13 et suiv. ; 67 et suiv.

avec les lettres qui manquent. Admettons donc comme démontré que πχρίσκεσις = ἐπίσκηψις.

On m'accordera peut-être aussi que le mot nouveau a toute l'apparence d'un mot archaïque. Je sais bien qu'il faut nous garder de toute illusion et que le commerce des orateurs et des inscriptions attiques du ${\rm iv}^{\rm e}$ siècle contribue à nous faire prendre pour archaïques nombre de termes dialectaux. Les inscriptions dialectales nous donnent facilement l'impression d'une langue plus figée, moins souple, qui s'est moins développée que la langue attique. Mais, sans compter que cette impression n'est pas absolument fausse, risquons-nous de nous tromper quand nous attribuons à des temps très anciens un mot formé du verbe homérique ἴσκειν ? Les termes dialectaux — je ne parle pas des formes — sont rares dans ce traité de la première moitié du ${\rm iii}^{\rm e}$ siècle. Il en est que nous voyons en quelque sorte tomber, disparaître : tel le mot ϲικαστήρ, d'usage courant au temps de la loi de Kadys, c'est-à-dire à la fin du ${\rm v}^{\rm e}$ ou tout au commencement du ${\rm iv}^{\rm e}$ siècle, et qui n'est plus employé que deux fois dans nos fragments. Encore avons-nous pu supposer que les deux paragraphes où nous avons rencontré le mot ϲικαστῆρας avaient été empruntés à dès lois ou règlements plus anciens [1]. Tout compte fait, trois termes s'imposent à notre attention, trois termes qui me semblent en quelque sorte contemporains et que nous pouvons rattacher à une antiquité très reculée : πχρίσκεσις, ἐπάμφορος (ϲίκα), φιλατίας [2]. Qu'il y ait un rapport étroit entre les deux premiers, cela va de soi : ce n'est qu'après l'institution des réserves contre témoins ou faux témoins qu'on eut l'occasion de revenir sur la chose jugée par la voie d'actions rapportées au magistrat. Pour le mot φιλατίας qui sert de titre à deux chapitres du traité — peut-être n'était-il plus employé au ${\rm iii}^{\rm e}$ siècle que dans des titres de loi —, il se rattache directement à la langue des hymnes homériques et à celle d'Hésiode [3].

L'emploi du mot πχρίσκεσις suffisant à nous apprendre que

1. Voy. plus haut, p. 10 et suiv.

2. Je laisse de côté le mot ἐπάκοος dont la lecture n'est pas certaine. Voy. plus haut, p. 18.

3. Voy. plus haut, p. 25 et suiv. L'*Hymne à Hermès* donne deux fois l'épithète de φηλήτης au dieu (v. 292 et 446) ; Euripide la reprend et la consacre dans sa tragédie de *Rhésus*, au v. 217.

l'institution des réserves contre témoins et faux témoins remonte, à Delphes, à une antiquité très reculée, nous pouvons maintenant tirer parti d'un passage de la *Politique* d'Aristote. A la fin du Livre II, dans une revue très rapide des législateurs les plus remarquables, Aristote nomme Charondas de Catane qui « donna des lois à ses propres concitoyens et aux autres colonies de Chalcis en Italie et en Sicile » [1]. Il ajoute plus loin : Χαρώνδου δ' ἴδιον μὲν οὐδέν ἐστι πλὴν αἱ δίκαι τῶν ψευδομαρτυρίων (πρῶτος γὰρ ἐποίησε τὴν ἐπίσκηψιν) [2]... Charondas avait donc introduit l'action en faux témoignage et c'était là ce qu'il y avait de plus original dans sa législation.

Il est vrai que ce chapitre 12 du Livre II de la *Politique* est depuis longtemps contesté. Les uns le suppriment tout entier de l'œuvre d'Aristote ; les autres n'en condamnent que la fin, à partir de l'endroit où sont nommés Zaleukos et Charondas [3]. Ce serait perdre son temps que de faire le récit de cette querelle [4]. La découverte de l'Ἀθηναίων πολιτεία a tourné à la confusion des partisans de la suppression du chapitre entier [5], et le dernier éditeur de la *Politique*, M. Otto Immisch, s'est rangé du côté de L. Spengel et de Wilamowitz-Moellendorff qui, l'un dans une note substantielle, l'autre dans des pages pénétrantes et tranchantes, avaient fait justice des doutes, hésitations ou condamnations insuffisamment fondés [6]. Les redoutables crochets, dont on

---

1. II, 12, 5 (1274 a, 23 et suiv.).

2. II, 12, 8 (1274 b, 5 et suiv.).

3. C. Goettling supprime le chapitre entier (Ἀριστοτέλους Πολιτικῶν βιβλία ὀκτώ, Iéna, 1824, p. 345-346) ; Ern. Fred. Bojesen en supprime la fin, dans deux programmes de Soroe, parus à Copenhague en 1844 et 1845, que je n'ai pas trouvés à la Bibliothèque de l'Université de Paris. Voy. la bibliographie publiée en tête de l'édition Franz Susemihl-R. D. Hicks : *The Politics of Aristotle*, a revised Text with Introduction, Analysis and Commentary, Books I-V, Londres, 1894, p. 9 et p. 318.

4. Je me borne à renvoyer à l'édition anglaise citée dans la note précédente.

5. Cf. *Politique*, II, 12, 2 et suiv. (1273 b, 35 et suiv.) et Ἀθην. πολ., 7 et suiv. Wilamowitz-Moellendorff, *Aristoteles und Athen* I, 1893, p. 66 et suiv.

6. L. Spengel, *Ueber die Politik des Aristoteles*, dans les *Abhandl. der philos.-philol. Classe der kön. bayerischen Akademie der Wissensch.*, V, 1847-1849, p. 11, note 13 ; Wilamowitz, *op. cit.*, p. 64 et suiv. Entre ces deux auteurs citons l'intéressante dissertation de I. P. Nickes, *de Aristotelis Politicorum libris*, Bonn, 1851 ; aux p. 52 et suiv. il soutient avec de bons arguments l'authenticité du Livre II tout entier. L'édition d'Otto Immisch a paru en 1909 dans la collection Teubner.

abusait, ne barrent plus que quelques lignes consacrées à Pha-
léas et à Platon, qui font immédiatement suite au passage que
nous avons cité plus haut. Nous avons le droit d'user du texte
d'Aristote.

Nous sommes mal renseignés sur Charondas, et d'abord sur
l'époque où il vivait. Aristote, dans le même chapitre de la
Politique, critique en passant les constructions harmonieuses où
se plaisaient de son temps — déjà — les historiens des institutions politiques. De Charondas ils remontaient à son maître
Zaleukos, de Zaleukos et de Lycurgue à Thalès, et ce dernier
n'avait plus que des relations d'amitié avec le Locrien Onomakritos, le premier qui se soit fait un nom comme législateur.
C'est en Crète que ce serait formé Onomakritos [1]. Les historiens postérieurs, tels que Poseidonios, ne verront pas plus
juste quand ils feront de Charondas le disciple de Pythagore [2].
Nous pouvons admettre qu'il vécut dans la seconde moitié du
VIIe siècle, entre Zaleukos et Dracon, sans pouvoir préciser
davantage [3].

Ce qui est hors de doute, c'est le grand succès de sa législation et le rôle considérable qu'elle a joué dans l'histoire de la
civilisation grecque. R. Dareste et Wilamowitz-Moellendorff les
ont bien mis en lumière, le premier surtout dans une page
remarquable [4]. Dareste a insisté notamment sur l'incroyable
facilité avec laquelle les lois passaient de ville en ville, quand
leur réputation était faite. Est-il donc téméraire d'admettre que
les lois de Zaleukos et celles de Charondas ont été de bonne
heure connues à Delphes ? Entre Delphes et la Grande Grèce
les relations étaient anciennes. La patrie de Zaleukos était une
colonie des Locriens d'Oponte et ces dernières gardèrent longtemps la réputation de posséder de bonnes lois [5]. Allons plus

1. *Politique*, II, 12, 5 (1274 a, 25 et suiv.).
2. Poseidonios, cité par Sénèque, *Epist.*, 90, 6-7 ; Diodore de Sicile ne
dit pas que Charondas fut le disciple de Pythagore : il le dit seulement de
Zaleukos (XII, 20, 1), ce qui est une erreur plus grave encore. Voy. R.
Dareste, *Nouvelles études d'histoire du droit*, 1902, p. 29.
3. Les témoignages des anciens sont contradictoires. On les trouvera
cités dans G. Busolt, *Griechische Geschichte*, I[2], 1893, p. 424, note 3 et p.
426, note 7. Cf. R. Dareste, *op. cit.*, p. 13 et 18.
4. R. Dareste, *op. cit.*, p. 29 ; Wilamowitz-Moellendorff, *Aristoteles und
Athen*, I, p. 65, note 36.
5. Sur la fondation de Locres de la Grande Grèce, voy. le témoignage

loin et supposons que l'ἐπίσκηψις passa directement de la législation de Charondas dans les lois de Delphes, sans prétendre toutefois que le terme même de παρίσκεσις fût déjà employé par Charondas.

A coup sûr ce n'est pas d'Athènes que Delphes reçut l'ἐπίσκηψις. Les textes athéniens les plus anciens où se rencontre le verbe ἐπισκήπτεσθαι avec le sens de : reprocher les témoins, sont des plaidoyers d'Isée et les passages des *Lois* de Platon cités plus haut[1]. L. Spengel, dans son mémoire sur la *Politique* d'Aristote, allait jusqu'à dire que Platon avait emprunté l'ἐπίσκηψις à Charondas[2]. C'était trop s'avancer : n'oublions pas en effet que les *Lois* sont le dernier ouvrage de Platon et n'ont été publiées qu'après sa mort par Philippe d'Oponte. Dans le chapitre sur les faux témoins, comme dans la plupart des autres, Platon s'est inspiré de la législation athénienne, non sans la modifier à son gré[3]. Mais nous devons reconnaître aussi que les réserves contre témoins et faux témoins ne sont pas d'institution très ancienne à Athènes. Nous n'en avons pas d'exemple au ve siècle où le verbe ἐπισκήπτειν (ἐπισκήπτεσθαι) a un autre sens[4]. Delphes a certainement pratiqué l'ἐπίσκηψις avant Athènes.

d'Éphore, cité et combattu par Strabon VI, C 259. Sur l'εὐνομία des Locriens d'Oponte, voy. Pindare, *Olymp.*, IX, 24 et l'épitaphe des Locriens morts aux Thermopyles, dans Strabon IX, C 425 :

Τούςδε ποθεῖ φθιμένους ὑπὲρ Ἑλλάδος ἀγτία Μήδων
μητρόπολις Λοκρῶν εὐθυνόμων Ὀπόεις.

Cf. Paul Girard, *de Locris Opuntiis*, 1881, p. 68 et suiv. Rappelons que le disciple de Platon qui publia les *Lois* après la mort de son maître survenue en 348/7 fut un citoyen d'Oponte, Philippe (Diogène Laërce, III, 37).

1. Voy. le mémoire déjà cité de K. Schodorf, *Beiträge zur genaueren Kenntnis der attischen Gerichtssprache aus den zehn Rednern*, Würzburg, 1905, p. 34 et suiv. Pour Isée, voy. III, 3 ; 11 ; 12 ; 14 ; 56 ; 66 ; V, 9 ; 17. On sait combien incertaine est la chronologie des œuvres d'Isée ; nous ne sommes pas renseignés non plus sur la date du plaidoyer de Lysias *contre Pancléon* (XXIII, 14).

2. *Abhandl.* de l'Académie de Bavière, XI, 1868, p. 71, ad *Polit.* 1274 b, 6.

3. Voy. plus haut, p. 77.

4. K. Schodorf, *op. cit.*, p. 35 et suiv.

§ 2. Ἐπιπαματίς.

Le mot ἐπιπαματίς, qui désignait, en particulier chez certains peuples doriens, la fille ou femme épiclère, ne s'est pas encore rencontré dans une seule inscription. Nous ne le connaissons que par les lexicographes anciens [1]. D. Comparetti l'a bien restitué, non sans hésitation, dans une très ancienne inscription de Gortyne ([ἐπιπ]αματίς) [2], mais elle est si mutilée que le sens général nous en échappe, et l'épiclère, dans les lois gortyniennes postérieures, est constamment désignée par un autre terme : πατρειοχος (πατρῳῶχος) [3].

Une inscription de Delphes, déjà souvent citée, la loi de Kadys, nous fournira peut-être le premier exemple épigraphique souhaité. Le mot n'est malheureusement pas conservé en entier et l'on peut faire au moins une objection à la restitution que je propose.

Col. V, p. 158 [4]. — L'inscription est gravée στοιχηδόν, mais la longueur des lignes ne peut être déterminée avec certitude. La colonne est complète à droite.

L. 5 . . . . .ἐξ]έστω τοὺς ἀντιτυ[γ]χάνοντας [5] γρ[ά-
L. 6. ψασθαι ποὶ τ. . . . . .§ Γυναι]κὶ δὲ μὴ χρῆσαι, α[ἴ κα] μὴ ἐπαινῇ[ι
L. 7. . . . . .ἀνήρ· αἰ δὲ χήρα ς. . . .ατις, υἰὸν β-

La loi de Kadys règle les conditions du prêt à Delphes, fixe le taux de l'intérêt, punit les contraventions, ainsi que nous l'apprend la première colonne qui est très bien conservée. Aux l. 6 et 7 de la col. V, un paragraphe est consacré aux prêts

---

1. Hésychius : ἐπιπαματίδα ·τὴν ἐπίκληρον. Cf. Suidas, s. v. Ἐπίκληρος· ὅταν παῖς ὀρφανὴ πατρὸς καὶ μητρός, ἀδελφῶν τε οὖσα ἔρημος, καὶ ταύτῃ τύχῃ ὑποκειμένη οὐσία, ταύτην καλοῦσιν ἐπίκληρον· ὁμοίως δὲ καὶ τὴν ἤδη γεγαμημένην, ὅταν ᾖ ἐπὶ τῇ οὐσίᾳ ὅλῃ καταλελειμμένη. Καλοῦσι γὰρ καὶ τὴν οὐσίαν κλῆρον. Καλεῖται δὲ ἐπίκληρος; καὶ ἡ μηδέπω γεγαμημένη, ἀλλὰ παρὰ τῷ πατρὶ οὖσα, καθότι καθήκει αὐτῇ πᾶσα ἡ οὐσία. Καλοῦνται δὲ ἐπίκληροι, κἂν δύο ὦσι, κἂν πλείους. Τινὲς δὲ τὴν ἐπίκληρον καλοῦσιν ἐπιπαματίδα καὶ πατροῦχον.

2. *Gr. Dialekt-Inschr.*, III, 1904, n° 4969, 133.

3. Voy. le *Glossaire et Index* de C. D. Buck, *Greek Dialects*, 1910, s. v.

4. *Fouilles de Delphes*, III, Fasc. I, 1911.

5. Pour le sens de ἀντιτυγχάνω = παρατυγχάνω, voy. le *Glossaire* de C. D. Buck, s. v.

faits à une femme. La restitution de la l. 6 ne présente pas de difficulté. On ne peut prêter à une femme [mariée] que si elle est assistée de son mari. Tout le commencement de la l. 7 nous échappe ; nous y aurions peut-être trouvé l'énumération des différents κύριοι : ἢ πατὴρ ἢ ἀδελφὸς ἢ ἀνήρ. Dans le second article du paragraphe, il est question de la veuve qui a un fils [1], mais au mot χήρα est joint un adjectif dont il ne reste que ce qui suit :

Γ . . . . Α Τ Ι Σ

Que l'adjectif soit composé du verbe πάομαι [2] et que l'on doive restituer . . παμ.]ατίς, c'est ce qu'on m'accordera sans peine. Nous attendons un mot qui nous renseigne sur les biens de la veuve à qui l'on peut prêter, sur sa solvabilité par conséquent. Le premier qui vienne à l'esprit est ἐ[πιπαμ.]ατίς. Ni le mariage, ni le veuvage ne font perdre à une femme la qualité d'épiclère [3], mais le mot ἐπιπαματίς est trop long d'une lettre ! Devrons-nous donc l'écarter ? Les cinq premières colonnes de la loi sont gravées avec une très grande régularité qui contribue, non moins que la beauté des caractères, à faire de ce texte un des plus remarquables spécimens de l'épigraphie delphique. Et pourtant, dans la col. I, dès le début de l'inscription, les éditeurs ont noté quelques irrégularités, dont l'une est particulièrement encourageante : à la l. 4 l'Ι et le Σ de ὅπαι συνάλλαξἀν n'occupent la place que d'une lettre. Ne sommes-nous pas autorisé à supposer que le premier pi et le premier iota de ἐπιπαματίς n'occupent également que la place d'une lettre ?

Si l'on nous refusait cette irrégularité, il nous resterait la ressource de créer un mot : ἐ[μπαμ.]ατίς, à l'image du mot ἐμπάμων qui ne nous est connu que par une glose d'Hésychius : ἐμπάμονι· πατρούχῳ [4]. Mieux vaut faire l'économie d'un mot nouveau et enrichir la liste des fautes du lapicide.

---

1. Un ou plusieurs fils, mais le fils majeur compte seul puisque c'est sous sa tutelle que passe l'épiclère devenue veuve. Voy. R. Dareste, *Nouvelles études d'histoire du droit*, 1902, p. 68.

2. Voy. Hésychius, s. v. Πασάμενος· κτησάμενος et Πάσατο·.. ἐκτήσατο. Rappelons que le verbe est employé dans le traité entre Delphes et Pellana, n° II, Α. l. 18 : πέπαται.

3. Voy. le texte de Suidas cité plus haut. Cf. Dareste, *op. loc. cit.*

4. Cf. le mot dorique mentionné par Pollux, X, 20 : ἑστιοπάμων (= ὁ τοῦ παντὸς οἴκου δεσπότης).

Appelons enfin l'attention du lecteur sur d'autres gloses d'Hésychius :

> Παμῶχος· Παμῶχος· ὁ κύριος· Ἰταλοί.
> Παμωχίων· κεκτημένος.

Les Ἰταλοί d'Hésychius, ce sont encore nos Grecs de la Grande Grèce, ceux qui usaient des lois de Zaleukos et de Charondas [1]. Sans vouloir prétendre que les Delphiens leur ont emprunté aussi le mot ἐπιπαματίς, notons que le mot ἐχεπάμων (ἐχεπάμον) se rencontre dans l'inscription locrienne d'Oeantheia [2].

§ 3. Τίμασις.

Un caractère commun aux lois de Zaleukos et de Charondas était leur extrême précision, leur rigueur inflexible. Les lois de Zaleukos prévoyaient tous les cas, édictant une peine fixe pour chacun d'eux, excluant toute appréciation à faire par le juge. Charondas voulait aussi que ses lois fussent appliquées à la lettre, sans interprétation ni atténuation [3]. S'il fallait en croire l'historien Éphore, cette inflexibilité était la plus grande originalité de la législation de Zaleukos. Le texte d'Éphore vaut d'être cité. Il nous montrera par un nouvel exemple combien sont difficiles ces recherches sur les origines des institutions juridiques grecques, et combien les anciens se sont accommodés d'une tradition fixée de bonne heure, sans faire preuve d'esprit critique, sans recourir à des études approfondies.

Éphore, cité par Strabon, VI, C 260. Τῆς δὲ τῶν Λοκρῶν νομογραφίας μνησθεὶς Ἔφορος, ἣν Ζάλευκος συνέταξεν ἔκ τε τῶν Κρητικῶν νομίμων καὶ Λακωνικῶν καὶ ἐκ τῶν Ἀρεοπαγιτικῶν, φησὶν ἐν τοῖς πρώτοις καινίσαι τοῦτο τὸν Ζάλευκον ὅτι τῶν πρότερον τὰς ζημίας τοῖς δικασταῖς ἐπιτρεψάντων ὁρίζειν ἐφ'ἑκάστοις τοῖς ἀδικήμασιν, ἐκεῖνος ἐν τοῖς νόμοις διώρισεν, ἡγούμενος τὰς μὲν γνώμας τῶν δικαστῶν οὐχὶ τὰς αὐτὰς εἶναι περὶ τῶν αὐτῶν, [τὰς δὲ ζημίας] δεῖν εἶναι τὰς αὐτάς.

---

1. Parmi les lois de Charondas citées par Diodore au L. XII, il en est une qui se rapporte à la fille épiclère et dont Solon se serait inspiré, au dire de Diodore (XII, 18, 2-3).

2. C. D. Buck, *Greek Dialects*, n° 55, l. 16.

3. Voy. R. Dareste, *op. cit.*, p. 23.

Que Zaleukos ait puisé dans les lois de la Crète, dans celles de Lacédémone et dans celles de l'Aréopage (?), c'est chose possible, mais Éphore s'en tient à la tradition courante [1], sans plus se soucier de la chronologie que ne le faisaient les auteurs blâmés par Aristote à la fin du Livre II de la *Politique* [2]. Que les législateurs antérieurs à Zaleukos — ou plus exactement les coutumes — aient laissé aux juges la faculté d'appréciation et la fixation de l'amende, qu'ils se soient par conséquent montrés plus équitables, ce sont affirmations dont le seul fondement ne peut être que la tradition, puisque les lois de Zaleukos furent les premières lois écrites [3].

La tendance et le retour à l'équité se font surtout jour dans la législation athénienne. Ils s'affirment dans la distinction des ἀγῶνες τιμητοί et des ἀγῶνες ἀτίμητοι, également applicable aux actions publiques et aux actions privées [4]. Nous pouvons faire honneur de ce grand progrès à l'esprit de mesure et de sagesse pratique d'Athènes, mais nous ignorons à quelle époque il remonte, ou plus exactement dans quelle période s'acheva le mouvement qui aboutit à cette institution.

A n'en pas douter, la τίμασις delphique est d'origine athénienne : c'est un emprunt que les Delphiens ont fait à la grande cité ionienne, qui avait de si étroites relations avec eux.

Nous bornerons là ces indications, sans nous montrer surpris que Delphes ait emprunté à droite et à gauche pour façonner et transformer son droit civil, son droit criminel et sa procédure. Foyer vénéré de l'hellénisme, en relations avec tout le monde grec, ouverte à tout ce qui, dans cet admirable champ d'activité, parvenait à la réputation et à la gloire, Delphes n'ignorait pas les législateurs fameux. Regardant à l'Occident non moins qu'à l'Orient, vers la Grande Grèce et la Sicile non moins que vers l'Ionie, vers Athènes et Sparte, elle a puisé dans les lois de la Grande Grèce aussi aisément que dans celles d'Athènes.

---

1. Diodore dira de même de Charondas, mais avec moins de précision, qu'il avait étudié les œuvres de tous les législateurs (XII, 11, 4).
2. Voy. plus haut, p. 176.
3. D'après Strabon (VI, C 259), c'est-à-dire ici d'après Éphore lui-même.
4. Voy. Harpocration, s. v. : Ἀτίμητος ἀγών καὶ τιμητός.

Fascinés par l'incomparable éclat de la civilisation athénienne, dont il nous reste tant de monuments, nous négligeons trop peut-être l'influence des législations de l'Occident grec. Il est vrai que nous les connaissons mal, que les textes épigraphiques sont peu nombreux encore, souvent d'interprétation difficile [1], mais au temps où les cités de la Sicile et de la Grande Grèce étaient librement florissantes, de plus grandes villes que Delphes, Rome même [2], ont pu leur emprunter des lois.

1. Parmi les savants qui ont le mieux mérité de l'épigraphie de la Grande Grèce, j'ai eu l'occasion de citer les derniers travaux du doyen des maîtres italiens, M. D. Comparetti. Voy. plus haut, p. 18, note 3. A ceux que j'ai rappelés ajoutons le mémoire publié en 1914 : *Laminetta argentea iscritta di Aidone (Sicilia)*, Florence, succ. B. Seeber. On y lit, pour désigner les garants d'une vente (πρᾶσις ἐπὶ λύσει), un mot nouveau : ἄμποχοι.

2. Voy. Wilamowitz-Moellendorff, *Aristoteles und Athen*, I, 1893, p. 65, note 36. Éd. Cuq, *Les institutions juridiques des Romains*, I², 1904, p. 33 et *Manuel des institutions juridiques des Romains*, 1917, p. 10.

INDEX

I

INDEX GÉNÉRAL

Ἄγεν, enlever, à Delphes, 20.

Αἰσχύνεν = ὑβρίζειν ?, à Delphes, 32.

*Ἄμποχος [1], garant, dans une inscription de Sicile, 182, note 1.

Ἀμφιμολεῖν (ou ἀντιμολεῖν), à Delphes, 52.

Ἀνάγεν, ἀναγωγά, recours en garantie, à Delphes, 33, 122 et suiv. ; — à Athènes, 33, 36, 122 ; — en Égypte (procès d'Hermias), 123 ; — à Milet et Gortyne, 128.

Ἀντιμολεῖν (ou ἀμφιμολεῖν), à Delphes, 52.

Ἀπαγγέλλεν, notifier, par ex. les condamnations prononcées par Delphes ou par Pellana, nº II B, l. 18, p. 95.

Ἀπάγεν, prendre de corps, nº I B, l. 8, p. 119.

Ἀπάρβολος (δίκα), action non sujette à consignation, à Corcyre et en Crète, 86.

Ἀποδιδόμεν, avec le sens de vendre, à Delphes, 36 ; — dans Thucydide, VI, 62, 4, p. 37.

1. Les mots marqués d'un astérisque sont ou des mots nouveaux ou des mots dont la signification est nouvelle. Tous proviennent du traité de Delphes, à l'exception de Ἐπιπαματίς et de Χρεοφυλακτήρ que j'ai proposé de restituer dans la loi de Kadys, et de Ἄμποχος.

Appel (Procédure d'), à Delphes, 42, 80 ; — en Crète (traité entre Hiérapytna et Priansos), 81.

Ἀπρόδικος (δίκα), action qui n'a pas été jugée en première instance par l'une des deux cités contractantes, en Crète (traité entre Gortyne et Cnosos), 86.

Αὐτοφώρωι (Ἐπ'), nº I B, l. 8, p. 118.

Βλάβα (ά) ou Βλάβος (τό), à Delphes, 66.

Βολιμοδικασταί, à Gonnoi, Thessalie, 99, note 1, 108.

Βόλιμοι (δίκαι), à Gonnoi, Thessalie, 99, note 1.

Βουλά, à Delphes. Le Conseil est étroitement mêlé à l'administration de la justice, 27-28, 119, 57, 61 ; — du nombre des βουλευταί, 110.

Γνῶναι (τὸ βλάβος), en parlant des juges, à Delphes, 66.

Caution *judicatum solvi*, à Delphes, 120 ; — à Corinthe, 121.

Caution *judicio sistendi causa*, 18, 120.

Délai de trente jours pour l'introduction de certaines actions, à Delphes, 57.

Délai de trois ans, pour règlement des dettes, procès et liquidation du passé, à Delphes, 30, 47.

Délai de trois jours pour l'introduction de certaines actions, à Delphes, 49, 57 ; — à Priène, 112.

Διαγνῶναι (τό βλάβος), en parlant des uges, à Delphes, 66.

Δικαστήρ, encore employé à Delphes au IIIᵉ siècle, 10 ; 174.

Ἔγγυος, caution. Constitution de cautions, à Delphes, en cas δ'ἐπάμφορος δίκα, 18 ; — en cas de vol manifeste, 26, 119, 120.

Ἐκκαλεῖσθαι, faire appel à une ville, 80. Cf. Ἔκκλητος πόλις.

Ἔκκλητος (πόλις), ville où une affaire est portée en appel, à Delphes, 42, 80 ; — en Crète (traité entre Gortyne et Cnosos), 86.

Ἔνδικος, capable d'aller en justice, à Delphes, Athènes, Trézène, 34.

Ἔνδικος (πόλις), pour désigner une ville où la vente était légitime, autorisée par convention, dans un traité entre Milet et Gortyne, 128, note 1.

Ἔνκλημα, grief ou acte des griefs, 9.

Ἐξαγγέλλεν, notifier. La notification des actions intentées à Delphes ou à Pellana se fait à certaines époques, fêtes, 46 ; — pour la notification des condamnations, n° II B, l. 18, p. 95.

Ἔξοθεν (Vol commis), à Delphes, 32, 117.

Ἐπάγεν δίκαν, demander, à Delphes, 13, 55, 61.

Ἐπάκοοι, témoins, à Delphes, 18, 174. Le mot est de lecture incertaine.

Ἐπάμφορος (δίκα), action rapportée au tribunal, après condamnation de faux témoins, p. 17, 76, 174.

Ἐπιπαματίς, dans une loi de Delphes, = ἐπίκληρος, 178. Le mot est en partie restitué.

Éphébie, à Pellana, 110, 142.

Esclaves fugitifs, à Delphes, 29, 38, 130 ; — à Athènes, 38 ; — à Stymphalos, 38, 131 ; — à Milet et à Héra-

clée du Latmos, 39 ; — à Andanie, 40.

Ἔσπραξις, recouvrement des dommages-intérêts, amendes, à Delphes, 16, 45, 92 ; — en Crète (traité entre Gortyne et Lato), 93.

Zaleukos. Loi sur la possession provisoire des choses revendiquées en justice, 125 ; 175, 180.

Θεαροί, magistrats, à Pellana, 143 ; — à Mantinée, Tégée, Orchomène d'Arcadie, 144 ; — Naupacte, 145 ; — Mégare, 145 ; Paros, 145 ; — Thasos, 146 ; — Égine, 146.

Juges (Tirage au sort des), à Delphes, 10, 58.

Καταγώγιον, opposé à πρυτάνηον, dans une inscription crétoise, 131, note 2.

Κλαρώεν, tirer au sort (les juges), à Delphes, 10, 58.

Λάφυρον, à Delphes, 20, 23.

Μάρτυρες, les témoins. Ne prêtent pas serment, à Delphes, 60.

Μαρτύρια (τὰ), les témoignages, à Delphes, I A, l. 10.

Μαστρικός νόμος, à Delphes, 132 et suiv.

Μαστροί, fonctionnaires financiers, à Delphes, 132 ; — à Pellana, 133 ; — à Stymphalos, 133.

Νόμιμος ὅρκος, à Delphes, 11 ; — à Alexandrie, 12.

Ὅρκος, serment des juges, à Delphes, 11, 59.

Πάομαι, n° II A, l. 18, p. 179.

Παραγράψασθαι ou Παργράψασθαι, opposer une exception, à Delphes, 29.

II

INDEX DES INSCRIPTIONS

TABLE DES MATIÈRES

Chapitre II

Requête civile et appel

Chapitre III

Procédure d'exécution

Chapitre IV

Suspension des tribunaux

Chapitre V

Quelques procédures particulières

TROISIÈME PARTIE

CHAPITRE PREMIER

Pellana

CHAPITRE II

Rapports de Delphes et de Pellana

CONCLUSION

De quelques termes du droit de Delphes

INDEX

MACON, PROTAT FRÈRES, IMPRIMEURS.

N° I B.

1590   944

1590

```
       .ᴜ ΕΓΓΥΟΣ
       Ε ΝΩΝΓΛϹΙΩΝΕΚ..ΥΜΕΡΕϹᴢ.
 5. ᴅ1Α... ΜΕΝΩΝΑΓΟΤΙΝΕ   ᴅΕΓΙΤΙΜΙΟΝΕΚ/
    ..ΜΗΔΕ.Γ.ΛΛΑΝΕΥΣΤΟ.ᴅΕΛΦΟΝΕΙΜΗΚΕ/
    ΤΑΝΒΛΑΒΑΝΟΦΕΙΛΕΤΩΑΝ ϹΑΤΟΙΔΙΚΑΣΤΑΙΓΝ
    ΔΩΝΤΑΝΑΞΙΑΝΔΙΚΑΣΤΑΙ ΔΙΑΓΝΟΝΤΩΝ—ΦΙΛΑΤΙΑϹ—
    ΞΑΣΕΜΜΕΝΔΕΛΦΟΙΣΓΟ ⁻ΑΝΒΟΥΛΑΝ///ΣΩΤΟΥΙΕΡΟΥΕⅠ.
10. ΕΝΔΕΛΦΟΙΣΕΝΔΕΓΕΛΛΑ ΙΑΙΓΟΤΤΟΥΣΟΕΛΡΟΥΣΑΓΟΤᴾ
    ΕΙΔΕΜΗΚΑΘΙΣΤΑⅢΤΟΝΕΓ .ΝΟΝΔΗΣΑΣΛΑΥΤΟΝΑΒΟΥΛΑΓ
    ΤΑΛΙΚΑΧΡΗΣΩΝΤΙΕΓΓ ΥΑΣΑΣΟΩΝΑΙΚΑΑΛΩΙΕΚΤΕ
    ΜΗΕΓΓΥΟΝΤΩΙΧΡΗΣΟ ..ΓΕΡΙΑΥΤΟΥΤΟΙΣΝΟΜΟΙΣΤΟ
    ΕΓΓΥΟΥΣΛΑΒΒΑΝΟ    ΛΒΒΑΛΟΝΤΩΝΑΞΙΟΝΕΝ
15. ΧΗΤΑΙΟΦΕΙΛ        ϹΙΛ//ΕΤΟΙΝΑΥΤΑΙ/
                      ⁻ΙΔΕΝΚΑΙΕΞΑΓ
                       ⅡΜΛΤΩΓΟ
```

944

```
         \ιᴄᴢ.ᴧ
    ⅠΙΔΕΚΑ Ε ΞΕΛΕ∷Ο.Σ.\ΙΛ
    ΙΑΣΟΣΑΣΚΑΤΑΚΙʌ∵ΟΝ..
    ΙΔΙΚΑΣΤΑΙΔΙΑΓΝΟΝΤΩΝ—ΑΙΔΕΚ...
    ΝΕΙΣΘΑΙ—οΔΕΛΦΟΣΤΟΜΓΕΛΛΑΝϹΛΙΞΑ   5.
    ΝΤΑΓΡΙΑΤΑΙΣΤΕΡ.Σο.ΤΑΣΤΟΥΟ...
    ΤΕΤΡΑΓοΔΩΝΔΕΓΑΜΤΩΝΚΑΙΑΝΔΡΑΓο
    ΕΓΑΥΤΟΦΩΡΩΙΑΓΑΓΕΤΩΑΥΤΟΝΛΑΒΩΝΔ
    ΕΙΟΧΡΕΩΝΕΓΓΥΑΣΑΣ.⁻ΕΟΙ⁻ΞΟΚ..
    ΣΥΒΒΟΛΑΚΑΙΤΟΝΕΓΓΥ.Ε////ΓΤΑΙΧ....   10.
    ΣΕΝΤΡΙΑΚΟΝΤΑΑΜΕΡΑΙΣΤΟΝΑΓΑ...
    ΕΙΝΑΥΤοΝοΤΙΚΑΤΟΙΔΙΚΑΣΤΑΙΓΝΟΝΤⅠ....
    ⅡᴷFΑFΥΕΙΤΛΝΒΟΥᴅΝᴺᴺΑⅠ⁻
```

1.
2.   α]ἰ δὲ κα ἐξέλε[ι] : Ο.Σ.ΛΙΑ
3.   ι ὁ ἔγγυος   ἄλ]λας ὅσας ΚΑΤΑΓΡΑΛ.Ν.......
4.   ἐνων πλοίων ἐκ | το]ῦ μέρεος τ[οῦ   το]ὶ δικασταὶ διαγνόντων. — Αἰ δὲ κ]α πρι-
5. αται ἀγ]μένων, ἀποτινέ[τ]ω ἐπιτίμιον ἑκα[τὸν δραχμὰς καὶ μὴ ἐξέστω αὐτῶι ὠνεῖσθαι. — Ὁ Δελφὸς τὸμ Πελλανέα [μὴ] ἀ[γέ-
6. τω] μηδὲ ὁ Πελλανεὺς τὸ[ν] Δελφόν, εἰ μὴ κελ[εύοντες· εἰ δὲ εἰδὼς ἐλεύθερον ἐ]ντα πρίαται, στερείσθω τᾶς τιμ[ᾶ]ς [καὶ
7. τὰν βλάβαν ὀφειλέτω ἄν κα τοὶ δικασταὶ γν[ῶντι κατὰ τοὺς νόμους τᾶς πόλιος·] τετραπόδων δὲ πά(ν)των καὶ ἀνδραπά-
8. δων τὰν ἀξίαν δικασταὶ διαγνόντων. — Φιλατίας. — [Αἰ δὲ κά τις κλέπτων ἁλῶι] ἐπ᾿ αὐτοφώρωι, ἀπαγέτω αὐτὸν λαβὼν δή-
9. σας ἐμ μὲν Δελφοῖς πὸ[τ] τὰν βουλὰν [εἶ]σα τοῦ ἱεροῦ, ἐν [δε τῶι ἱερῶι ἔγγυον ἀ]ξιόχρεων ἐγγυασάσ[θω] ποτ[ὶ] τῶι ΒΟΙC..
10. ἐν Δελφοῖς, ἐν δὲ Πελλάναι πὸτ τοὺς θεαροὺς ἀποτρ[εχέτω καὶ ἐνδεικνύτω τὰ] σύββολα καὶ τὸν ἔγγυο[ν] ἐ[γ]γρα[φ]έσθω·
11. εἰ δὲ μὴ καθ[ι]σταίη τὸν ἔγ[γ]υον, δήσατα αἰτὸν ἀ βουλὰ ε[ἰργέτω· τοὶ δὲ ἄρχοντε]ς ἐν τριάκοντα ἀμέραις τὸν ἀπά[γον-
12. τα, αἴ κα χρήζωντι, ἐγγυασάσθων, αἴ κα ἀλῶι, ἐκτε[ίσειν αὐτὸν ἢ ὀφείλ]ειν αὐτὸν ὅ τί κα τοὶ δικασταὶ γνῶντι· [αἰ δέ κα
13. μὴ ἐγγυῶντ(α)ι, χρήσθ[ων] περὶ αὐτοῦ τοῖς νόμοις το[ῖς περὶ τῶν.....   ·εἰ δὲ] κελεύει τὰν βουλάν, καὶ τ[οὶ ἄρχοντες ἅμα
14. ἐγγύους λαββάνο[ντες κ]αββαλόντων ἄξιον ἐν[έχυρον
15. χηται ὀφείλ[ειν   κια [δ]ὲ τοὶ ναῦται /
16.   εἰδεν καὶ ἐξαγ[γειλάτ..
17.   χρ]ημάτων ꞇ

Nᵒ I A.

AΡΙΟΙ
ΝΓΕΛΛΑΝΑΙΕ [·]
[·]ΡΩΝΚΑΙΥΓΑΚΟΥΣΑΣΜ
·ΑΣΔΕΥΓΕΡΓΕΝΤΕΜΝΑΣΕΝΤΕΔ
5. ·ΙΔΙΚΩΝΜΗΔΕΟΣΟΙΤΟΥΑΥΤΟΥΕΝΚΛ[·]
ΔΕΑΑΡΧΑΓΡΙΝΚΛΑΡΩΕΝΥΠΕΡΤ[·]
ΑΡΧΑΝΤΑΝΕΙΣΑΓΟΥΣΑΝΤΑΝΔΙΚ[·]
ΚΑΙΤΟΥΣΑΝΤΙΔΙΚΟΥΣΕΚΑΤΕΡΟΙΝΟ
ΤΩΝΔΕΚΑΤΑΤΩΝΙΕΡΩΝΤΟΑΙΜΑ
10. ΣΟΜΕΝΩΙΚΑΙΤΩΙΑΝΤΙΔΙΚΩΙΥΓΟΤ
ΤΑΝΔΙΚΑΝ—ΤΩΝΔΕΜΑΡΤΥΡΙΩΝ
ΤΓΕΙΣΩΘΕΙΑΓ[·]ΑΛΛΑΟΙΤΕΥΛΗ

[·]ΔΙΚΑΙΩΝΤ
Δ·ΚΙΕΛ ΣΣΟΝΕΝΔΕΚΑΑΝΔ
[·]ΟΝΤΩΝΔΕΤΟΙΜΑ[·]ΤΥΡΕΣΜΗΔΑΤΕΡΩΝΤ[·]
ΜΗΔΕΓΥΝΑΙΚΟΣΓΑΤΗΡΜΗΔΕΑΔΕΛΦΟΣΓΡΟΛΕΓΕΤΣ 5.
ΔΕ·ΚΝΥΤΩΔΕΟΑΔΙΚΕΙΜΕΝΟΣΕ[·]ΑΥΤΑΙΤΑΙΑΜΕΡΑΙΓΟΙΤΑ[·]
Ε[·][·]ΙΣΥΜΒΟΛΩΙ—ΟΡΚΟΣ·ΟΡΚΙΖΟΝΤΩΝΔΕΤΟΥΣΔΙΚΑΣΤΑΣ
ΓΑΡΕΧΕΤΩΑΓΟΛΙΣΕΝΑΙΚΑΑΔΙΚΑΗΙ—ΟΜΝΥΘΝ
ΟΓΟΝΔΕΑΓΟΔΙΔΟΜΕΝΕΙΑΤΑΙΤΙΜΑΣΕΙΤΩΙΔΙΚΑ
ΕΤΑΤΑΜΑΡΤΥΡΙΑΛΕΓΕΤΩΡΡΟΤΕΡΟΣΟΕΓΑΓΩΝ 10.
[·]ΝΨΕΥΔΟΜΑΡΤΥΡΙΩΝΓΡΟΙΕΡΑΕΓΕΙΤΑΔΕΑΔΙΚΑ
ΝΤΩΙΒΟΥΛΟΜΕΝΩΙ·ΨΑΦΟΦΟΡΙΑ—ΤΟΥΣΔΕΔΙΚΑΣΤΠ
ΣΤΕΡΟΥΛΕΓΟΝΤΟΣΥΣΤΕΡΟΝ—ΑΙΔΕ ΚΑΤΑΝΓΑΡΙΣΚΕ
—ΑΙΔΕΚΑΤΙΣΕΓΑΜΦΟΡΟΣ ΟΙΗΤΑΙΤΑΝΔΙΚΑΝΕΝ
ΑΔΥΟΑΞΙΟΧΡΕΟΥΣ—ΟΙΔΕΕ [·][·][·][·][·][·][·][·]ΤΙ[·] 15.
ΚΑ[·]·

1. χρ...
2. [ἐ]ν Πελλάναι ἐν   .δικαίων τ . . . . .
3. χρων καὶ ὑπακούσας μ   κ̣αὶ ἔλασσον ἔνδεκα ἀνδ[ρ] .
4. [τ]ὰς δὲ ὑπὲρ πέντε μνᾶς ἔντε δ[έ]κα καὶ πλέον δεκάπεντε ἄνδρ...· μὴ παρ]εόντων δὲ τοὶ μάρτυρες μηδατέρων τῶ[ν ἀν-
5. [τ]ιδίκων μηδὲ ὅσοι τοῦ αὐτοῦ ἐνκλή[ματος μετέχοντι, μηδὲ πατήρ] μηδὲ γυναικὸς πατὴρ μηδὲ ἀδελφός. Προλεγέτω
6. δὲ ἀ ἀρχὰ πρὶν κλαρῶεν ὑπὲρ το[ῦ δικαστηρίου ἁμέραν, ἐ]νδεικνύτω δὲ ὁ ἀδικείμενος ἐν αὐτᾶι τᾶι ἁμέραι ποὶ τὰν
7. ἀρχὰν τὰν εἰσάγουσαν τὰν δίκ[αν τὸ ἔνκλημα ὅ τι γέγραπται] ἐ[ν] τῶι συμβόλωι. — Ὅρκος. Ὁρκιζόντων δὲ τοὺς [δικαστῆρα]ς
8. καὶ τοὺς ἀντιδίκους ἑκάτεροι νομ[ίμωι χρειμένους ὅρκωι, τὰ δὲ ἱερὰ] παρεχέτω ἀ πόλις ἐν ἆι κα ἀ δίκα ἦι. — Ὁμνυόν-
9. των δὲ κατὰ τῶν ἱερῶν τὸ αἷμα [σπένδοντες δικαίως μὲν δικάζεν, λ]όγον δὲ ἀποδιδόμεν ἐπὶ τᾶι τιμάσει τῶν δικα-
10. ζομένωι καὶ τῶι ἀντιδίκωι ὑπὸ τ[ὸν αὐτὸν χρόνον. — Τῶν δὲ ἀντιδίκων μ]ετὰ τὰ μαρτύρια λεγέτω πρότερος ὁ ἐπάγων
11. τὰν δίκαν. — Τῶν δὲ μαρτυρίων, [αἰ κα χρήιζωντι, παρίσκεσις ἔστω καὶ τ]ῶν ψευδομαρτυρίων προτέρα, ἔπειτα δὲ ἀ δί-
12. κα τελείσθω· εἰ δέ κα ἄλῶι ψευδῆ, [μεμαρτυρηκώς, ἐξέστω καὶ ἐπεξίμε]ν τῶι βουλομένωι. — Ψαφοφορία. — Τοὺς δὲ δικασ-
13. τη[ρας ψαφοφορὲν ὑπὲρ τοῦ μὲν προτέρου λέγοντος πρότερον, τοῦ δὲ ὑ]στέρου λέγοντος ὕστερον. — Αἰ δέ κα μὴ παρίσκε-
14. [σις ἦι, τὰν ἔσπραξιν ἐπιτελείτω ἀ ἐπιστὰσα ἀρχὰ κατὰ τὸ σύμβολον]. — Αἰ δὲ κά τις ἐπάμφορο(ν) ποιῆται τὰν δίκαν, ἐν
15. [δικάζεσθαι αὐτὸν ἐγγύους καταστάντ]α δύο ἀξιοχρέους. — Οἱ δὲ ἐ[π]άκο[οι] ἐπέσθων τ ..

Notes. L. 12 ψευδῆ. Pour la première lettre, Bourguet ne voit sur la pierre que deux extrémités de lignes qui ont l'air d'être sur le prolongement l'une de l'autre. — L. 13 Αἰ δέ κα μή. Bourguet note que le μ est très large. La photographie de Blum confirme pleinement l'observation et la lecture nouvelle.

TRAITÉ ENTRE DELPHES ET PELLANA

N° II A

(D'après une photographie de M. E. Bourguet).

3922   No III.

A

ΟΒΛΑΒΟΣΛΙΑ
ΔΕΛΦΙΚΑΕΙΜΕΝΗΓ
ΕΚΑΣΤΑΣΓΕΝΤΙ
ΡΙΤΑΝΑΜΕΡΑΝΛ
5. ⌐ΙΚΑΤΟΙΔΙΚΑΣΤ
ΛΓΟΛΥΕΤΩΑϊ
ΙΤΙΑΤΟΔΙΚ
ΛΝΤΙΟΤΟΜ
ΕΓΓΥ
10.   ᴼ

B

ΕΙΔΕΚΑΜ
ΑΝΕΝΔΕΔΕΛΦΟΙϪ
⌐ΗΙΑΓΟΤΕΙΣΑΤΩΓ
ΑΝΤΡΙΑΚΟΝΤΑΚΑΙϊ
5. ΟΤΟΥΑΥΤΟΥΦΕΥΓ
ϽΙΣΓΑΡΤΟΥΤΑΤ
ϊΤΙΛΕΓΗΙΔΙΚ
⌐ΓΟΛΙΟΣΕ
⌐ΕΝΤ

1. [τὰν ἀξίαν καὶ τ]ὸ βλάβος δια[γνόντων τοὶ δικασταὶ
2.   δελφικὰ εἶμεν ἢ π[ελλανικὰ
3.   ἑκάστας πεντα[κατίας δραχμὰς
4. [τὰν τ]ρίταν ἀμέραν κ
5. [ὅ τί κα τοὶ δικαστ]αὶ γνῶντι
6.   ἀπολυέτω α
7. ἐνα]ντία, τὸ δικ[αστήριον
8.   αντιΟΤΟΜ
9.   ἐγγυ
10.   ᴼ

1.   ‘εἰ δέ κα μή
2.]αν, ἐν δὲ Δελφοῖς [ποὶ τὰν βουλὰν
3. τηι, ἀποτεισάτω π[εντ
4. [ἀμερ]ᾶν τριάκοντα καὶ ι
5.   ς τοῦ αὐτοῦ φεύγ[οντος
6. οις πὰρ τοῦ τὰ τ
7. [ἀ]ντιλέγηι δικ[αίως
8. [τᾶ]ς πόλιος ει
9.   ·ΕΝΤ

1655   1376

          ΙΑ
       ΤΙΤΟΝΑΙ,
     ΚΑΘΟΜΟΛΟΓΙ,
     ΛΩΝΕΙΜΕΝΔΙ/
5.   ΓΝΗΝΤ·ΙΓ

        ΑΡΓΡΑΨ ... ⌐ΟΙΤΑΙ
        ΣΟΜΕΝΟΣΑΙΔΕΚΑΓΝ
        ⌐ΡΙΩΝΕΤΕΩΝ—ΑΙΤΙΣΚΑΓΓΡΙΚΟΙΝ
10.   ΚΑΤΑΥΤΟΥΓΕΓΡΑΦΘΛΙΓ/ ..ΓΡΑΨ/
   ↓Λ↑Λ· ΚΑΧΡΗΙΞΗΙΑΝΔΕΝΙΚΑΣΗΙΜ ΕΝΔΙΚΟΝΕ
  ↓ΧΙΛΙΑΣΔΡΑΧΜΑΣΟΛΙΣΧΥΝΑΣΤΩΙΓΑΘΟ ΤΙΤΟΔΕΒΛΑΒΟ
   ΝΟΙΒΙΛΙΛΓΟΤΕΙΣΑΤΩΓΕΝΤΗΚΟΝΤΑΔΡΑ ·ΜΑΣ—ΦΙΛΑ
   ΙΚΑΤΙΜΑΘΗΙΑΞΙΟΝΕΙΜΕΝΤΟΚΛΕ ΜΜΑ ·ΕΚΑΕΞΟ ΕΝ
15. ΞΛΦΩΙΘΕΧΩΝΑΝΑΓΕΤΩΤΩΙΕΦΑΓΤΟΜΕΝ ·ΞΓΓΥΟΝΚΑΤΑΣΤΑΣ
   ΝΔΙΚΟΝΚΑΙΑΝΔΡΑΑΞΙΟΧΡΗΟΣΑΜΕΝΕ ·ΕΛΦΟΙΣΗΓΕΛΑΑΝ
   ΣΙΤΩΔΕΤΩΙΜΕΝΜΗΔΕΞΑΣΘΑΙΤΑ ΙΑΓΩΓΑΝΕΙΓ·ΟΝΤΙΚΑΘ
   ·ΑΝΑΓΟΙΚΑΘΟΤΙΓΕΓΑΤΑΙ·ΑΙΔΕ: ΛΜΗΑΝΑΓΗΙΕΝΤΩΙΧΡΟΝ
)ΕΣΤΩ—ΑΙΔΕΚΑΜΗΚΑΘΙΣΤΑ ·⌐ΟΝΕΓΓΥΟΝΟΕΧΩΝΕΞΕΣ
20.   ΤοΒΛΑΒΟΣΑΙΔΕΚΑΜΗΗΙΤΑ ·ΑΞΙΑΝΚΑΙΤΟΒΛΑΒΟΣΤΑΝ
     ⌐ΡΑΚΑΙΕΓΙΤΙΜΙΟΝΑΓΟΤΙ ΞΤΩΓΕΝΤΑΚΑΤΙΑΣΔΡΑΧΜ
     ΤΩΝΑΙΔΕΤΙΚΑΑΛΛΟ ΟΔΩΙΓΡΑΦΕΣΘΩΜΕΝΤΑΝ
     ΓΚΔΕΔΙΑΚΟΣΣ ·ΛΛΑΒΗΙΑΓΑΓΕΤΩΕΝΔΕΛΦΟΙΣ
     ΝΤΕΣΔΗΣΑ ΤΕΣΦΥΛΑΣΣΟΝΤΩΝΚΑΙΕΞΑΓΓΕΙΛΛ
25.   ΤΩΙΔΕΣ ·ΟΤΑΙΜΕΤΙΜΕΝΣΩΣΤΡΑΔΕΜΗΕΞΕΙΙ
     ΞΣ⌐ ·ΡΩΚΟΝΤΑΑΜΕΡΑΝΑΓΟ......
         ΓΙΚΥⁿΟⁿ Λ

(1). Voir plus haut la photographie du n° II A.

1.   ια
2.   τι τὸν ἀπά[γο
3.   καθομολογία
4.   ων εἶμεν διὰ
5.   γεγ]ένηντι[α]ι πρ[ότερον
6.
7.   π]αργραφ[άσθω] ποὶ τὰν [ἀρχὰν τὰν εἰσάγουσαν τὰν δίκαν
8.   ὁ δικα]ζόμενος· αἰ δέ κα γν[ῶντι τοὶ δικασταὶ..
9.   τριῶν ἐτέων. — Αἴ τίς κα περὶ κοινῶ[ν ἐγκλημάτων
10. [ἀντιλέγηι ἀδίκως] κατ᾽ αὐτοῦ γεγράφθαι, πα[ρα]γραφθέσθω ποὶ τὰν ἀρχὰν τὰν εἰσάγουσαν·
11. [τὰν γραφάν]   ..ν αἴ κα χρήιζηι· ἂν δὲ νικάσηι, μ[ὴ] ἔνδικον εἶμεν μήτε τῶι δικαζομένωι μήτε]
12. [ἄλλωι τινι ποτορειλέτω δ]ὲ χιλίας δραχμὰς ὁ αἰσχύνας τῶι καθόντι, τὸ δὲ βλάβο[ς ὅ τί κα γνῶντι τοὶ δικασταί·]
13. [ἔτι δὲ καὶ ---- ἐμμέ]ναι δίκαι, ἀποτεισάτω πεντήκοντα δρα[χ]μάς. — Φιλα[τίας. — Αἴ τίς κα ἔνδοθεν κλέψηι,]
14. [διπλόον ἀποτεισάτω ὅ τί κα τιμαθῆι ἄξιον εἶμεν τὸ κλέμμα· [αἰ δέ κα ἔξωθεν [κλέψηι ἢ Δελφὸς παρὰ Πελλα-
15. νεῖ ἢ Πελλανεὺς παρὰ Δ[ελφῶι, ὁ ἔχων ἀναγέτω, τὰι ἐσακτομέν[ωι] ἔγγυον καταστάσας ποὶ τὰν ἀρχὰν τὰν εἰσ-]
16. [άγουσαν τὰν δίκαν ἔ]νδικον καὶ ἄνδρα ἀξιόχρεο(ν), ἃ μὲν ἐν [Δ]ελφοῖς ἢ Πελλανε[ῦθεν ἔχει δικαίως πεπάσθαι κατὰ]
17. τοὺς νόμους τᾶς πόλιος· ἐξέ[έ]στω δὲ τῶι μὲν μὴ δέξασθαι τὰν (ἀν)αγωγὰν εἰπόντι καθ[ό τι δικαίως ἐπράττειτο.]
18. [τῶι δὲ ἀποδείξασθαι ὅτι] ἀνάγοι καθότι κέπακται. — Αἱ δέ κα μὴ ἀνάγηι ἐν τῶι χρόνω[ι τῶι γεγραμμένωι ὁ ἔχων,]
19. [ἁ ἀναγωγὰ ἀτελὴς καὶ ἄκυρ]ος ἔστω. — Αἱ δέ κα μὴ καθιστᾶ[ι] τὸν ἔγγυον ὁ ἔχων, ἐξέσ[τω τῶι ἐραπτομένωι ἀποδοῦναι
20. [ἕντε κα εὕρηι τὰν ἀξίαν καὶ] τὸ βλάβος· αἰ δέ κα μὴ ἦι, τὰ[ν] ἀξίαν καὶ τὸ βλάβος· τὸν δ[ι]πλόαν ὀφειλέτω ὁ ἔχων]
21. [τῶι ἐραπτομένωι, καὶ σῶα]τρα καὶ ἐπιτίμιον ἀποτε[ι]σάτω πεντακατίας δραχμὰ[ς κατὰ τὸ σύμβολον τὸ περὶ τῶν]
22. [- - - - - - - - - -]ων· αἰ δέ τί κα ἄλλο [ἀ]ποδῶι, γραφέσθω μὲν τὰν δ[ιπλόαν ὁ ἔχων, ὁ δὲ ἐραπτόμενος]
23. [- - - - - — Αἴ κα τις ἀνδράποδον] ἐκδεδρακὸς σ[υ]λλάβηι, ἀπαγέτω ἐν Δελφοῖς κ[αὶ ἐν Πελλανάθι ποὶ τοὺς ἄρχοντας τοὺς]
24. [παρ᾽ ἑκατέροις ἐπιστάντας, τοὶ δὲ παραλαβόντες ὀῤῥαντες φυλασσόντων καὶ ἐξαγγειλά[ντων τοῖς ἄρχουσι - -
25.   τῶι δεσ[π]όται μετίμεν, σῶστρα δὲ μὴ ἐξείμ[εν ἐσπρᾶξαι
26.   ἐς τ[ετ]ρώκοντα ἀμερᾶν ἀπο
27.   κυρ

N° II B.

1655

```
          ΕΡΛΗ
          ΙΡΟΛΕΙΣ_
          ΙΚΑΓΕΡΟΙΑΔΕΓΟΛΙΣΦ
          ΟΛΝΤΑΝΔΙΚΑΝ—ΕΞΕΣΤΩ
1376      ΟΣΑΙΕΚΑΜΦΟΡΟΙΕΣΟΝΤΑΙΑΣ_        5.
        . ΡΑΦΕΙΣΑΝΕΛΕΣΘΩΑΝΚΑΧΡΗΙΣΗΙ—Α
          ΙΚΑΧΡΗΙΣΗΙΕΝΔΕΤΑΙΣΑΙΡΕΘΕΙΣΑΙΣΑΕΙ
          ΟΜΕΝΟΣΚΑΙΤΑΣΕΝΤΑΙΓΡΟΔΙΚΩΙΚΑΙΤΑΣΕ
          ΑΘΕΝΤΟΣΑΓΟΛΙΣΓΡΑΣΣΕΣΘΩΝΝΟΜΟΙΣΤΟΙΣΑΥΤ
10.       ΑΙ—ΕΙΔΕΚΑΟΕΚΚΑΛΕΣΑΜΕΝΟΣΝΙΚΑΣΗΙΕΝΤΑ
          ΡΩΝΜΗΔΕ-ΥΝΔΙΚΙΙΣΩΜΗΤΕΤΩΙΔΙΚΑΙ.ΕΝΩΙ
                ΤΑΣΤΑΦ.......ΙΑΣ.ΕΙΣ
          ΓΕΛΛΑΝΑΙΟΙ....ΑΥΤΟ...Τ.ΝΤΑΙ.ΛΑΝΣ ΕΝΕΔ
          _ΟΘΕΝΤΑΑΦΑΙΡΗΤΑΙΗΕΝΤΑΝ.ΣΙΑΝΕΨΙΣΤΑΤΑΙΤΑΝΤΟΥΑ/
15.       ΑΙΩΙΑΥΤΙΜΑΑΥΤΟΥΚΑΙΤ.ΥΗΜ,ΟΛΙΟΥΑΙΔΕΚΑΜΗΛΥΣΗΤΑΙΚΡ
          ΣΓΡΑΞΙΝΑΔΕΕΠΙΣΤΑΣΑΑΡΧΑΕΓΙΤΕΛΕΙΤΩΚΑΤΑΤΟΣΥΒΒΟΛΟΝ
          ΤΑΚΑΤΑΤΟΣΥΒΒΟΛΟΝΤΟΓΕΡΙΤ.ΝΤΑΣΔΙΚΑΣΟΦΛΟΝΤΩΝ—ΤΟΝΑΓ
          ΝΟΜΒΟΥΛΑΣΚΑΤΑΥΤΑ—ΟΔ..ΑΤΑΔΙΚΑΞΑΜΕΝΟΣΑΓΑΙ
          ΝΕΝΔΕΤΑΣΔΙΚΑΣΓΕΛΛΑΑΝΕΥΣΙΚΑΙΔΕΛΦΟΙΣΓΕΡΙ
20.       ΑΝΤΟΣΤΟΥΧΡΟΝΟΥΤΑΔΕΑ/.ΑΕΚΚΛΗΜΑΤΑΓΑΝΤΑ
          ΕΤΕΣΙΝΑΦΟΥΤΟΣΥΒΒΟΛΟΝΕ ΕΝΕΤΟΑΙΚΑΜΗΓ
          ΡΤΟΤΡΙΤΟΝΜΕΡΟΣΕΥΣΤΑΝΥΓΕΡ ΡΙΟΝΣΤΡΑΤΕΥ
          ΜΝΕΚΤΑΣΓΟΛΙΟΣΣΤΡΑΤΕΥΗΤ ΑΙΗΓΡΕΣΒ
          Ν.ΙΚΑΔΕΑΡΧΕΤΩΑΑΜΕΡ ΥΤΟΙΣ
25.       ΝΑΟΙΣΔΙΣΧΙΛΙΑΣΔΡΑΥ
```

1. [τὰ πρότερον γεγενημ]ένα ἢ
2. τᾶ]ι πόλει ε
3. ἑκάτερει, ἁ δὲ πόλις φ
4. διπλόαν τὰν δίκαν. — Ἐξέστω [δὲ
5. ὅται ἐπάμφοροι ἔσονται ἃς ᾆ
6. γ]ραφεὺς ἀνελέσθω ἄν κα χρήζηι. — Α[ἰ δὲ κα
7. αἴ κα χρήζηι, ἐν δὲ ταῖς αἱρεθείσαις ἀεὶ [πόλεσιν
8. πόμενος καὶ τὰς ἐν ται προδίκωι καὶ τὰς ἔ[ν ται ἐκκλήτωι
9. νικ]αθέντος, ἃ πόλις πρασσέσθω<ν> νόμοις τοῖς αὐτ[ᾶς
10. αι. — Εἰ δέ κα ὁ ἐκκαλεσάμενος νικάσηι ἐν τᾶ[ι ἐκκλήτωι
11. ων μηδὲ [συ]νδικίτωμ (μ)ήτε τῶι δικαζ[ομ]ένωι μήτε ἄλλωι τινι]
12. _Τ ΤΑΣΤΑ   ΙΛΣ. ΕΙΣ
13. Πελλάναι   αὐτ. . . .τ.νται..Λ   ΕΝΕΔ
14. [Αἰ δέ κα ὁ νικάσας τὰ μὴ ἀπο]δοθέντα ἀφαιρῆται ἢ ἐν τὰν [οὐ]σίαν ἐνίσταται τὰν τοῦ ἁλ[όντος
15. [ὑπόδικος ἔστω τοῦ βλάβους .   . οι αὐτί(κ)α αὐτοῦ καὶ τ[ο]ῦ ἡμιολίου· αἰ δέ κα μὴ λύσηται, κρ.ατ.εν τὸν - -
16. [τὰν ἔ]σπραξιν, ἁ δὲ ἐπιστᾶσα ἀρχὰ ἐπιτελείτω κατὰ τὸ σύββολον
17.]κα κατὰ τὸ σύββολον τὸ περὶ τ[ῶ]ν τὰς δίκας ὀφλόντων. — Τὸν δὲ - -
18. νομ δουλᾶς κατ' αὐτά. — Ὁ δ[ὲ κ]αταδικαξάμενος ἀπαγ[γειλάτω τὰν καταδίκαν]
19. [τοῖς παρ' ἑκατέροις ἄρχουσι. — Ἐξαγγέλ]λεν δὲ τὰς δίκας Πελλανᾶσι καὶ Δελφοῖς περὶ τ[
20. [εἰσάγεν δὲ διὰ π]αντὸς τοῦ χρόνου· τὰ δὲ ἄλ[λ]α ἐκκλήματα πάντα [ὅσα μήτω - - -
21. [διαλυθῆναι ἐν τρισὶν] ἔτεσιν ἀφ' οὗ τὸ σύββολον ἐ[γ]ένετο, αἴ κα μὴ π[ολέμου γενομένου
22. [συμβαίνηι τὸς πολίτας τὰ]ς τὸ τρίτον μέρος ε(ἰ)ς τὰν ὑπερ[ό]ριον στρατεύ[εσθαι - - - -
23. [ἤ τις τῶν ἀντιδίκ]ων ἐκ τᾶς πόλιος στρατεύηται ἢ πρεσβ[εύηται - - - -
24. [α]ὐ[τ]ίκα δὲ ἀρχέτω ἃ ἀμέρ[α α]ὐτοῖς [ἀπὸ τᾶς καθόδου
25. μοις δισχιλίας δραχ[μὰς - -

4113

N° IV.

A

KAI_
ΣΤΑΝ. ΗΓΕΛΟΓΟ
ΕΙΣΩΓΥΛΑΝΑΔΕΙ-
ΙΚΑΣΑΜΦΕΡΟΝΤ
5. ΝΤΗΚΟΣΤΟΝΤΑΣ_
ΔΕΝΙΚΩΝΤΟΑΥΤΟΙ
ΣΙΓΑΡΚΑΤΑΒΑΛΟΙ
Α ΛΛΥΙΤ   ΟΣ
          ΤΕΙΣ_
10.   ΡΒΟ/

1. ΚΑΙ
2. ΣΤΑΝ [ἐ]μ Πελοπο[ννάσωι
3.   εἴσω Πυλᾶν ἄδει. —
4. ['Ο]σοι δὲ δ]ίκας ἀμφέρον[:
5. [τὸ π]εντηκοστὸν τᾶς δ[ίκας
6. ['αἰ] δὲ νικῶν (?) τὸ αὐτοῦ
7.   οι παρκαταβάλοι
8.   ΟΣ
9.   [ἀπο]τεισά[τω
10.   [πα]ρβολ

B

ΠΟΥΤΟΥΓΣ
ΑΔΙΚΑΕΝΙΑΥΤΟΝ

ΙΜΟΛΕΙΝ
5. ΑΝΤΟΕΓΙΔΕΚΑΤΟΝΤΑ
ΞΡΟΝΗΤΑΝΕΛΕΥΘΕΡ
ΤΟΚΛΕΜΜΑΑΓΟΤΙ_
ΙΑΣΙΙΝΛΩΣΤΕΙ Γ
ΒΟΥΛΑ. _

1.   ΠΟΥ τοῦ πε[ρὶ
2.   ω ἁ δίκα ἐνιχυτὸν.
3.
4.   ] .μολεῖν
5. [ποὶ τὰν βουλ]ὰν τὸ ἐπιδέκατον τᾶ]ς δίκας
6. [τὸν ἐλεύθ]ερον ἢ τὰν ἐλευθέρ[αν
7.   τὸ κλέμμα ἀποτιν[έτω
8.   ΙΑΣΗΝΑΩΣΤΕ'.ΛΓ
9.   [ἁ] βουλά. — Αἰ δὲ. -

ATLAS LINGUISTIQUE
DE LA FRANCE
PUBLIÉ PAR
J. GILLIÉRON
DIRECTEUR ADJOINT A L'ÉCOLE PRATIQUE DES HAUTES ÉTUDES
ET
E. EDMONT
AUTEUR DU LEXIQUE SAINT-POLOIS

CORSE

PREMIER FASCICULE : Cartes : **1-200**. — Articles : **Abeille — Il buvait**

DEUXIÈME FASCICULE : Cartes : **200-399**. — Articles : **Qui a bu — Où tu couds maintenant**

TROISIÈME FASCICULE : Cartes : **400-599**. — Articles : **Un coup de cloche — l'étain, étamer.**

Chaque fascicule in-folio : **25** fr. (Avec engagement à l'ouvrage complet, 10 fascicules.)

L'ATLAS LINGUISTIQUE DE LA CORSE est la suite et le complément nécessaire de l'**Atlas linguistique de la France**. Celui-ci n'était pas en effet limité au territoire de la France, mais devait embrasser tout le domaine de langue française ; les 35 fascicules publiés jusqu'ici ont été consacrés au domaine continental de la langue française, France et régions voisines : vallées des Alpes, Suisse romande, Belgique. Il restait à étudier le domaine insulaire, **a Corse**. A celle-ci seront consacrés 10 fascicules de 200 cartes chacun qui paraîtront, à raison de 4 fascicules par an, de 1914 à 1916.

Ces fascicules auront le même intérêt que les précédents et seront aussi indispensables à tous les romanistes et à tous les linguistes, et par suite à toutes les Universités et à toutes les bibliothèques. Mais ils ont encore cet intérêt nouveau de donner la première enquête méthodique et étendue sur les conditions particulières du langage dans une île, et dans une île soumise à l'influence de deux langues, l'italien et le français ou le provençal, et de divers dialectes de ces langues, sans parler des autres apports linguistiques que les relations maritimes ou les colonisations ont pu y introduire.

Le questionnaire qui a servi à cette enquête est encore plus étendu que celui qui a servi à l'enquête dans le domaine continental, et il a été soigneusement adapté aux conditions géographiques et sociales particulières à la Corse, mais le questionnaire de l'enquête continentale y a été maintenu autant que cela était utile, si bien que la plupart des cartes de l'**Atlas de la France** trouvent un prolongement dans les cartes correspondantes des fascicules consacrés à la Corse.

Le bel ouvrage de MM. GILLIÉRON et EDMONT a déjà apporté à la *géographie linguistique*, à la *dialectologie* et à la *linguistique générale* des matériaux essentiels et une base indiscutable ; l'**Atlas linguistique de la Corse** vient compléter heureusement cette œuvre, que l'éditeur est fier de pouvoir présenter au public savant.

TABLE

Grand in-8° de viii-519 pages.. **35** fr.

Indispensable pour l'utilisation de l'**ATLAS LINGUISTIQUE DE LA FRANCE** mais peut être utilisée aussi à part comme répertoire de formes et pour permettre de préparer les recherches.

Doit prendre place dans les salles de travail des Bibliothèques publiques des Universités et Séminaires.